2012
차이나 리포트

2012 차이나 리포트

백창재 · 유석진 · 한동훈 · 송주명
이희옥 · 치만수 · 김태현 · 이혜정 지음

인간사랑

서문

지금 우리 사회는 안팎으로 중대한 과제에 직면해 있다. 안으로는 성장의 동력을 이어가면서 분배와 사회통합을 이루어내고 민주주의를 업그레이드해야 하며, 밖으로는 동아시아 질서의 격변에 휩쓸리지 않으면서 궁극적으로 한반도에 평화를 안착시켜야 한다. 전자가 다분히 우리 자신의 노력과 의지에 좌우되는 것이라면, 후자의 과제에는 외적 변수가 중대한 영향을 미친다.

이 중 무엇보다도 중시해야 하는 것이 소위 "중국 문제"이다. 지난 20년간의 놀라운 경제성장의 결과 중국은 이제 세계적 강국, 팩스 아메리카나에 도전할 수 있는 유일한 강대국이 되어가고 있다. 중국의 부상은 특히 미국과 일본 등 초강대국들이 대면하고 있는 동아시아 지역의 정치경제질서를 근본적으로 뒤흔들 수 있다. 이는 다시 이 지역의 상대적 약소국인 우리에게는 생존의 문제를 제기하게 된다.

"중국 문제", 즉 중국의 장래와 국제질서에 대한 영향에 대해서는 그간 다양한 견해가 제시되었다. 중국이 성장을 지속하고 우리에게 기회를 제공할 것이라는 단순한 경제적 기대론에서부터 중국의 지속성장이 구조적으로 불가능하다는 비관론, 경제성장에 따라 중국이 동아시아와 세계질서에 불안을 조성하리라는 위협론 등이 그것이다.

그러나 중국의 경제성장이 언제까지 지속되고 어떤 요인들에 의해 난관에 빠질 것인지, 이 난관들을 중국이 어떻게 헤쳐나갈 수 있을지에 대한 일관되고 종합적인 엄밀한 분석은 흔치 않다. 나아가 중국의 경제성장이 중국 내부에 미치고 있는 심각한 사회적 · 정치적 영향, 이로 인해 경제성장 자체에 생기는 문제점, 그리고 그 결과 초래될 수 있는 동아시아 및 세계질서에 대한 위험에 대해서도 통찰력 있는 견해가 드물다.

그 원인 중 하나는 이 "중국 문제"가 중국의 문제이자 국제질서의 문제이고 경제적 문제이자 정치적 문제라는 데 있다. 즉, 중국경제의 성격에 대한 파악과 중국 국내정치에 대한 통찰, 미국, 일본을 포함하는 국제정치에 대한 이해와 국제 정치경제질서의 변화에 대한 전망이 어우러져야 "중국 문제"에 대한 제대로 된 해답이 찾아질 수 있는 것이다.

이러한 문제의식에서 중국 정치 전문가, 중국 경제 전문가, 국제정치경제학자 및 국제정치학자 8인이 모여 지난 2년간 공동연구를 수행하게 되었다. 연구과제의 중대함 때문인지 2년간의 공동작업은 치열하고 진지하게 진행되었다. 비록 각자의 전공과 관심영역이 다르고 중국을 바라보는 시각과 분석도구가 달랐음에도 불구하고 우리는 동일한 결론에 도달하게 되었다. 2012-2015년경에 이르러 중국은 소비부족과 에너지 수급의 문제에 부딪쳐 경제적으로 경착륙하게 될 위험이 크고, 이는 다시 사회적 양극화의 악화와 더불어 중대한 정치적 위기로 번질 가능성이 있으며, 그 결과 특히 동아시아 정치 · 경제 질서에 중국발 위기가 초래될 수 있다는 것이다. 다행스럽게 우리의 결론이 어긋날 수도 있겠지만, 우리 공동연구자들은 유비무환의 마음가짐에서 이러한 중국위험론, 중국발 위기론에 우리 사회가 철저한 대비책을 모색하기를 촉구한다. 이를 위해 우리가 결론에 도달하게 된 분석과정을 요약하여 가독성 높게 정리한 것이 이 책이다. 참고로 원래 보고서의 내용과 엄밀한 분석자료들은 서울대학교 한국정치연구소의 홈페이지에 게시되어 있다.

끝으로 우리들의 연구를 뒷받침해 준 익명의 독지가에게 깊은 감사의 마음을 전한다. 이분의 원모와 독려가 아니었다면 이 연구는 시작되지도 못했을 것이다.

2008년 6월
필진을 대표하여
백창재

목차

1. 중국의 성장을 어떻게 볼 것인가

중국은 개혁 · 개방 이래 지난 20년간 연평균 9%의 급속한 경제성장을 이루어 왔다. 이를 반영하여 중국이라는 새로운 경제대국의 부상이 점쳐지고 있다. 예컨대 2004년 골드만 삭스의 추계에 따르자면 중국의 경제규모는 2007년에 독일, 2016년에 일본, 2041년에 미국을 추월하여 세계 제1위의 경제대국이 될 것으로 전망된다. 위와 같은 예측은 1990년대 초반 세계은행의 『동아시아의 기적』이라는 보고서에서 이미 서술된 바 있다. 이러한 전망들은 중국이 향후 동아시아의 미래를 결정짓는 가장 중요한 변수가 될 것이라는 사실을 잘 보여주고 있다. 특히 시장규모의 확대, 전방위적 산업발전을 수반하는 성장 속에서 중국은 수많은 기회를 제공하는 '떠오르는 시장' (Emerging Market)의 대명사로 인식되고 있다.

한편 중국의 성장은 동아시아 국가들에게 '기회' (opportunity)로서의 의미에 그치지 않고 복잡한 문제를 동시에 던져주고 있다. 중국의 성장은 동아시아 국가들에게 하나의 거대한 '위협' (threat)이 된다는 것이다. 첫째, 정치적으로 중국의 성장은 정치군사적인 대국주의와 이념적인 중화주의를 부활시킬 것이며, 결과적으로 중국을 새로운 패권 도전국으로 만들 수도 있다. 이는 지역안보질서에 있어서 심각한 동요와 위기, 혼란을 불러올 수도 있다. 이것을 흔히 '정치적 중국위협론'이라고 한다. 둘째, 경제적으로도 중국의 성장은 종래 세계경제질서 및 지역경제질서의 구조변동을 초래할 것이며, 이것은 기존 경제질서의 국가 간 기득권 구조를 근본적으로 변동시킬 수 있다. 가령 중국의 경제성장은 국제무역 및 금융·통화 등에 있어서 종래의 국제적 시장구조를 동요시키고 있으며, 동아시아 각국의 대중국 해외투자와 산업공동화, 국제 분업 패턴의 변화 등을 수반하면서 산업경쟁력 구조를 변경시키고 있다. 나아가 그 경제성장의 규모와 더불어 중국은 거대한 자원·에너지의 블랙홀이 될 것이며, 이는 세계 각국의 자원·에너지 안전보장에 심각한 위협이 될 것이다. 이를 일반적으로 '경제적 중국위협론'이라고 한다.

중국은 기업 등 개별적 경제주체들에게 있어서는 하나의 거대한 기회임에 틀림없다. 그러나 동아시아 지역이나 그 속에 속해 있는 국가들의 관점에서 중국의 미래는 감당하기 힘든 '위협'이 될 수 있으며, 현재의 상황에서도 그러한 방향으로 나아갈 수 있는 단초는 이미 상당수 발견된다. 결국 현재와 같은 성장추세가 지속된다면 중국은 잠재적으로 세계 및 지역의 정치경제질서를 근본적으로 변화시킬 수 있는 위협요인으로 인식될 수 있으며, 이러한 예측 하에서 미국을 필두로 한 동아시아의 주요 국가들은 중국을 응시하고 있다.

중국의 고도성장이 지금까지와 같이 지속될 것인지를 예측하는 것은 쉬운 일이 아니다. 현재 중국의 성장과정에 내포되어 있는 제반의 모순적 요인들이 중국의 미래에 대한 불확실성을 증가시키고 있기 때문이다. 중국의 미래를 예측하는 대표적 시나리오는 다음의 두 가지 이념형적 시나리오라고 할 수 있다. 첫째, '대중화제국' 부활의 시나리오이다. 이는 후진타오 등 현재 제4세대 중국 지도자들의 정치관과 의지에서 분명히 확인할 수 있는 것으로, 현재의 경제성장 추세가 유지되고 국내적 문제를 통합된 지도력 하에서 유연하게 해결하면서 적극적 대외전략을 본격화할 것이라는 단선적 발전 시나리오이다. 그러나 이 경우에도 시장, 산업경쟁, 자원 등에 걸친 성장의 대외적 한계를 경험할 수밖에 없을 것이며, 궁극적으로 이러한 '단선적 발전과정'에서 현재의 패권국인 미국과의 갈등은 더욱 증대될 수밖에 없다.

둘째, 불확실성과 침체의 시나리오이다. 현재 중국은 용이하게 해결되기 어려운 여러 가지 국내적 문제를 안고 있다. 실업문제, 국유기업 개혁문제, 발전의 격차문제, 정치적 민주화의 문제 등이 그것이다. 이러한 요인들은 중단기적으로 경기불안, 부실채권, 통화문제 등을 야기할 수 있을 뿐만 아니라, 중장기적으로는 민주화의 지체와 내부갈등으로 인한 정치사회적 불안정으로 이어질 수도 있다. 성장의 와중에서 이들 국내문제가 야기된다면 중국은 상당한 침체와 혼란을 경험할 수밖에 없을 것이며, 단선적 발전 시나리오와 같은 대외전략을 구사하기는 어려워질 것이다. 그러나 이 경우에도 중국은 동아시아에 커다란 위기를 가져올 수밖에 없다. 가령 중국 시장에 대한 심화된 의존 속에서 동아시아 각국은 심각한 부정적 영향을 받게 될 것이고, 중국은 중국 나름대로 이러한 국내 위기를 대외적 공세를 통해 돌파하려는 전략을 취할 수도 있다. 이러한 부정적 파급과 대외적 혼란 속에서 중국과 미국을 필두로 한 동아시아 국가들 간의 갈등이 증폭될 가능성이 충분히 존재한다.

뒤에서 검토하고 있듯이 중국의 지속성장 가능성에 대해서는 그간 국내외에서 많은 연구들이 있었다. 그러나 기존 연구들은 양극단의 입장을 취하면서 설득력 있는 근거를 제시하지 못하는 경우가 대부분이다. 예컨대 지금까지 중국의 산업화와 개혁 · 개방이 비교적 잘 관리되어 왔으므로 앞으로도 별 문제가 없으리라고 상당수 중국 전문가들은 예측한다. 반대로 중국 비판론자들은 산업화가 심화되면 중국이 넘을 수 없는 난관이 대두될 것이라고 경고한다. 양자 모두 직관에 의지한 주장일 뿐이다. 또한 기존 연구들은 앞으로의 경제성장 과정에서 중국이 부딪히게 될 문제점들 중 특정한 것에만 치중하는 경향이 있다. 예를 들어 WTO에 가입하면 개방의 압력 속에서 중국의 국유기업과 부실은행들이 도산하고 궁극적으로 중국 경제가 붕괴되리라는 주장이 한때 유행했었다. 그간의 경험으로 이 주장은 잘못된 것으로 판명된 바 있다.

요컨대 중국 경제가 지금까지와 같은 고도성장을 지속할 수 있을지, 어떠한 문제에 봉착할 것이고 이에 대한 대응이 이루어질 수 있을지, 궁극적으로 중국 경제의 침로가 어떻게 설정될 것인지에 대해 기존 연구 수준에서 벗어난 종합적이고 체계적인 분석이 요구되는 것이다. 우선 중국의 경제성장을 단순히 한 나라의 경제성장으로만 볼 것이 아니라, 21세기 초 동아시아 지역이라는 시 · 공간적 규정하에서 보아야 한다. 이 경우 단순한 경제학적 모델에 의해 경제적 변수를 고려하는 것뿐만 아니라 국제관계와 국내정치를 아우르는 종합적 · 학제적 분석이 요구된다. 둘째, 중국의 성장에 영향을 미치는 개별 변수들에 대한 분석은 일차원적 분석이 되기 쉽고, 개별 변수의 충격이 과장되거나 축소될 위험이 있다. 중대한 변수들이 어떻게 서로 연관되어 있고, 상호작용 속에서 이들의 영향력이 어떻게 상승 혹은 상쇄되는지를 평가해야 한다. 예컨대 중국의 산업구조 고도화는 소득 불평등을 악화시킬 수 있고, 이는 정치적 불안정으로 이어져서 성장의 걸림돌이 될 수 있다. 이는 다시 중국 공산당으로 하여금 노동집약적 산업을 유지하려는 시도를 강화하도록 할 수 있으며, 이는 주요 무역국들 및 신흥 개도국들과의 무역마찰로 이어질 수 있다. 또한 노동집약 산업을 유지하면서 자본집약 산업과 첨단산업을 육성하려는 시도는 자원수급의 문제를 가져오고, 이를 둘러싼 국제적 갈등을 유발할 수 있다. 이와 같이 다양한 변수들이 얽혀서 중국 지속성장의 시나리오를 구성하게 되는 것이다. 따라서 이러한 변수들을 확인하고 이들 간의 관계를 설정하는 체계적 분석이 요구된다.

본 연구는 이와 같이 종합적 · 체계적 접근으로 중국 지속성장의 가능성과 한계를 예측하며, 이 과정에서 중국이 직면하게 될 병목들과 이에 대한 중국의 대응을 분석한다.

| 기존 연구들

우선 중국의 지속성장 가능성과 이를 달성하는 데 있어서 제기될 수 있는 각종 병목에 대해 해외 연구기관들과 연구자들이 어떻게 파악하고 있는지를 살펴보자. 세계적 수준의 연구기관들이 최근 수행한 주요 연구들을 검토 · 평가하고 본 연구의 차별성을 논의한다. 여기서 검토할 연구물들은 중국의 지속성장에 관한 포괄적 진단과 전망들이다.

개별 분야가 아닌 중국 경제 전체를 대상으로 지속성장 가능성과 병목을 분석하는 것은 워낙 방대한 작업이기 때문에 개별 연구자가 내어놓은 수준급의 연구는 거의 전무하다. 따라서 중국 전공자들과 경제전문가들이 함께 모여 공동작업을 통해 제시한 연구성과를 중심으로 검토한다. 검토의 대상이 될 만한 최근의 괄목할 만한 수준급 연구는 다음 네 가지를 들 수 있다.

첫째, 《The Economist》지의 Economist Intelligence Unit가 2005년 11월에 인터넷 홈페이지에 공개한 "The World in 2006 : Forcasting the Trends for the Years Ahead"이다. 200년이 넘게 발행된《이코노미스트지》가 EIU를 통하여 2006년만이 아니라 2026년까지의 미래의 모습을 예측한 보고서로서 방대한 세계적 자료를 통해 중국에 대한 상세한 예측과 병목의 우선순위를 제시하고 있다. 영국 런던의 세계적 금융 중심지인 'the City'의 입장을 일정하게 반영하고 있는데, 금융자본이 바라보는 중국의 미래를 보여주고 있다는 점에서 중요하다.

둘째, 미국의 NIC(National Intelligence Council)가 CIA에 제출한 2020 보고서 "Mapping the Global Future : Report of the National Intelligence Council's 2020 Project"이다. 이 보고서는 2020년 미국이 처하게 될 세계적 상황을 분석하면서 부상하는 국가로서의 중국과 인도에 관해 상세한 정보와 예측을 담고 있다. 미국의 정보계(intelligence community)가 인식하는 중국 성장의 가능성과 한계 그리고 병목을 파악할 수 있다는 점에서 중요하다.

셋째, 2005년 OECD가 최초로 중국 경제와 관련하여 작성한 보고서 "OECD Economic Review–China"이다. 이 보고서는 OECD의 경제 분석관들이 중국 경제에 대한 방대한 현지조사와 각종 자료를 동원하여 중국 경제 전반의 현황과 전망, 그리고 지속성장을 위해 반드시 해결하여야 하는 병목 등을 아주 구체적으로 제시하고 있다는 장점을 가지고 있다.

마지막으로 가장 포괄적이면서도 최고 수준으로 평가되는 RAND의 2003년 보고서를 들 수 있다. 미국 내 최고의 중국 전문가인 찰스 울프(Charles Wolf, Jr.)와 다수의 중국 전문가들이 참여한 프로젝트로서 단행본 *Fault Lines in China's Economic Terrain*으로 출간되었다. 이 보고서의 특징은 다수의 최고 중국 전문가들이 참여하여 만든 보고서라는 점 외에 8개의 균열대(fault line)를 구체적으로 제시했고, 각각의 균열대가 해소되지 않았을 때 경제성장에 미치는 효과가 얼마나 될 것인가, 그리고 이 균열대들이 중첩되어 나타날 경우 경제성장에 얼마나 부정적인 효과를 미치게 될지를 엄격한 모델링 과정을 통하여 구체적인 수치로 보여주고 있다는 점이다. 지금까지 학계에서 제기된 중국 경제의 미래상에 대한 연구물 중 최고 수준의 것으로 판단된다. 따라서 이 장에서는 앞에서 제시한 3개의 보고서를 간략히 검토하고, 마지막으로 RAND의 보고서를 자세히 검토한다.

EIU : "The World in 2006" (2005)

EIU는 2026년 미국과 중국의 경제를 다음과 같이 전망하고 있다. 시장 환율 기준으로 2026년 미국은 여전히 전 세계 생산의 1/4을 차지하는 세계 1위의 경제대국이고, 이것은 2위가 될 것으로 예상되는 중국의 두 배를 넘는다. 하지만 구매력 기준으로 보았을 때 중국은 2017년 미국을 추월할 것이고, 2026년이 되면 인도가 제3위의 경제력을 갖게 될 것이다. 그리고 그때의 성장속도는 '젊은' 인도가 '늙은' 중국을 추월할 것이다.

정치사회적 전망을 보면 '늙은' 중국에 가까워지면서 중국의 성장속도는 둔화될 것이고, 이에 따라 사회적 소요가 급격히 증대될 가능성이 높다. 따라서 중국의 지도자들은 자신들의 국력을 해외에 투사(project)하려는 시도보다는 국내에서의 공산당의 통제력 유지에 보다 관심을 기울이게 될 것이라고 전망하고 있다. 즉 중국이 국내의 문제를 해결하는 데 우선순위를 둘 것이라고 전망함으로써 미국의 일각에서 제기되고 있는 '중국위협론'을 우회적으로 반박하고 있다.

경제적인 측면에서는 역시 the City의 관심사에 맞게 가장 중요하고 필수적인 요소로서 기능부전(dysfunctional)과 지나친 부채에 빠져 있는 은행 시스템의 개혁을 들고 있다.

NIC : "Mapping the Global Future" (2004)

NIC는 CIA에 제출한 이 보고서에서 중국 경제의 병목은 정치적 위기에서 발생할 수 있다고 진단하고 있다. 그리고 경제적 부분에서 가장 시급하고 절실하게 해결하여야 할 과제로 EIU와 동일하게 금융부문의 개혁을 들고 있다.

중국의 병목은 경기후퇴(economic setbacks)와 신뢰도의 위기(crises of confidence)에서 발생할 가능성이 높다. 중국 정부가 고용창출을 통해 대중의 욕구를 만족시키지 못하면 정치적 소요 사태가 일어날 가능성이 높다. 즉 고용의 위기를 가장 중요하게 본 것이다. 둘째, 2020년대부터 시작될 고령사회에 대한 대비가 되어 있지 못하다는 점과 2020년대 이후 노동인구의 부족 등이 심각한 병목으로 제기될 수 있다. 고령화, 사회안전망 미흡 등은 중국이 반드시 시급하게 해결하여야 할 과제이다. 만약 중국 경제가 하강국면으로 돌아선다면 정치적 불안정성이 높아지고 범죄, 마약 그리고 이주의 문제 등이 총체적으로 제기될 가능성이 매우 높다. 일부에서는 이러한 정치적 불안정의 문제를 "아시아적 민주주의"(Asian Democracy) 방식의 민주화를 통하여 해결할 수 있다는 주장도 제기되고 있다. 아시아적 민주주의는 경제성장에 막대한 불안정이나 중단을 가져오지 않는 형태의 민주주의를 말한다. 그러나 이러한 가능성이 실현되기에는 너무나 많은 불확실성이 존재한다.

OECD : "Economic Review – China" (2005)

이 보고서는 중국 경제에서의 주요한 병목으로 도농 간의 소득격차, 도시화, 환경오염 감소를 통한 복지증대를 들고 있다. 지속가능한 성장을 위한 과제로서 다음의 여섯 가지 불균형 해소를 제시한다 : 1) 민간영역의 활성화를 위한 올바른 기본권(framework right) 확립, 2) 지역 소득격차의 불균형 해소, 3) 인적 자본의 육성, 4) 인구 불균형의 문제 해결, 5) 에너지 수급 불균형 해소, 6) 성장과 환경의 조화 등이다. 그리고 중단기적으로 가장 시급한 해결이 필요한 과제로는 금융개혁을 들고 있다.

구체적으로 보면 첫째, 민간영역의 활성화를 위한 올바른 기본권 확립과 관련하여 주요한 항목으로 내수 확대, 국유 섹터의 축소, 지적재산권 보호와 분쟁해결 기제의 정립, 시장을 뒷받침할 수 있는 금융시장의 능력 향상을 들고 있다. 둘째, 지역 소득격차의 불균형 해소를 위해서 노동시장의 불균형과 토지사용권의 불균형 해결 및 농민공(農民工)의 안정적 관리가 중요하다. 셋째, 인적 자본의 육성을 위해 교육체계의 정비를 들고 있고, 넷째, 인구 불균형과 관련하여 저축률의 유지, 연금제도의 정비 등을 제시하고, 에너지 수급 불균형 해소와 성장과 환경의 조화를 마지막으로 들고 있다.

금융개혁의 5대 과제로는 1) 대규모의 부실채권과 낮은 자본화의 문제 해결, 2) 실물경제를 잘 지원할 수 있는 금융의 구조조정, 3) 자본시장 구조개혁과 기관투자자의 육성, 4) 금융기관의 위험관리 능력 향상, 5) 금융의 체계적 위험을 관리할 수 있는 금융 감독기구의 설립과 제도화를 뽑고 있다.

RAND : "Fault Lines in China's Economic Terrain" (2003)

이 보고서는 2003년 RAND에서 단행본으로 출간되었는데, 현재까지 중국과 관련하여 성장가능성과 이를 제약하는 병목을 분석한 연구 결과물 중 가장 포괄적이면서도 분석적이며, 최고의 학술적 권위를 가진 것으로 평가된다. 보고서는 중국의 지속성장을 위협할 수 있는 8개의 균열대를 제시 · 분석한 후 3개의 단기 및 중기 과제를 설명하고 있다. 앞에서도 설명했듯이 이 보고서는 각 균열대가 중국의 미래 성장률을 얼마나 저하시킬 것인지를 추정치를 통하여 보여주고 있다는 점에서 독창적이다.

8개의 균열대는 1) 실업, 빈곤 그리고 사회불안, 2) 부패의 경제적 효과, 3) HIV-AIDS와 전염병, 4) 수자원과 환경오염, 5) 에너지 소비와 가격, 6) 금융 취약성과 국영기업, 7) 외국인 직접투자의 감소 가능성, 8) 군사적 갈등 가능성이다. 이를 각 균열대별로 살펴보면 다음과 같다.

첫째, 실업, 빈곤, 그리고 사회불안과 관련하여 실질/잠재 실업이 1억 6천8백만에 달해 23%의 실업률(1999년)을 보이고 있는데, 이를 더욱 악화시킬 구조적 요인이 존재하고 있다. 1980년대의 높은 인구증가율, 국영기업의 합리화, WTO 가입 효과, 소득격차의 확대 등이 그 요인이다. 이러한 실업과 빈곤의 악화는 정도에 따라 최소한 연평균 GDP 성장률을 0.3-0.8% 포인트 가량 감소시킬 수 있다.

둘째, 부패의 경제적 효과는 국가별 부패지수와 GDP 성장률, 그리고 다양한 자료를 통해 조사한 결과 연평균 성장률을 0.5% 포인트 감소시킬 수 있다.

셋째, HIV-AIDS 및 기타 전염병과 관련하여 유엔은 2015년까지 중국에서 에이즈 환자가 60만-130만 명에 달할 것으로 전망했으나 더 비관적인 시나리오는 천백만에서 8천만까지로 예측하고 있다. 치료비용을 일인당 600달러로 가정하면 2010년까지 70억에서 480억 달러가 소요될 것으로 전망된다. 이는 최소한 성장률을 연간

1.8-2.2% 포인트 감소시킬 것이다. 여기에 2003년도 SARS와 2005년도 조류독감의 경제적 효과를 추가시키면 파괴력은 더 엄청날 것으로 판단된다.

넷째, 수자원과 환경오염은 매우 심각한 문제이다. 북중국 평원지대는 수자원이 절대적으로 부족하고 환경오염은 이를 더욱 악화시키고 있다. 남부는 수자원이 상대적으로 풍부하기는 하지만 유속이 빠르고, 잦은 홍수로 수자원의 효율적 사용이 잘 이루어지지 못하고 있다. 남부-북부 운하건설 안과 절약/재활용 안이 대안으로 제시되고 있으나 일정한 한계를 가질 수밖에 없다. 부정적 시나리오 하에서 이러한 수자원 부족은 최소한 연간 성장률을 1.5-1.9% 포인트 감소시킬 수 있다.

다섯째, 에너지 소비와 가격과 관련하여 개인과 기업의 소비는 서서히 증가할 것이나 중국이 갖는 거대한 크기 때문에 총수입은 더욱 빨리 증가할 것이다. 2005-2010년 사이 비관적 시나리오를 따른다면 세계적 공급은 25% 줄어들고 가격은 3배 가량 인상될 것이어서 지속성장의 중요한 병목으로 등장할 가능성이 있고, 최소한 연평균 GDP 성장률을 1.2-1.4% 포인트 감소시킬 수 있다.

여섯째, 취약한 금융 시스템과 국영기업의 문제이다. 부실채권(Non-Performing Loan)이 GDP의 약 40%에 달하는 것으로 추산되는데, 이는 여전히 증가추세에 있고, 취약한 은행 재무재표 등으로 은행도산의 가능성이 상존하고 있다. 그 결과 자본유출, 낮은 저축률과 투자율 등이 발생할 수 있다. 이렇게 되면 최소한 연평균 성장률이 0.5-10% 포인트 감소할 수 있다.

일곱째, 외국인 직접투자의 감소 가능성이 있다. 1985-2001

년 사이 실질 해외직접투자는 연간 19% 포인트 증가(20억-400억 달러)하여 경제성장의 중요한 원동력이 되었다. 그러나 은행 도산이나 내수 부족, 정치사회적 불안요인과 대만 해협을 둘러싼 정치군사적 갈등 등으로 직접투자가 감소할 가능성이 상존하고 있다. 100억 달러가 줄어들 때마다 최소한 0.6-1.6% 포인트의 GDP 성장률 감소가 예상된다.

마지막으로 군사적 갈등의 가능성이다. 1996년 대만해협 위기와 같은 사태가 발생하거나 남중국해, 조어도/센카쿠, 한반도, 인도 등에서 분쟁이 발생할 경우 중국 경제는 병목을 맞이할 수 있다. 대만 측의 시나리오를 따르면 이러한 사태 발생시 연평균 최소한 1.0-1.3% 포인트의 성장률 감소를 예상할 수 있다.

RAND 보고서는 2015년 이전에 위에 제시한 균열대가 발생하지 않을 가능성을 매우 낮게 보고 있다. 그리고 한 균열대에서의 병목이 개별적으로 발생하는 것이 아니라 다른 분야와 연관되어 발생할 가능성이 높다고 보고 있다. 예를 들어 금융경색이 부패를 증가시키고 실업과 빈곤, 사회불안을 증대시켜 결국에는 외국인 투자의 감소까지 가져올 수 있다는 것이다. 이렇게 동시다발적으로 병목이 발생할 경우, 중국의 경제성장률이 작게는 7.4%에서 크게는 10.7% 포인트 정도 감소할 것으로 전망하고 있다.

이러한 8대 균열대 외에 찰스 울프(Charles Wolf, Jr.)는 1) 경기과열 혹은 연착륙, 2) 위안화 평가절상, 3) 성장, 생산성 및 고용 등의 3대 중단기 과제를 제시하고 있다.

첫째, 경기과열 혹은 연착륙과 관련하여 살펴보면 다음과 같다. 경기과열로 인한 경착륙 가능성은 다음과 같은 근거에서 제기된다. 2004년 3분기까지 성장률이 9.5%에 달했고, 2004년 9월 소비자 물가지수는 5.2% 포인트 상승했으며, 2004년 3분기까지의 부동산 가격이 2003년 대비 13.4% 포인트 올랐다. 연착륙의 가능성을 주장하는 학자들은 행정조치를 통해 경기진정이 가능하다고 보고 있다. 우선 2004년 3분기까지 경기과열이 있는 것은 사실이지만 1분기 9.7%, 2분기 9.5%, 3분기 9.1%로 성장률이 완화되고 있고, 고정자산에 대한 투자가 2003년 GDP 대비 47%에서 2004년 3분기까지 28%로 감소했다. 또한 2003년 10월 29일 중국 인민은행이 이자율을 5.58%로 9년 만에 처음으로 상향조정하고 이자율 상한선을 철폐했으며, 은행의 자본과 준비금 의무조항이 강화되고 은행대출에서의 위험도 평가가 엄격해지고 있다는 점 등이 연착륙 가능성의 근거로 제시되고 있다.

둘째, 위안화 평가절상과 관련된 과제이다. 울프는 중국의 위안화 환율정책에 대한 미국의 비판은 잘못된 명제에 기초하고 있다고 비판한다. 미국에서의 비판은 중국의 통화조작으로 인해 평가절하된 위안화가 미국에서의 고용감소와 무역수지 적자의 주범이라는 명제에 기초하고 있다. 하지만 미국에서의 고용감소는 전적으로 빠르고 지속적인 미국 노동생산성 향상에 기인한다는 것이다. 2001-2003년 3분기까지 미국의 연평균 GDP 성장은 2.5-3%인데, 연평균 노동생산성 향상은 3.5-4.0%에 달한다. 2004년에는 고용사정이 향상되었는데, 이는 GDP 성장이 약 4%인 데 반해 노동생산성 향상이 약 3%에 불과해 그 차이인 1%가 고용증가 효과로 나타났기 때문인 것이다. 즉 고용감소와 증가는 위안화 때문이 아니라 GDP 성장과 노동생산성 향상의 격차에서 원인을 찾아야 한다는 것이다.

위안화와 관련하여 올바른 명제는 다음과 같다. 비록 위안화의 구매력 기준 환율이 명목환율을 상회(30-40%)하고 있지만 위안화의 '실질' 가치는 국제 자본거래에 달려 있다. 그러나 중국의 자본계정이 차단되어 있기 때문에 위안화가 과대평가되었는지 과소평가되었는지는 결론지을 수 없다. 오히려 더 중요한 점은 자본계정이 차단되어 있기 때문에 중국 자신의 자본자원이 왜곡되어 분배되고 있다는 점, 즉 중국 자신이 피해자라는 것이다. 다른 측면에서 중요한 것은 자본계정이 부분적으로 개방될 경우, 외환으로 전환될 위안화의 규모가 얼마나 될 것인가의 문제라고 할 수 있다. 현재 중국의 위안화 요구불 예금은 8,280억 달러(2004년 7월 GDP의 55%)이고 총예금은 2조 4천 달러(GDP의 160%)에 달한다. 5%의 위안화 예금을 외환예금으로 개방한다면 매년 400억-1,200억 달러 가량이 태환될 것으로 전망된다. 그 결과는 위안화의 평가절상이 아니라 평가절하로 나타날 것이다. 따라서 위안화와 관련하여 미국 일각에서 제기되는 중국당국의 통화조작설은 근거가 없는 것이다.

마지막으로 성장, 생산성 및 고용과 관련된 중단기 과제는 다음과 같이 제시되고 있다. 고용성장은 GDP 성장에서 노동생산성 향상분을 제외한 부분만큼 이루어진다. 즉 주어진 GDP 성장에서 노동생산성 향상이 높아지면 고용성장은 저하된다. 중국의 연평균 GDP 성장(1998-2003년)은 8-9%였고, 연평균 노동생산성 향상은 약 7% 가량이었다. 그 결과 연평균 고용창출은 노동력의 1%에 해당하는 7백만에서 1천만 가량이 된다. 이 정도 규모의 고용창출은 평가할 만하나 1억 7천 가량에 달하는 실질/잠재실업을 생각하면 평이한 수준이라고 할 수 있다. 고용과 생산성이라는 두 마리 토끼를 쫓는 데 있어서 균형을 어느 지점에서 잡을 것인지의 문제는 매우 중요하다. 가령 7%의 GDP 성장과 3%의 노동생산성 향상이라는 지점과 9%의 GDP 성장과 7%의 노동생산성 향상의 두 지점 중 하나를 선택하여야 한다면 고용을 중요시해야 하는 중국에서는 전자의 선택이 바람직하다고 할 수 있다. 이러한 연유로 성장과 고용의 관계에서 매우 조심스러운 정책과제가 제기되는 것이다.

| 중국을 어떻게 볼 것인가

이 연구는 지금까지 검토한 세계적 연구기관과 연구자들의 연구성과에 기반하고 있다. 모든 연구성과를 수용하는 것이 아니라, 위의 연구들이 제시하는 향후 10년 내외에 심각하게 제기될 병목들을 검토하고, 이 병목을 해결하기 위한 수단으로 채택되는 정책들이 가지는 상호 연관성과 상호 모순성을 면밀히 분석하여 병목의 극복 가능성을 전망할 것이다. 그러나 기존의 연구들이 여러 병목이 중첩되어 위기로 나타나는 국면을 미약하게 처리하고 있는 반면, 우리의 연구는 이러한 병목의 위기가 중첩되는 국면을 상정하면서 시작한다.

이 연구가 상정하는 중단기적 위기의 시기는 2010년에서 2015년 사이이다. 이 시기는 2008년 북경 올림픽, 2010년 상해 엑스포, 그리고 2012년 제5세대 지도부 선출 등 중국의 정치 · 경제적 전기들이 집중된 시기이며, 중국 경제의 발전 수준과 소득 수준상 정치적 · 경제적 변화의 요구가 크게 높아질 시기이다.

우선 올림픽과 엑스포 이후 긴축정책에 의한 고용과 성장의 병목이 발생할 가능성이 높다. 건설경기 주도로 호황이 예상되나 이후의 경기과열로 인해 안정화 정책이 채택될 가능성이 높다. 88올림픽 이후 한국의 상황과 매우 유사할 수 있다는 점에서 유추가 가능하다. 이는 가장 많은 고용을 창출하는 건설시장의 축소를 의미하며, 사회적 불만 누적, 정치적 불안정성의 증대로 이어질 가능성이 높다. 반면에 현재와 같은 소득과 저축의 불균형에 의해 과소소비와 과잉투자가 지속될 경우, 내수기반의 성장이 더 이상 가능하지 않은 상태에 도달하게 될 것이다. 이에 따라 대외시장 의존이 심화된다면 중국의 세계시장 점유율이 높아지고 중화학공업의 수출이 본격화되어 무역갈등이 위험수위를 넘어서게 될 것이다. 셋째, 향후 수년간 지속될 호경기로 인해 계층 간 · 지역 간 · 도농 간 소득격차가 사회적 안정을 유지할 수 있는 수준을 훨씬 넘어서게 되면 이는 중국 정부로 하여금 중대한 선택을 하도록 만들 가능성이 높다. 중국의 소득 불평등은 이미 세계 최악의 상태에 있고, 점증하는 농민소요의 원인이 되고 있다. 올림픽과 엑스포는 이를 더욱 악화시키고 표출시키게 될 것이며, 새로운 지도부의 선출과정에서 그 폭발력이 발휘될 가능성이 높다. 넷째, 에너지 자원을 보면 이 시기에 가격과 물량, 그리고 운송과 저장 인프라의 부족이 정점에 달하게 될 것이다. 다섯째, 민족주의(중화주의)와 민주주의에 대한 정치적 요구가 증대할 것이다. 이는 88올림픽을 기점으로 민주화가 진행된 한국의 경험이 선례가 될 수도 있음을 의미한다. 마지막으로 WTO 가입시 약정했던 시장개방과 내부제도 정비 등이 완결되고 중국이 조금 더 깊이 세계시장에 편입되는 시기이기도 하다. 제도적 정비라는 측면에서는 안정적 요인이 될 수도 있지만, 지속적인 개방압력을 수용하면서 국내적 조정의 필요성이 심화 · 중대된다는 측면에서는 위기의 요인이 될 수도 있다. 특히 중요한 것은 외환운용제도의 변화와 금융시장의 개방 등이 될 것이다.

전술한 사안들과 관련하여 본 연구는 기존 연구들이 간과하고 있는 중국의 특수성으로 다음 네 가지 측면에 주목한다.

첫째, 중국 경제 자체의 규모 문제이다. 중국은 한국이나 동남아 국가들과 같은 하나의 개발도상국이 아니며, 중국 경제의 성장은 한 개발도상국의 성장이 아니다. 그 막대한 규모 때문에 중국의 성장 자체는 세계경제와 지역경제에 긍정적이든 부정적이든 엄청난 영향을 가져오며, 중국 경제가 성장하여 규모가 증대될수록 그 충격은 커질 수밖에 없다. 십여 개 이상의 개발도상국이 동시에 급속성장을 하면서 세계경제에 충격을 주는 것과 마찬가지이다. 1970년대 1세대 개발도상국 몇 개국이 급속성장하게 되면서 세계 분업구조와 무역구조, 그리고 자본시장의 구조적 변환이 일어났던 것을 상기하면 중국의 고도성장이 세계경제에 미칠 영향은 이보다 훨씬 클 것으로 예상할 수 있다.

둘째, 이와 관련하여 지금까지 중국의 경제개발이 대외의존형이었다는 점에 주목해야 한다. 우선 무엇보다 자본과 자원의 측면에서 '대국경제' 중국은 대외의존적이다. 자본과 자원의 '블랙홀'까지는 아니더라도 중국의 성장으로 인해 세계적 수급의 구조적 문제와 가격변동이 발생할 수밖에 없다. 이는 중국 경제의 성장 패턴에도 중대한 변수로 작용한다. 시장의 측면도 마찬가지이다. 주지하듯이 연안지역의 가공무역을 통한 성장은 중국 경제개발의 주력 엔진이었다. 그러나 20년간의 고도성장에도 불구하고 소득분배가 제대로 이루어지지 않은 결과 최근 중국 경제는 수요부족에 시달리고 있다. 앞으로도 내수시장이 제대로 형성되지 않는 상황이 지속된다면 대외 의존적 성장전략이 지속될 수밖에 없다. 이렇게 된다면 중국이 조만간 세계시장의 대부분을 점유하게 되는 상황이 벌어질 것이다. 이는 경제적으로도 정치적으로도 용납하기 힘든 일이다.

셋째, 많은 경제분석가들이 잊고 있는 근본적 사실은 중국이 중국 공산당 지배 하의 사회주의 국가라는 점이다. 중국 공산당의 제일의 목적은 정권유지이고, 정권을 유지하기 위해서는 15억 중국인들의 빵문제를 해결하고 동시에 상대적 빈곤의 문제까지 관리해 나가야 한다. 그렇지 않을 경우 수천 년 중국 역사가 보여주듯이 사회 불안정과 정권전복의 위험이 초래된다. 따라서 중국 정부에 가장 중대한 문제는 고용과 소득 불평등의 해소이다. 고용의 문제를 해결하기 위해서는 고용창출 효과가 높은 산업들이 계속 유지되면서 산업화의 심화가 이루어져야 한다. 이와 동시에 소득 불평등의 문제를 해결하기 위해서는 임금 수준이 향상되어야 하고 농촌지역의 개발이 이루어져야 한다. 지금까지와 같이 농촌의 분해를 통해 유입되는 저임 노동력으로부터 경쟁력을 확보하는 모델보다는 훨씬 고비용의 경제성장 모델이 추진될 수밖에 없다.

넷째, 중국 경제가 성장하고 있는 시 · 공간적 환경의 문제 역시 중대하다. 중국의 성장은 일본과 같은 지역국가들에게나 미국과 같은 세계질서의 관리자에게 중대한 도전이자 위협으로 인식될 가능성이 높다. 한국 정도의 국가가 고도성장하는 것과는 다르다. 자원과 투자, 시장에 있어서 중국 경제가 의존하고 있는 일본, 한국, 미국 등에게 중국 경제의 성장 자체가 위협으로 인식되는 한 중국 경제의 국제정치적 환경은 우호적일 수 없다. 중국 경제가 성장할수록 이러한 상황은 악화될 가능성이 크다.

이러한 중국 경제의 특성에 주목하여 본 연구는 다음과 같은 변수들을 설정 · 분석했다.

우선 중국 경제성장의 기본적 변수들로 자원 · 경제구조 · 시장영역에 속하는 변수들이 설정되었다. 자원영역에서는 에너지(석유, 천연가스, 석탄), 지하자원(철광석), 식량과 노동력 수급이 분석되었다. 경제구조 영역에서는 중국 경제의 발전 패턴에서 드러나는 중대한 문제들로서 과소소비와 과잉투자, 고용과 인적 자본, 산업과 산업구조 고도화의 문제, 기업과 금융 및 재정문제 등이 전반적으로 검토되었다. 결론을 미리 말하자면, 각 문제들은 서로 연관되어 있을 뿐만 아니라 어느 한 문제의 악화도 중국 경제 전체의 위기를 초래할 수 있다고 진단되었다. 시장영역에 있어서는 수출 및 내수시장, 국제분업구조, 통화 및 금융, 외자유입, 지역주의 등이 분석대상으로 설정되었다.

이러한 경제적 변수들 외에 중국의 고유한 특성을 고려하여 비경제적 변수군이 추가되었다. 국내 정치사회적 변수로 삼농(三農)문제와 소득격차가 설정되었으며, 경제성장 과정을 관리하고 병목을 타개할 수 있는 국가의 능력이 주요 변수로 분석되었다. 국가 능력을 평가할 대표적 예로 중국 정부가 추진하는 도시화를 집중적으로 다뤘다. 또한 중국 성장의 비경제적 대외환경을 반영하는 변수로는 자원외교와 지역주의 및 경제외교, 그리고 정치군사 외교가 설정되었다.

분석의 제1단계에서는 설정된 제 변수들에 대한 집중적인 분석이 시도되었다. 그 결과 2020년 이내에 중국의 지속성장에 병목을 초래할 가능성이 높은 변수들이 선정되었다. 분석의 제2단계에서는 선정된 핵심변수들이 중국 경제의 지속성장에 초래할 문제를 집중 분석했다. 또한 이들 간의 관계와 상호작용을 분석했다. 병목들이 중첩될수록 중국 경제의 지속성장에 중대한 위기가 초래될 수 있기 때문이다. 나아가 이 병목들에 대한 중국 정부의 대응을 예측하고 그 효과와 결과를 추정했다. 이러한 단계를 거쳐 중국 경제의 진로와 속도, 그리고 이것이 미칠 대내외적 · 정치경제적 영향이 예측되었다.

2. 경제구조와 경제정책의 딜레마

중국 경제에 대해서 근거 없는 비관론으로부터 장밋빛 전망에 이르기까지 다양한 진단과 예측이 제시되어 왔다. 그러나 중국 경제에 대한 중장기 예측을 위해서는 구체적이고 객관적인 자료들에서 출발하여 중국 경제성장의 근본적인 성격을 파악하고, 이것들이 초래할 중대한 문제들이 어떻게 해결가능한지를 평가해야 한다. 결론적으로 말하자면 지금의 중국 경제는 개혁 · 개방 이전과 유사한 구조적 문제들을 지니고 있으며, 이 문제들로부터 도약을 앞두고 있는 중국 경제에 대단히 어려운 딜레마들이 야기되리라는 것이다.

| 중국 경제성장 패턴의 이해

우선 중국의 경제성장 패턴이 개혁 이전과 얼마나 달라졌는지를 살펴보자. 과연 중국 경제가 개혁 이전의 근본적 문제를 해결해 온 것인지를 밝히려는 것이다. 개혁 이전 모택동 시대 중국의 발전전략은 불균형 발전전략이었다. 농촌의 희생 위에 공업을 발전시키고 소비 억제로 저축과 투자를 극대화하여 이를 통해 투자가 성장을 주도하도록 의도했던 것이다. 그 결과 중공업 위주의 기형적 산업구조, 생산재 산업과 소비재 산업 간의 연관이 단절된 이원적 경제구조, 도시화 없는 성장, 도시-농촌 간 격차, 고용 없는 성장, 국민들의 낮은 소비 수준, 유효수요 부족 등 온갖 문제가 야기되었다. 이 때문에 중국 경제는 성장을 지속할 수 없는 지경에 이르게 되었고, 이것이 바로 중국이 경제개혁을 추진하지 않을 수 없게 된 근본 문제였다. 과연 개혁 이후에 이러한 성장 패턴은 얼마나 변했을까?

모택동 시대의 발전전략

모택동 시대 중국의 경제발전 전략은 기본적으로 농업으로부터 얻어진 잉여를 공업, 특히 중공업 분야로 강제 이전하여 자본축적을 이루고 단기간에 경제성장을 이루려는 모험주의적 압축성장 전략이었다. 이러한 자본축적 방식은 경제적 잉여를 농업에서 공업으로, 개인의 손에서 국가로 강제 이전시키고 국가가 유일한 축적의 주체가 되는 시스템이었다.

농업 잉여를 공업으로 이전시키기 위해 국가는 인민공사체제를 구축하여 농민들의 토지를 몰수하고 인민공사에 대한 선택권과 퇴출권을 박탈했으며, 호구제도에 의해 이주권도 박탈했다. 또한 국가는 농민들로부터 농산물을 낮은 가격에 독점적으로 강제 수매했고, 이를 도시민들에게 저가로 공급했다.

한편, 도시민들 역시 급속한 자본축적을 위해 낮은 생활 수준을 강요받았다. 임금은 낮은 수준에 고정되어 수십 년 동안 별 변화가 없었다. 소비재 가격은 생산재에 비해 매우 높이 책정되었을 뿐만 아니라, 수요에 미달하는 적은 양의 소비재만이 공급되었다. 기업들도 경영의 자율성을 박탈당하여 수입과 비용을 중앙에서 일괄적으로 관리하는 '통일적 수입과 분배'(統收統支) 체제가 실시되었다.

국가는 이러한 제도들을 통하여 농촌으로부터 이전받은 경제적 잉여가 도시민들에게 분배되지 않고 국가의 손으로 모두 귀속되게 했고, 아울러 이렇게 이전받은 잉여의 사용방향, 즉 투자방향을 국가가 독점적으로 결정하여 주로 중공업 자본축적에 사용했다.

투입요소의 측면에서 볼 때 모택동 시대 공업 부문의 빠른 자본축적을 뒷받침한 것은 저임금과 저이자율이었다. 저임금은 국가 정책의 결과였으나 기본적으로 노동시장 상황을 반영한 것이었다. 호구제에 의해 도시와 농촌의 노동시장이 분리되어 있기는 했지만 근본적으로는 풍부한 과잉노동력 때문에 저임금이 유지되었던 것이다. 또한 고용창출 효과가 낮은 중공업 위주의 발전전략으로 인하여 고용창출이 잘 이루어지지도 않았다. 반면, 저이자율 정책은 저임금과는 달리 시장가격을 매우 왜곡하고 있었다. 중국은 자본이 부족한 경제여서 시장 이자율이 매우 높았음에도 불구하고 정부는 중공업 발전의 비용을 낮추기 위해 인위적 저이자율 정책을 실시했다. 이는 자원배분을 왜곡하여 중국 공업의 자본집약도를 지나치게 높이는 결과를 가져왔다.

주지하듯이 이러한 모택동식 경제발전 전략은 실패로 귀결되었다. 애초에 기대한 것처럼 중공업의 성장이 소비재 공업의 발달을 가져오고 아울러 농업을 지원하는 공업의 발달을 가져와 노동자와 농민의 생활 수준을 향상시키는 일은 일어나지 않았다. 소비수요 부족으로 인하여 소비재 공업 부문이 발달할 수 없었고, 소비재 공업의 미발달은 소비재 공업 부문의 투자재에 대한 수요의 부족을 야기하여 중공업 부문까지 구조적 수요부족 상태에 빠지게 만들었다. 그 결과 중공업 부문은 소비재 부문 및 농업 부문과 산업연관을 맺지 못하고 생산물을 자기 부문 내에서 소비하지 않으면 안 되는 자기 순환 메커니즘에 빠져들었으며, 국민들은 소비재 부족과 낮은 생활 수준을 강요받았다. 수요부족이라는 어려움을 우회하여 단시일에 산업화를 이루려던 전략은 결국 수요부족을 극복하지 못하고 기형적 산업구조를 유산으로 남기게 되었던 것이다.

개혁 · 개방기의 경제성장 패턴

이러한 근본적인 문제에 있어서 개혁 · 개방 이래 지금까지 중국의 경제성장 패턴은 모택동 시기와 놀라우리만치 유사하다. 아래 표는 개혁 · 개방 이후 중국 경제성장의 원천을 1993년을 분기점으로 하여 둘로 나누어 살펴본 것인데, 여기서 중국 경제성장 패턴의 변화가 분명하게 드러난다.

먼저, 전체적으로 고용창출 효과가 크지 않고 '고용 없는 성장' 현상이 발생하고 있다. 1978-1993년 기간에 중국의 GDP는 연평균 9.7% 증가한 데 반해 고용증가는 2.5%밖에 이루어지지 않았으며, 1993-2004년 기간에는 GDP 증가율이 9.0%로 약간 감소했으나

〈표 2-1〉 중국 경제성장의 원천(1978-2004년)

(단위 : 연평균, %)

	1978-1993	1993-2004
GDP 증가	9.7	9.0
고용 증가	2.5	1.1
도시 고용 증가	5.2	2.9
노동생산성 증가	7.0	7.8
총요소생산성 증가	3.7	2.7
자본/노동비율 증가	3.2	5.1
투자율(투자액/GDP)	30.2	36.8
농업 취업자 비중(기말)	56.4	46.9

출처 : Koijs and Wang(2005).

고용증가율은 크게 감소하여 1.1%에 불과했다. 이는 전체적으로 경제성장의 고용창출 효과가 매우 낮으며, 더구나 시간이 갈수록 감소하고 있다는 것을 의미한다. 이러한 결과는 주된 고용창출원이 되는 도시 부문에서의 고용창출 능력이 감소했기 때문이다. 투자율이 30.2%에서 36.8%로 크게 증가했음에도 불구하고 도시 부문의 고용창출은 오히려 5.2%에서 2.9%로 감소했다.

둘째, GDP 가운데 투자에 의존하는 부분, 즉 투자율은 전체적으로 높은 수준을 나타낸 동시에 전반기보다는 후반기에 더욱 높아지는 특징을 보여 개혁 · 개방 초기보다 오히려 투자율이 높아지고 소비율이 낮아지는 현상을 보인다.

셋째, 농업 취업자 비율은 모택동 시대에 비해 낮아지기는 했지만 여전히 매우 높은 수준을 유지하고 있으며, 감소세가 매우 둔화되어 농업인구를 공업인구로 전환시키는 작업이 순조롭게 진행되지 않고 있음을 알 수 있다.

계량모형을 사용한 연구결과에 따르면, 전반 15년여 기간에 중국의 경제성장에 대한 기여도는 제도변화와 기술혁신 등에 기인한 총요소생산성 증가, 투자증대에 따른 자본/노동비율 증가, 노동투입 증가의 순서로 나타났다. 그러나 그후 11년간은 투자증대에 따른 자본/노동비율 증가, 총요소생산성 증가, 노동투입 증가의 순으로 바뀌었다. 이는 중국의 경제성장이 투자가 견인하는 방식으로 이루어지고 있다는 것을 의미한다. 또한 노동생산성이 낮은 부문에서 높은 부문으로의 이동, 즉 농업에서 공업 및 서비스업으로의 이동이 전체 노동생산성 증가에 기여하는 부분은 1.2%에서 0.8%로 낮아졌다. 산업별로 보면 노동생산성 향상에 대한 농업과 서비스업의 기여도는 낮아지고 공업의 기여도는 대폭 높아져 공업 부문이 압도적으로 노동생산성 향상을 주도하고 있음을 알 수 있다.

정리하자면, 1990년대 초반까지의 경제성장 패턴은 제도혁신과 기술개선 등으로 인한 생산성 향상과 비교적 높은 저축률과 투자율에서 비롯된 투자증대, 그리고 농업 부문으로부터 공업 부문으로의 노동력 배치 변화 등이 경제성장을 이끌었으며, 도시 부문에서 어느 정도의 고용증대가 발생했다. 그러나 1990년대 중반경부터는 이러한 성장 패턴이 멈추어 생산성 향상의 경제성장 기여도가 감소하고 농업 부문으로부터 도시 공업 부문으로의 노동력 이동이 지체되었다. 이로 인해 비정상적으로 높은 저축률과 투자율에 기초한 투자주도형 경제로 전환되었으며, 고용창출 능력도 크게 저하되어 고용없는 성장 현상이 발생하고 있다. 경제성장 패턴의 변화, 즉 농촌에서 도시로의 노동 이동의 지체, 이에 따른 농업 노동생산성 증가의 둔화,

농업과 공업 사이의 노동생산성 격차의 급격한 확대 등은 자연히 도시-농촌 소득격차의 확대로 귀결될 수밖에 없어 도시-농촌격차 문제가 매우 구조적인 문제가 된 것이다.

요컨대 1990년대 중반 이후 중국의 경제성장 패턴의 중요한 특징들은 모택동 시대의 경제성장 패턴과 유사한 특징을 보이고 있으며, 이러한 경제성장 패턴의 변화가 발생하지 않는다면 장기적 경제성장은 개혁 이전처럼 난관에 부닥치게 될 가능성이 크다. 따라서 중국의 장기 경제성장에 대한 전망은 중국 성장 패턴의 중요한 요소들이 장기적으로 어떻게 변화할지에 대한 전망을 필요로 한다.

| 장기성장의 제약요인과 정책대응

일반적으로 한 나라의 향후 경제성장을 전망하기 위해서는 수요의 크기를 구성하는 소비 · 투자 · 정부지출 · 순수출, 공급능력을 구성하는 노동 · 자본 · 자원 · 토지 등 생산요소와 총요소생산성, 그리고 산업구조 등의 측면을 고찰해야 한다. 각국 정부는 자국의 주어진 여건들과 사회적 목표 등을 고려하여 가장 바람직하다고 생각되는 경제성장 속도, 성장방식, 경제구조 등을 목표로 상정하며, 이를 달성하기 위해 위의 요소들에 영향을 미치는 정책들을 구사하게 된다. 개별 국가의 상황에 따라 다르지만 이 가운데 어떤 요소들은 정부 정책에 거의 영향을 받지 않는 외생(外生)변수로 볼 수 있고, 어떤 요소들은 정부 정책에 의해 영향을 받는 변수로 볼 수 있다.

따라서 중국의 장기성장 전망은 외생변수들 뿐만 아니라 중국 정부의 장기적 목표와 이를 달성하기 위해 사용하는 정책의 성취 여부 및 적절성과 밀접하게 관련되어 있다고 할 수 있다. 역으로 장기적 목표, 제약조건, 선택가능한 정책, 예상되는 정책효과 등을 파악할 수 있다면 중국 정부의 정책방향을 대략 예측할 수 있을 것이다.

중국 정부의 장기성장 목표를 가장 단순하게 설정한다면 고도성장과 고용증대의 동시 달성으로 볼 수 있다. 일반적으로 경제성장은 고용증대를 동반하지만, 최근의 상황은 경제성장이 고용증대를 자동적으로 가져오지 않거나 오히려 경제성장과 고용증대가 상호 모순될 가능성이 존재할 수도 있다는 점이 문제이다.

소비수요의 제약요인과 정책 선택

중국 경제성장의 가장 큰 걸림돌은 소비부진이다. 문제는 소비부진이 경기주기가 아니라 경제의 구조적인 요인에서 비롯된다는 점이다. 국제 비교에 의하면 중국의 소비율이 낮은 데다 더욱 하락하고 있는 것은 낮은 가계 소비율이 주된 원인이며, 이에 반해 정부 소비율은 경제발전 단계에 대체로 부합하는 수준으로 꾸준히 상승하고 있는 것으로 나타났다.

낮은 가계 소비율은 과도한 소득격차로 인한 낮은 소비성향, 미약한 사회안전망으로 인한 소비기피 심리, 낮은 임금소득분배율, 2차산업과 3차산업의 고용흡수 능력 감소 등에서 기인한다. 따라서 가계 소비율을 높이기 위해서는 소득격차 축소, 사회안전망 확충, 임금소득분배율 제고, 2차산업과 3차산업의 고용흡수 능력 제고 등의 정책이 요구된다.

이 가운데 소득격차는 지역격차, 도시-농촌격차, 계층격차 등 다양한 요인에 의해 발생하며, 해소가 쉽지 않은 문제로서 근본적 해결책은 모두 지역 간, 도시-농촌 간 노동이동성의 제고가 될 수밖에 없다. 소득격차의 근본적 원인은 노동생산성의 격차인데, 노동생산성이 낮은 지역에서 노동생산성이 높은 지역으로 노동이동이 발생하여 두 지역 간 노동생산성 격차가 축소되지 않는 한 소득격차의 근본적 해소는 불가능하기 때문이다. 앞서 살펴보았듯이 1990년대 중반 이후 도시-농촌 소득격차 확대와 소비율 감소 등이 발생하고 있는 것은 농업과 농촌으로부터 공업 · 서비스업과 도시로의 인구이동이 경제성장과 소득격차 축소를 가져온 성장 패턴이 멈추어 버린 것에서 상당 부분 기인한다. 따라서 개혁 · 개방 전반기였던 1990년대 중반까지의 성장 패턴을 회복할 수 있도록 정책 내지 환경의 변화가 요구된다고 하겠다.

노동이동성의 제고를 위해서는 여러 가지 전제조건이 충족되어야 한다. 먼저 연해지역 제조업 기업들의 구인난을 고려하면 내륙지역과 농촌지역 노동력의 연해 도시지역 이동에 대한 인센티브의 제고가 전제되어야 한다. 이를 위해서는 호구제도의 완화와 각종 차별대우의 철폐를 통한 노동이동 비용의 절감과 임금인상 등 노동이동 편익의 제고가 필요하다. 그러나 호구제도 완화의 속도와 범위가 적절하게 통제되지 못할 경우, 중국 정부의 바람처럼 인구의 질서정연한 도시이동이 발생하지 못해 남미처럼 도시거주 인구가 수용인구의 한계를 넘어서는 과도한 도시화가 발생할 가능성이 크다.[1] 일단 과도한 도시화가 발생하게 되면 적정 수준으로의 회귀가 불가능하므로 과도한 도시화는 오히려 과소한 도시화보다 더욱 경계해야 할 현상이다. 따라서 좁은 범위에서의 호구제도 완화가 각지에서 다양하게 시도되고 있고, 중앙정부도 호구제 완화에 대한 다양한 대안들을 마련하고 있음에도 불구하고 호구제 완화의 핵심이라고 할 수 있는 대도시에서의 급격한 호구제 완화는 사실상 장기적으로나 생각해 볼 수 있는 정책대안이라고 할 수 있다. 외지 유입 노동력에 대한 임금차별 등 차별대우의 시정은 비교적 쉽게 이루어질 수 있는 사항이라고 할 수 있다. 구인난과 구직난이 공존하는 노동수요와 노동공급 사이의 구조적 불일치, 농촌 및 내륙지역으로부터의 추가적 노동력 공급 정체 등 중국 노동시장의 수요 · 공급상황에 정부의 정책적 의지가 결합된다면 외지 노동력에 불리한 차별대우의 시정은 비교적 쉽게 이루어질 수 있을 것이다.

노동이동성 제고를 위한 다른 전제조건은 중서부 내륙지역과 농촌지역에서의 교육보급 확대를 통한 인적 자본 축적이다. 노동집약 산업에 대한 비교우위 강화, 경제의 지식화와 구조 고도화 등의 진전으로 발생하는 숙련편향형 기술진보가 비교적 높은 교육 수준을 갖춘 인력에 대한 수요를 상대적으로 증대시킴에 따라 도시지역 인력수요와 인력공급의 불일치가 발생하고 있기 때문이다. 즉 교육수준 제고가 없이는 농촌과 내륙 잉여노동력의 산업인력으로의 전

주

1) 남미국가들의 도시화율은 선진국들보다 높은 세계 최고 수준으로 대체적으로 80%를 넘어선다.

환이 불가능하다는 것이다. 연해지역 제조업 기업들에 대한 현장조사 결과를 보면 인력부족 현상이 여성 생산인력과 숙련기능 인력에서 가장 심각한 것으로 나타났다. 아울러 타지역 생활에 따르는 외국비용(cost of foreignness)으로 인하여 현지 노동자들보다 이주 노동자들에게 상대적으로 높은 교육 수준이 요구된다는 점을 보여준다. 교육수준과 인적 자본 증대를 위해서는 교육투자의 증가, 특히 심각한 교육격차를 고려할 때 중서부 내륙지역과 농촌지역에 대한 교육투자의 증가가 필요하다. 이는 절대적으로 정부 재정지원에 달려 있으며, 교육투자 비중을 늘리는 방향으로 정부재정 지출구조를 변화시키는 것이 핵심이라고 할 수 있다. 중국 정부는 11차 5개년계획 기간에 서부지역 의무교육 확대를 위해 1천억 위안을 투입할 예정이라고 한다.

인적 자본 투자의 측면에서 내륙 및 농촌지역에 대한 교육투자에 눈을 돌리기 이전에 이미 중국 정부는 1990년대 말부터 '과학 · 기술입국'(科技興國) 정책을 추진했으나 그 중점은 대학 이상 고등교육에 있었다. 이는 중국 교육의 중점이 중등교육에 있어 발전 수준이 비슷한 나라들에 비해 중등교육을 받은 인구의 비중은 높지만 고등교육을 받은 인구의 비중은 매우 낮은 교육구조 때문에 고급인력 공급이 부족한 교육구조의 문제점을 인식한 결과라고 할 수 있다. 대학교육에 대한 시장화 원리 도입과 대학교 정원을 수년 내에 서너 배로 늘리는 급격한 규모 확대 정책으로 대졸자가 대량 배출됨에 따라 고급인력 시장은 과잉공급 상황에 놓이게 되었다. 그러나 중등교육 수준에서 발생하는 연해-내륙 간, 도시-농촌 간 심각한 교육격차는 결국 소득격차 축소, 노동인력 공급, 실업문제 해결 등 여러 차원에서 큰 장애가 될 것으로 보이며, 따라서 내륙지역 교육 확대와 이를 위한 투자는 중국 정부의 중요한 정책의 하나가 될 것으로 생각된다.

임금소득분배율을 증대시키는 정책은 소비율 증대에 직접적인 효과를 가져올 수 있으며, 경제에 대한 중국 정부의 통제력으로 볼 때 다른 정책들에 비해 실현가능성이 상대적으로 크다고 할 수 있다. 이미 중국 정부는 1990년대 말부터 소비 진작 차원에서 공무원 급여를 대폭 인상해 왔으며, 그 영향은 국유 부문으로 파급되어 종업원 급여의 대폭 인상이 유발되었다. 그 밖에 중국 정부는 최저임금제 도입 및 준수 여부 감시 강화, 노동조합 설립 여부 감시 강화, 노동계약법(勞動合同法)[2] 제정 등을 통한 노동보호를 적극 강화하고 있으며, 이러한 추세는 향후 지속될 수밖에 없을 것으로 보인다. 이러한 일련의 정책과 노동시장 수급상황은 결국 임금인상으로 이어질 수밖에 없는바, 임금인상은 결국 생산원가 상승과 국제경쟁력 저하를 야기할 것이며, 임금인상의 충격은 노동집약적 수출산업에서 가장 클 것으로 보인다. 그러나 임금인상은 내수시장 규모를 확대하는 긍정적인 효과를 동시에 가져올 것이며, 결국 임금인상의 순효과는 해외시장 손실과 국내시장 확대의 상대적 크기에 의해 결정될 것이다.

임금인상의 노동집약적 수출산업의 경쟁력에 대한 영향은 비슷한 산업에 특화하고 있는 경쟁 개도국과의 비용경쟁력의 상대적

주

2) 중국 정부가 제정한 노동계약법은 노동계약 체결 및 해지와 관련한 노동자 보호, 수습기간 제한, 해고 제한, 퇴직보상금 규정 신설 등 노동보호에 관한 매우 강한 규정들을 담고 있다. 이 외에도 중국은 최근 노동자들이 협상을 요구하면 기업이 반드시 응하도록 한 '단체협약 조례'를 제정하는 등 노동자 보호 법규를 대폭 강화하는 중이다.

크기에 의해 결정될 것이며, 이는 중국의 내수시장 의존도 및 해외시장 의존도의 상대적 크기에 대한 판단에 크게 좌우될 것이다. 최근 중국에서는 중국의 대외무역의존도가 지나치게 높고, 이러한 높은 대외무역의존도는 중국과 같은 대국경제에는 어울리지 않으며, 따라서 향후 수출증대의 경제성장 견인효과는 그 여지가 크지 않다는 여론이 제기되어 왔다. 다른 한편으로는 중국의 대외무역의존도가 다른 나라와 비교하여 그리 높지 않으며, 수출증대의 경제성장 견인효과도 상당 기간 지속될 수 있다는 반론도 있어 왔다. 만일 어떤 정책의 효과가 수출과 내수에 서로 반대되는 방향으로 영향을 미친다면 중국 정부는 양자 간에 선택을 하지 않을 수 없게 될 것이다. 예를 들어, 임금인상은 수출경쟁력에는 부정적인 영향을 줄 것이지만 내수증대에는 도움이 될 것이며, 인민폐 평가절상 역시 마찬가지로 볼 수 있다. 만약 내수 증대 효과가 더 클 것으로 판단되면 중국 정부는 수출을 다소 희생해서라도 내수 증대를 도모하는 정책을 선택할 것이다.

소비심리 위축요인의 하나인 사회안전망 미비는 현재의 재정상황에서는 조속한 개선이 어려울 것으로 보인다. 중국의 사회보장은 단위(직장)를 중심으로 하는 체제로부터 단위와 사회가 공동 부담하는 사회화 · 시장화 과정을 밟고 있으나 단위의 취약한 부담능력과 재정지원의 한계로 인하여 겨우 제도적 틀을 갖추어 가는 수준에 머물러 있으며, 사회보장 부담은 일종의 우발채무로서 국가채무 가운데 가장 비중이 큰 요소라고 할 수 있다. 최근 제정한 노동계약법에 규정한 기업의 퇴직금 지급 의무화는 다시 기업의 사회보장 책임을 강조하는 방향으로 정책방향이 선회하고 있는 것을 의미하며, 이는 국가 재정능력의 한계를 인정한 현실론적인 정책이라고 할 수 있다.

투자억제와 정책 선택

투자는 중국의 경제성장을 주도해 온 요인으로, 국제적 수준과 비교할 때 투자에 대한 의존도가 과도하게 높을 뿐만 아니라 여전히 지속적으로 상승하고 있는 것이 문제라고 할 수 있다. 높은 투자율은 높은 저축률에 의해 뒷받침되며, 도시화와 공업화의 진전에 따른 정상적인 투자율 수준뿐만 아니라 저금리정책, 높은 자본집약 산업 비중, 높은 정부 투자 비중, 취약한 투자 시스템으로 인한 투자 견제장치 미비 등 과잉투자를 조장하는 제도적 메커니즘에서도 기인한다.

투자증가가 소비증가에 의해 뒷받침되지 않는 상황이 장기간 지속되면 자본장비율(자본-노동비율) 상승으로 투자자본에 대한 이익률의 지속적 감소가 유발될 뿐만 아니라, 잉여 생산능력이 발생하는 자원배분에서의 비효율도 발생하게 된다. 이는 결국 장기적 경제성장 가능성을 잠식하게 된다. 또한 은행자금으로 조달된 투자가 부실화되는 경우, 이는 금융부실로 이어지게 되므로 결국 과잉투자는 구조적으로 금융부실을 낳을 수밖에 없다. 따라서 과잉투자를 억제하고 소비를 진작시키는 것은 장기성장은 물론 금융부실과 관련해서도 절대절명의 과제라고 할 수 있다.

정부, 기업, 가계 가운데 가장 중요한 투자주체는 기업이지만, 정부의 직접적 투자나 국유기업에 대한 이전지급(移轉支級)을 통한 간접적 투자를 모두 포함시켜 보면 아직도 중국은 다른 나라들에 비해 정부 투자의 비중이 매우 높은 편이다. 투자에 있어서의 외자기업의 비중은 이미 매우 작아졌다. 따라서 과잉투자 억제의 범위에는 기업뿐만 아니라 정부의 직 · 간접투자도 함께 고려되어야 한다. 정부투자 급증은 1990년대 하반기에 경기침체 극복을 위해 내수 진작 차원에서 국고채 발행을 통해 조달한 자금으로 사회간접자본에 대규모 투자를 실시한 때부터 시작되었다. 사회간접자본 투자는 서부대개발과 결합되어 서부지역에 대한 대대적 사회간접자본 투자로 확대되있다. 그러나 서부지역 사회간접자본 투자 가운데 상당 부분이 투자자금 회수가 어려운 과잉투자로 평가돼 적어도 서부지역에 대해서는 사회간접자본 투자에 의한 수요진작 정책이 더 이상 지속되기 어려울 것으로 보인다. 과잉투자와 과소소비가 문제인 상황에서 중앙정부 차원의 투자증대는 억제될 수밖에 없으며, 정부 투자를 사회사업(social service) 등 정부 소비로 전환시켜 정부지출 가운데 투자비중을 낮추고 소비비중을 높이는 방향의 정책을 구사할 수밖에 없을 것이다.

기업투자는 투자자금의 원천을 살펴볼 때 자체 유보자금의 비중이 높아지고 은행과 외국인 투자의 비중이 낮아지는 추세에 있다. 외국인 투자의 비중은 이미 전체 투자 가운데 매우 낮은 수준으로 축소되어 향후 적어도 자본형성에 있어서는 외국인 투자의 변동이 큰 영향을 미치지는 않을 것이다. 기업 자체 유보자금의 비중이 높아지고 은행융자의 비중이 작아지는 현상은 주로 기업 이익증대로 인한 것이다. 그러나 국유기업의 경우 주로 금리인하 등 외생적 요인에 의한 것이고, 과잉투자가 지속되면 기업 전체 이익률이 하락할 수밖에 없으므로 이러한 추세가 지속될 가능성은 크지 않다고 할 수 있다. 따라서 직접금융시장이 미발달한 상황에서 투자자금 출처로서 은행융자의 중요성이 지속적으로 감소하기는 어렵다고 할 수 있다.

과잉투자의 중요한 원인 가운데 하나는 저금리정책이다. 사금융시장의 금리와 은행의 금리 사이에는 큰 격차가 존재한다. 자본부존이 풍부한 선진국에 비해서도 낮은 수준의 실질금리를 유지하는 저금리정책은 은행신용 의존도가 높은 국유기업을 보호하기 위한 목적이 크다. 그러나 과잉투자의 억제와 자원배분의 효율성 향상을 위해서는 금리자유화를 핵심으로 하는 금융자율화가 장기적으로 이루어져야 하며, 금리자유화는 결국 금리상승으로 이어질 수밖에 없다. 금리 수준에 비탄력적인 소비는 금리상승에 별로 영향받지 않을 것으로 보인다. 따라서 저금리정책의 포기를 통한 과잉투자 억제와 국유기업 보호, 더 나아가 사회주의 정체성의 유지 사이에는 모순된 관계가 존재하게 되며, 중국 정부는 이 두 가지 사이에서 선택을 강요받게 될 것이다.

과잉투자는 투자와 관련된 제도적 문제점들, 즉 투자 시스템과도 밀접한 관련이 있다. 그 가운데 하나가 취약한 기업 지배구조인데, 국유기업의 경우 지배구조의 개선이 바로 기업개혁의 성공을 의미하게 되므로 긍정적인 전망이 어렵다고 할 수 있다. 다음으로 경제성장 실적에 따라 지방공무원 평가가 이루어져 지방정부는 항상 투자하고 싶어하는 투자기갈(investment hunger) 상태에 빠질 수밖에 없다. 이에 따라 공무원 고과제도 변경 주장이 힘을 얻어가고 있다. 문제는 적절한 대체 평가수단의 개발 가능성이다.

과잉투자의 주범인 국유기업, 특히 자원 분야 기업들을 위주로 수익성이 호전되면서 자체 유보자금을 이용한 투자가 급증한 결과 과잉투자 억제 차원의 국유기업 관리체제 개혁이 과제로 떠오를 것으로 전망된다. 국유기업 관리를 책임지고 있는 국유자산감독관리위원회는 최근까지도 이윤분배를 받는 지주회사가 아니고 단순한 관리감독만 책임지고 있기 때문에 기업은 소유자인 국가에 세후 이윤을 분배하지 않았다. 따라서 기업 수익성이 호전되면 유보자금이 증가하고, 이는 다시 과잉투자로 이어질 가능성이 컸다. 따라서 국유기업을 지주회사의 관리 하에 두는 방향으로의 정책 전환이 요구되어 왔으며, 그 일환으로 최근 중국 정부는 일부 기업에 대해 국유자산감독관리위원회에 이윤을 분배할 것을 규정하게 되었다. 국가가 지주회사를 통해 기업의 유보 이윤을 흡수할 경우 기업의 인센티브가 저해될 가능성이 큰 반면에 과잉투자 억제와 재정수입 확대에 도움이 될 것이므로 중국 정부로서는 국유기업 관리체제 개혁과 관련하여 국유기업 인센티브와 과잉투자 억제 사이에서 고민하게 될 것이다.

해외시장과 내수시장

중국은 1990년대 하반기 이후 내수시장의 부진을 해외시장 확대를 통해 극복해 왔다는 평가가 일반적이다. 또한 향후 중국이 해외시장에서 지속적으로 성장의 동력을 찾을 수 있을 것인지에 대해 상반된 견해가 존재한다. 중국의 과거 경제성장 가운데 해외시장이 실질적으로 얼마나 기여했는가와 현재 중국의 해외시장 의존 정도는 중국 경제의 조건 하에서 자연스러운 것인가라는 문제는 대외무역의존도를 통해 대략적으로 추측할 수 있다.

다른 나라와 비교하면 중국의 대외무역의존도는 지나치게 높게 나오며, 이는 중국과 같은 대국에는 어울리지 않는 것이고, 또한 향후 대외무역 신장을 통한 경제성장 여지도 크지 않다는 주장이 있다. 이와 반대되는 견해는 중국의 대외무역의존도가 상당히 과장되었다고 주장한다. 2004년 중국의 수출의존도는 38.4%이고 수출입의존도는 69.8%에 달했다. 선진국의 2002년 무역의존도를 보면 무역의존도가 가장 높은 독일이 56%였고 미국은 18%, 일본은 19%를 기록하여 중국의 무역의존도가 매우 높음을 알 수 있다.

대외무역의존도는 수출(입)과 GDP의 비율로 측정하는데, 계산방식에 따라 완전히 다른 수치가 나올 수 있다. 중국의 경우 추정 작업 결과에 따라 다르지만 대체로 구매력 평가(PPP)로 계산한 GDP가 환율로 단순 환산한 GDP의 4.5배 가량에 달한다고 볼 수 있다. 세계은행의 추정에 따르면, 2004년 중국의 PPP 기준 GDP는 단순 환율 환산 GDP의 4.29배에 달하는 것으로 보도되었다. 따라서 전자를 쓰지 않고 후자를 써서 계산할 경우 대외무역의존도가 4.29배 과장된다. 선진국에서는 양자 간 차이가 거의 없는 반면, 후진국에서는 양자 간 격차가 크다는 점을 감안하면 이러한 배수는 중국의 대외무역의존도의 과장 정도를 거의 반영하는 것이라고 할 수 있다. 구매력평가 GDP를 써서 다시 계산한 2004년 수출의존도는 9.0%, 수출입의존도는 16. 3%로 다른 나라와 비교하여 별로 높지 않은 수준이다.

다음으로 대외무역의 구조를 고려하여야 한다는 주장이 있다. 다른 나라와 달리 중국은 세계 분업체계에서 단순 생산기지로서의 위치를 가지고 있어 일반무역보다는 가공무역의 비중이 크다. 일반무역은 수출입이 국내경제와 연관효과를 가지면서 국내경제의 발전에 파급효과를 가지는 데 반해, 가공무역은 수입된 원자재가 가공된 후 바로 수출되기 때문에 국내경제와의 연관효과가 작고 국내경제의 발전에 큰 영향을 미치지 않으므로 가공무역액을 100% 반영하여 계산하면 대외무역의존도가 과장된다. 따라서 대외무역액 가운데 일반무역은 모두 반영하고 가공무역 가운데 중국 내에서 발생한 부가가치만을 반영하여 다시 계산하면 중국의 대외무역의존도는 매우 낮은 것으로 나타난다. 예컨대 2004년 일반무역 비중 45%를 반영하고 가공무역 비중 55% 가운데 중국 내에서 유발된 부가가치분, 예를 들어 10%를 반영하면 전체 대외무역액 가운데 55%만을 대외무역의존도로 계산해야 한다. 이를 다시 PPP 기준 GDP로 계산한 수출의존도는 5.0%, 수출입의존도는 9.0%에 불과하게 된다.

국가 간 무역구조와 산업구조의 차이를 고려하여야 한다는 주장도 있다. 즉 중국은 다른 나라에 비해 상품무역의 비중이 서비스업의 비중보다 상대적으로 크고, GDP 가운데 제조업 비중도 서비스업 비중보다 상대적으로 크다. 무역액 가운데 상품무역만을 사용하고 GDP 가운데 제조업 GDP만을 사용하여 바로 위의 무역의존도를 다시 계산하면 중국의 2004년 수출입의존도는 6.1%에 불과하다. 2002년 기준으로 독일은 161%, 미국은 67%, 일본은 64%에 달했다.

PPP 기준 GDP를 적용하여 가공무역의 일부만을 계산하고 다시 상품무역과 제조업 GDP만을 반영하여 계산한 중국의 대외무역의존도는 단순 계산한 수치의 1/10에도 못 미치는 것으로 나타나며, 이는 대국경제인 미국과 일본의 1/10에도 못 미치는 것이다.

이렇게 보면 중국이 대외무역에 그다지 의존한다고 볼 수 없

〈표 2-2〉 중국의 무역의존도

(단위 : %)

연도	1990	1995	2000	2001	2002	2003	2004
수출의존도	16.1	21.3	23.1	23.0	25.9	31.2	38.4
수출의존도(PPP)	3.8	5.0	5.4	5.4	6.0	7.3	9.0
수출입의존도	30.0	40.2	43.9	44.1	48.9	60.0	69.8
수출입의존도(PPP)	7.0	9.4	10.2	10.3	11.4	14.0	16.3

주 : PPP 기준 수출(입)의존도는 각 년도의 수출(입)의존도를 2004년 World Bank 추정 PPP 기준 1인당 GDP 5,530달러와 단순 환율 환산 1인당 GDP 1,290달러 사이의 배수로 나누어서 계산했음.
출처 : 『중국통계연감』(2005).

다는 결론을 얻을 수 있다. 중국의 발전단계상 자연스럽게 비교우위를 갖는 노동집약적 산업은 국내 부문의 비중이 크고 많은 부가가치가 수출에 의해 창출되므로 실질적인 수출의존도가 매우 높다고 할 수 있지만, 중국을 단순히 가공무역 기지로만 활용하는 산업들은 외자기업의 비중이 높고 국내경제에 기여하는 부가가치가 많지 않아 실질적인 수출의존도는 높다고 볼 수 없다. 예를 들어 주력산업인 기계, 전기전자 산업의 가공무역 의존도는 매우 높다. 일례로 정밀기기, 문화 및 사무용 기계, 통신기기 및 컴퓨터 산업의 수출의존도는 각각 83%, 64%, 35%이고, 이 중 가공무역의 비중은 각각 81%, 91%, 65%에 달한다.

그렇다고 해서 중국이 해외시장 확대를 통해 부족한 내수를 보충하거나 수출지향적 전략을 지속하는 것이 가능한 것은 아니다. 중국이 비교우위를 가지고 있는 노동집약적 경공업의 수출 확대 가능성은 세계시장의 규모에 의해 제약되며, 자본집약적 산업과 기술집약적 산업에서 외자부문이 아닌 국내부문의 수출산업화는 아직 긴

시간이 필요할 것으로 생각된다. 예를 들어 섬유, 의복의 경우 중국의 WTO 가입과 MFA 폐지로 중국의 세계시장 점유율이 조만간 50%까지 상승할 것으로 보이나 현재 미국, 유럽 등 각국과 무역마찰을 일으키고 있어 수출의 획기적인 확대가능성은 의문시된다고 하겠다. 아울러 현재 대부분의 중화학공업 분야는 수출형 산업이 아닌 내수형 산업이다. 예를 들어 철강, 비철금속, 화학 등 소재산업은 물론이고 중화학 가공산업 중 자동차는 거의 외자에 의해 장악되어 있으면서도 전혀 수출산업화가 이루어지지 않고 있으며, 기술적 요구가 높지 않은 부품의 수출산업화만 이제 막 시작단계에 진입했다. 중화학가공산업 중 기계, 전기전자 산업은 외자기업과 가공무역에 의해 지탱되고 있으며, 국내기업은 저부가가치 제품만 수출하고 있을 뿐이다. 중화학공업 가운데 국내 부문의 수출산업화가 가장 진전되어 있는 산업은 노동집약 산업의 성격이 가장 짙은 조선산업이다.

중화학공업 주도의 공업화 단계에 막 진입한 중국은 소재산업 저부가가치 부문을 위주로 한 대규모 설비투자로 생산능력 과잉현상이 나타나고 있는데, 만약 국내수요가 이를 소화해내지 못할 경우 저부가가치 소재의 밀어내기식 수출로 세계적 공급과잉을 유발할 것으로 보이며, 이는 중국 국내경제에도 지속적인 디플레이션 압력으로 작용할 것이다.

나아가 중화학공업의 수출산업화가 진전되어 세계시장 점유율이 상승할 경우 중국은 세계무역질서의 구조적 변동을 초래하는 교란요인이 될 가능성이 매우 높다. 이렇게 되면 거의 모든 무역국들과의 무역갈등이 높아질 것이다. 앞에서 중국의 대외무역의존도가 실질적으로 별로 높지 않다고 서술한 것은 중국 경제에서 대외무역의 역할이 생각보다 높지 않다는 것일 뿐, 세계시장에 대한 중국의 영향이 크지 않다는 것을 의미하지는 않는다. 우선, 중국의 경제규모가 구매력 평가로 계산할 때 매우 크므로 대국경제로 분류될 수 있고, 따라서 중국의 대외교역이 세계시장에 대해 갖는 영향력은 매우 크다고 볼 수 있다. 아울러 동아시아 국가들의 중간재, 소재, 부품을 수입해서 완제품을 최종 생산한 뒤 미국과 유럽 시장에 내다 파는 가공무역 위주의 동아시아 무역 허브 역할을 강화시켜 가고 있어 중국의 세계시장에 대한 최종 공급자로서의 영향력은 매우 큰 것이라고 할 수 있다.

중국이 향후 노동집약 산업에서 경쟁우위를 이전보다 더 강화시키는 것은 다소 무리가 있으며, 중화학공업 주도의 공업화 단계 진입으로 인해 상당 기간은 투자재 수입이 증대하고 이에 따라 국제수지가 악화될 가능성이 있다. 중화학공업화를 어느 정도 완성한 이후의 관건은 내수 위주로 되어 있는 중화학공업의 수출산업화가 가능할 것인가가 될 것이다.

자본공급의 장기 전망

자본공급은 국내 저축과 해외자본 이용을 통해 이루어진다. 먼저 국내 저축을 보면, 중국의 높은 투자율을 지탱하고 있는 것은 높은 저축률로 저축률과 투자율은 대략 균형을 이루어 왔다. 개혁·개방 후 저축률은 강축적 모델을 특징으로 하던 모택동 시대보다 오히려 높을 뿐만 아니라 지속적으로 상승하고 있다. 부문별 비중을 보면 가장 큰 비중을 차지하던 가계 저축률이 감소하고 기업 저축률과 정부 저축률이 높아졌다.

저축률은 국민소득이 매우 낮은 저개발 상태에서는 저축 여력의 부족으로 매우 낮다가 경제발전이 본격적으로 이루어지고 소득이 높아지면 상승하며, 발전단계가 더욱 높아지면 소비증가로 다시 하락하는 역U자형 패턴을 보이는 것이 일반적이다. 중국은 40%가 넘는 세계 최고 수준의 저축률을 보이고 있으며, 역U자형 곡선의 정점에 도달한 것으로 생각된다. 현재의 저축률 수준은 상당 기간 유지될 것으로 보이나 장기적으로는 감소하게 될 것이다.

먼저, 가계 저축률은 현재 완만한 감소세를 보이고 있으며, 대출과 같은 신용제도의 발달, 사회안전망 구비, 소비구조 고도화 등의 변화에 따라 장기적으로도 감소세가 예상된다. 다음으로 기업 저축률은 증가하고 있는데, 이는 구조조정과 경기호전 및 금리인하 등에서 기인한다. 장기적으로는 국유기업의 독점성 이윤을 국가주에 대한 배당의 형태로 정부가 흡수하는 국유기업 지배구조 개혁이 예상되고 저금리와 호경기 등 외생변수 역시 지속가능하지 않아 기업 저축률이 감소될 수 있으나, 반면에 효율성이 높은 사영기업의 비중 증대와 금융자원에 대한 접근가능성 증대 등의 기업 저축률 상승요인도 존재한다. 전체적으로 기업 저축률은 현재의 수준을 상당 기간 유지할 수 있을 것으로 보이나 장기적으로는 감소할 것으로 예상된다. 정부저축은 최근 비교적 빠르게 증가하고 있으며, 다른 나라에 비해 다소 높은 수준을 유지하고 있으나 소비진작을 위해 정부 소비를 늘릴 것이 예상된다. 따라서 정부 저축률은 감소할 수밖에 없을 것으로 보인다.

외국자본의 유입은 자본공급에 있어 결정적인 중요성을 지니지는 않을 것으로 전망된다. GDP에서 외국인직접투자(FDI)의 비율은 이미 4% 미만으로, 그리고 전체 고정투자에서 외국인직접투자가 차지하는 비중은 10% 미만으로 하락했으며, 향후 외국인직접투자 증가율은 GDP 증가율과 투자증가율을 따라가지 못해 그 중요성이 지속적으로 감소할 수밖에 없다.

향후 장기적으로 하나의 변수가 될 수 있는 것은 자본시장 개방에 따른 포트폴리오 투자의 유입 가능성이다. 현재 중국은 주식시장에서 비중이 매우 작은 B주 시장만을 외국인에게 전면 개방하고 A주 시장은 유자격 기관투자가(QFII : Qualified Foreign Institutional Investor)에 대해서만 제한적으로 개방하고 있다. 채권시장은 국고채시장만 형성되어 있을 뿐 회사채는 거의 발행되지 않고 있다. 장기적으로는 선진국들의 자본시장 개방 압력이 예상되나 점진적 사유화 전략에 따라 국유기업의 대규모 신규상장이 상당 기간 이어질 것으로 예상되어 자본시장을 개방하더라도 투자자본 유입 규모는 당분간 크지 않을 것이다. 따라서 자본시장 개방에 따른 해외자본의 추가 유입은 상당한 기간을 필요로 할 것이다.

전체적으로 보아 GDP 대비 자본의 공급은 당분간 현재 수준을 유지하다가 장기적으로는 감소할 것으로 보이나 투자율 감소와 소비율 증대가 장기적으로 바람직한 경로라는 점을 감안할 때 자본공급이 경제성장의 제약조건이 되지는 않을 것으로 판단된다.

노동공급과 수요의 장기 전망

중국의 노동력 공급 전망을 위해서는 노동력의 총량, 구성, 질의 측면을 동시에 고려하여야 한다. 중국의 인구는 2020년경에 거의 정점에 도달한 후 2030년경까지 근소한 증가를 보이며 정점에 도달할 것으로 예측되며, 그후 완만하게 감소할 것으로 전망된다. 따라서 2020년경이 되면 인구증가에 의한 노동력 공급과 경제성장이 멈출 것으로 예상할 수 있다. 2005년과 2020년 사이 15년의 기간 동안에 예상되는 인구증가는 1억 명 가량에 불과하여 이미 인구 저성장시대에 진입했음을 알 수 있다. 현재의 인구증가율 감소속도로 보아 이러한 예측치보다 인구증가 규모가 더욱 작을 것으로 판단된다. 따라서 인구증가가 가져오는 노동력 증가 효과는 이미 기대하기 어려워졌다고 볼 수 있다.

인구증가율의 급속한 감소는 산아제한의 누적적 효과, 경제발전에 따른 의식 수준 제고, 도시화와 탈농업화에 따른 농촌주민의 남아선호 사상 약화 및 농업노동력 수요 감소 등의 요인에서 기인한다. 중국의 과다한 인구는 고도성장과 맞물려 자원, 환경, 고용 등 지속가능한 발전을 어렵게 하는 가장 핵심적인 요인이 되어왔기 때문에 인구증가 정체에 대해 중국 정부가 이를 저지하는 정책을 쓰지는 않을 것이다. 오히려 교육 확대를 통해 인구의 질적 수준을 제고시키고 이를 통해 노동생산성을 제고시키는 정책을 강하게 추진할 것이다. 따라서 산아제한 정책은 더 이상 핵심변수가 아니다. 왜냐하면 인구증가율 감소는 정부의 산아제한 정책에 의해서만 유발된 것이 아니므로 산아제한 정책의 존폐 여부가 인구증가율 증감에 큰 영향을 못 미치게 될 것이기 때문이다. 따라서 향후 산아제한 정책은 묵시적으로 완화될 것으로 보인다.

〈표 2-3〉 중국의 인구규모 전망

	2000	2005	2010	2015	2020	2025	2030	2040	2050
인구수(억 명)	12.7	13.2	13.5	13.9	14.2	14.4	14.5	14.3	13.9

주 : 중간 예상치임.
출처 : UN Population Database, World Population Prospect : The 2004 Revision.

인구구성 가운데 가장 핵심적인 것은 연령구성으로 노령화의 속도가 관심의 초점이다. 2005년에 32.6세인 중간연령은 2010년에는 34.9세, 2020년에는 37.9세로 급속히 상승할 것으로 보인다. 연령구간으로 보면 2005년 현재 70.9%인 15-64세 인구, 즉 노동가능 인구의 비중은 2010년에 72.2%로 정점에 도달한 후 감소세로 반전되어 2020년에는 노동가능 인구 비중이 2005년보다 낮은 69.7%로 감소할 것으로 전망된다. 따라서 2015년까지는 노동가능 인구 비중이 현재 수준을 유지할 것으로 예상된다. 15-64세 인구 비중만 가지고 보면 향후 20여 년간 노동력의 연령구조는 별 문제가 없으나 이를 더 세분화해서 보면 상황은 그렇게 낙관적이지 않다. 우선, 15-24세 연령구간의 인구는 향후 의무교육의 확대와 대학 진학률 상승으로 인하여 점점 더 노동시장 진입률이 낮아지게 되므로 노동가능 인구 비중은 15-64세 연령구간 인구의 비중으로 계산한 것보다 낮게 될 것이다. 물론, 현재도 15-24세 연령구간의 인구 가운데 일부는 재학

〈표 2-4〉 중국 인구의 중간연령 전망

	2000	2005	2010	2015	2020	2025	2030	2040	2050
중간연령(세)	30.1	32.6	34.9	36.5	37.9	39.5	41.5	44.1	44.8

주 : 중간 예상치임.
출처 : UN Population Database, World Population Prospect : The 2004 Revision.

〈표 2-5〉 중국의 연령별 인구구성 전망

연령구간	2000	2005	2010	2015	2020	2025	2030	2040	2050
0-14세	24.8	21.4	19.5	18.5	18.4	17.9	16.9	15.6	10.9
15-24세	15.6	16.5	16.1	14.1	12.5	11.6	12.0	11.7	10.6
25-39세	27.6	26.0	23.2	22.2	21.9	21.2	18.9	17.6	18.2
40-54세	18.2	20.5	22.7	24.4	23.2	21.0	20.6	20.6	17.9
55-64세	6.9	7.9	10.2	11.1	12.1	14.5	15.4	12.3	14.0
15-64세	68.3	70.9	72.2	71.8	69.7	68.3	66.9	62.2	60.7
65세 이상	6.9	7.7	8.3	9.7	11.9	13.8	16.2	22.2	28.4

주 : 중간 예상치임.
출처 : UN Population Database, World Population Prospect : The 2004 Revision.

중 인구이므로 노동시장에 진입하지 않고 있지만, 향후 이러한 노동시장 비진입 인구 비중은 급속히 높아질 것이다. 노동가능 연령 구간을 25-64세로 보고 다시 계산하면 노동가능 인구 비율은 2010년에는 56.1%, 2020년에는 57.2%가 된다. 다음으로 25-39세 연령구간의 인구 비중이 감소하고 있으며, 40-54세 인구 비중은 2020년까지 증가한 후 감소하고, 55-64세 인구의 비중은 2030년까지는 증가할 것으로 전망된다.

인구의 질적 수준과 관련시켜 보면 이러한 인구구성 변화가 반드시 부정적인 의미만을 갖는 것은 아니다. 0-14세 인구의 비중이 감소하고 있다는 것은 의무교육 대상 인구의 감소를 의미하며, 또한 15-24세 인구의 비중이 감소하고 있다는 것은 비의무교육, 즉 선택적 교육(고등교육) 대상 인구의 감소를 의미하는바, 전체적으로 교육을 받아야 할 인구의 비중이 감소하는 것을 의미한다. 이는 교육비 지출 대상 인구 비중의 감소를 가져와 그만큼 1인당 교육비 지출이 늘어날 수 있다. 다시 말해, 인구의 연령구조 변화는 교육 수준 제고로 이어질 수 있다는 것이다. 1995-2003년 기간에 신규 증가된 노동력의 평균 교육 연수는 9년에서 10년으로 1년 증가했다.

노동력 수요 전망은 산업구조, 도시화 등의 변수와 관련되어 있다. 먼저, 2차산업 주도의 경제성장은 상당 기간 지속될 것으로 보이나 중화학공업 주도의 산업구조 고도화와 노동절약적 기술혁신, 그리고 생산성 향상 등으로 인해 고용창출 능력이 약화되고 있다. 그러나 2차산업 주도의 경제성장은 결국 이 분야와 관련을 맺고 있는 고부가가치 서비스업의 발전을 가져오게 될 것이므로 2차산업 위주의 성장은 상당 기간 지속되는 것이 바람직하다고 할 수 있다. 현재 중국의 서비스업 구성은 음식, 숙박 등 전통적 서비스업 위주로 되어 있어 이 분야에서 추가적인 고용창출 효과는 크게 기대하기 어려운 상황이다. 향후 부가가치가 높은 지식기반 서비스업과 제조업 지원 서비스업이 발전하기 위해서는 인적 자본 공급의 제한이 제약조건이 될 것이다. 서비스업은 대도시일수록 발달가능성이 크므로 서비스업 발전전망과 그에 따른 고용창출 전망은 도시화의 진전 속도와 모델에 크게 좌우될 수 있다.

요약하자면, 2020년 정도까지의 시간을 놓고 보면 노동수요와 노동공급 사이의 교육 수준 격차로 인한 구조적 불일치가 노동시장의 가장 큰 문제점으로 보인다. 노동공급의 측면을 보면, 당장은 아니지만 인구증가 정체와 노령화가 젊은 노동인력의 공급을 감소시켜 노동공급의 경제성장 기여도가 감소하게 되는 구조로 변화하게 된다. 그러나 교육 확대를 통해 인적 자본 증대와 생산성 향상이 발생할 경우 이러한 문제를 보완하는 것은 어느 정도 가능할 것으로 보이며, 중국 정부도 이 점을 인식하고 있는 것으로 보인다. 노동수요의 측면을 보면, 2차산업과 3차산업에서 모두 교육받은 수준 높은 인력에 대한 노동수요가 확대될 것이며, 현재의 산업구조 고도화 추세와 기술발전의 편향성으로 볼 때 저수준 인력의 취업문제는 해결이 매우 어려운 과제가 될 것이다. 결국, 교육 확대를 통한 인적 자본 증대 정책의 성공 여부가 관건이 될 것이다.

생산성 향상의 제약요인과 정책의 영향

경제성장 주도 요인에 대한 연구들에 따르면 중국의 경제성장에 대한 기여도는 자본투입 증가, 총요소생산성(total factor productivity) 증가, 노동투입 증가의 순으로 나타난다. 향후 자본투입 주도의 경제성장 국면이 장기간 지속되겠지만 그 중요성이 감소되는 것이 바람직한 방향이다. 또한 노동투입의 성장기여도는 매우 낮게 될 것이므로 생산성 향상의 중요성은 급속히 증대될 것으로 전망된다.

총요소생산성을 결정하는 것은 크게 보아 제도적 측면과 기술적 측면이다. 현재 중국의 경제개혁 단계로 보아 가장 중요한 제도적 요소는 국유기업 개혁, 즉 사유화와 독점 철폐의 순조로운 진전

여부, 금융자원에 대한 접근가능성 제고와 같은 사영기업 성장환경의 조성, 금융 부문의 자원배분 효율성 제고, 노동이동성 제고, 생산성을 극대화할 수 있는 효율적인 도시화의 추진 등이라고 할 수 있다. 기술적 측면의 관건은 자본집약 산업과 기술집약적 첨단산업의 기술 발전, 에너지 및 자원 사용 효율의 제고 등으로 볼 수 있다.

국유기업 개혁의 핵심은 적절한 사유화 정도의 선택과 순조로운 진전, 국유기업의 금융자원 독점 철폐를 통한 비국유 부문 성장 지원, 자원형 · 소재 · 기간 산업에 대한 독점의 철폐, 국가주에 대한 이윤배당과 같은 기업관리체제 개혁 등이라고 할 수 있다. 먼저, 사유화의 순조로운 진전에는 시장경쟁의 격화에 따른 수익성 악화가 전제조건이 된다는 모순이 존재한다. 즉 중국 정부는 사유화를 주로 지방정부의 자율적인 판단에 맡기는 정책을 쓰고 있는데, 지방정부의 입장에서는 만약 국유기업의 수익성이 좋으면 기업 매각 인센티브가 없게 되고, 반대로 수익성이 악화될 경우에는 매각 인센티브가 생기지만 경영상황 악화로 매수자의 매수 동기가 감소하여 사유화가 이루어지기 어렵게 되는 딜레마가 존재할 것이다.

사회주의성의 유지를 위해 어느 정도의 국유기업 비중이 필요한가라는 고민의 결과 중국 정부는 이미 전략적 산업, 기간산업, 국방관련 산업, 자원형 산업, 소재산업, 통신 인프라 등 비경쟁성 산업은 국가가 쥐고 나머지 경쟁성 산업은 민간의 진입을 허용하고 국유기업은 사유화시키는 방침을 수립하여 실행하고 있다. 문제는 이 산업들은 중국 산업의 발전에 기초가 되는 중요 산업 부문이어서 효율이 낮은 국유기업들에 의한 독점이 전체 산업발전에 부정적인 영향을 미칠 것이라는 점이다. 특히, 중국이 소재산업을 위주로 한 중화학공업화 단계에 진입했다는 점에서 이러한 문제는 더욱 심각하다. 최근 수년간 소재산업에 대한 과잉투자를 억제하기 위해 중국 정부는 행정적 통제에 전적으로 의존할 수밖에 없었는데, 중화학공업의 자본집약적 특성과 정부의 진입통제 정책이 비국유기업의 진입과 경쟁을 통한 산업발전을 차단하고 있다. 중국 정부는 기간산업에서의 독점 폐해를 막기 위해 기업의 지역적 분할을 통한 경쟁도 제고 정책을 써왔으나 근본적인 한계를 가지고 있다.

국가주에 대한 이윤배당 정책은 상술한 바와 같이 주로 과잉투자 억제의 차원에서 실시되기 시작한 정책이다. 그러나 이러한 정책은 동시에 국유기업의 가장 핵심적 문제인 인센티브 부재문제를 다시 유발시킬 가능성이 있다. 따라서 이 경우 인센티브를 저해하지 않으면서도 국가주에 대한 적절한 이윤배당이 이루어지도록 국유기업 관리체제의 개선을 추진해야 한다.

금융자원에 대한 국유기업의 독식을 해소하고 사영기업의 금융자원에 대한 접근성을 높여 금융의 자원배분 효율성을 제고하는 일은 경제효율의 제고를 위해 절대적으로 중요한 과제이나 그 해결이 쉽지 않다. 중국 금융의 중점은 은행 중심의 간접금융인바, 압도적인 중요성을 지니는 4대 국유 상업은행의 국유기업 위주 신용공급은 최근 그 비중이 감소하는 추세이지만 여전히 높은 비중을 유지할 수밖에 없다. 국유기업 위주로 되어 있는 직접금융시장, 즉 증권시장은 향후 증시상장을 통한 국유기업 사유화 정책 방침에 따라 사영기업의 접근도가 상당 기간 제약될 수밖에 없을 것으로 보인다. 따라서 국유기업 편향도가 상대적으로 낮은 주식제 은행과 지방은행 그리고 외자계 은행 등 비국유은행의 빠른 성장이 해결책이 될 수밖에 없으나, 이 경우 금융자원에 대한 국가의 장악력 저하 및 금융시장 개방이 가져올 수도 있는 금융종속 가능성과 모순되는 문제를 안고 있다.

산업구조

중국 경제의 가장 큰 고민거리인 고용증대와 실업감소를 위해서는 제조업과 서비스업의 고용창출 능력의 제고가 전제되어야 하나 경제성장의 고용창출 유발 효과가 감소하고 있으며, 이러한 고용 유발 효과 감소는 2차산업에서 특히 두드러진다. 중국의 경제성장은 2차산업에 의해 주도되고 있으나 2차산업의 빠른 생산성 향상으로 인한 노동수요 감소, 노동절약적 기술 진보, 자본집약적 중화학공업 위주의 경제성장 등이 고용창출 효과를 감소시키고 있다. 따라서 노동사용적 기술의 채택, 지나친 중화학공업 위주의 산업구조 고도화 지양 등이 대책으로 거론되기도 했으나 그 타당성은 매우 의문시된다.

노동집약적 경공업으로부터 중화학공업으로의 산업구조 고도화는 앞서 공업화를 이룬 모든 나라가 거쳐간 경제발전 단계이다. 그러나 인구, 자원, 환경 등 다양한 측면에서 중국의 특수성을 고려할 때 과연 중화학공업화가 바람직한가 혹은 꼭 필요한가라는 의문이 제기된 적이 있다. 산업구조에 대한 중국 정부와 학계가 고민했던 내용은 중화학공업화 단계가 중국의 경제발전에서 반드시 거쳐야 하는 단계인가를 둘러싸고 전개되었던 소위 '중화학공업화 논쟁'에 잘 반영되어 있다.

먼저, 중화학공업 주도의 발전 모델에 반대하는 측은 현재 나타나고 있는 많은 문제들이 공무원 업적평가 제도, 재정 시스템, 요소가격 왜곡, 모택동식 발전 모델의 유산 등에 기인하는 것이며, 도시건설과 중화학공업화 위주의 경제발전 모델은 자원고갈, 환경훼손, 과잉투자, 금융부실, 고용창출력 약화 등의 문제를 악화시킬 것이므로 중화학공업화로 대변되는 구형 공업화가 아닌 신형 공업화 노선을 선택해야 한다고 주장한 바 있다. 신형 공업화 노선은 중국 공산당 제16차 당대회에서 제시된 개념으로 자원절약적 공업화, 환경친화적 공업화, 정보화를 통한 전통산업의 개조 등의 개념을 담고 있다.

이에 반해 중화학공업 주도의 발전노선에 찬성하는 측은 중화학공업화는 건너뛸 수 없는 필수적 발전단계라는 입장이었다. 첫째, 정보화는 공업의 생산성을 높이는 데 기여하지만 그 자체가 공업화를 대신하지는 못하며 둘째, 소비구조의 고도화, 도시화, 인프라 구축은 중화학공업 제품에 대한 수요를 증가시키며 셋째, 음식 · 숙박 등 전통적 서비스업을 넘어서는 비즈니스 지원형, 지식집약형 서비스업의 발전과 고용창출은 2차산업, 특히 중화학공업의 발전이 없이는 불가능하다[3]는 주장이다.

주

3) 독일 경제노동부의 위탁으로 브레멘 대학이 실시한 "서비스업 발전에 대해 경쟁력 있는 제조업이 갖는 의미"라는 제목의 연구보고서는 독일 정부의 비슷한 고민을 보여주고 있다. 독일은 세계적으로 제조업, 특히 중화학공업의 비중이 높고 서비스 산업의 비중이 낮으며 경제성장의 고용창출 효과 저하로 인해 고민하고 있는데, 이러한 상황에서 경제계 일부가 제기한 서비스 산업 주도의 성장전략이 갖는 타당성에 대한 검증이 이 보고서의 목적이다. 이 보고서의 결론은 제조업과 서비스업 간의 연관효과가 증대하고 있는 것을 고려할 때 서비스업에 대한 일면적 지원은 성장과 고용을 위해 바람직하지 못하다는 것이다. 즉 활발히 성장하고 있는 기업관련 서비스 분야는 제조업의 수

2000년대 들어 신형 공업화라는 새로운 개념이 제기되면서 이에 대한 다양한 의견 제시가 있었다. 애초에 제기된 자원절약, 환경친화, 정보화 외에도 고용창출 효과가 큰 노동집약 산업의 유지, 전방위적 산업화, 산업의 성격을 불문하고 최대한 노동사용적 기술 사용 등 산업구조와 고용에 관한 내용들이 중요한 비중을 차지하고 논의되었다. 그러나 2005년 10월에 열린 16차 5중전회에서 검토된 11차 5개년계획안이 제기한 '산업구조의 고도화' 는 7가지 주요 임무에 신형 공업화 개념의 중요한 부분인 '자원절약형 · 자연친화형 사회의 건설' 은 포함했지만 산업구조에 대한 실질적인 내용을 담지는 않았다. 이 계획안은 산업구조 고도화를 주요 임무의 하나로 내세웠지만 그 상세 내용에 있어서는 자주적 기술혁신 능력 배양, 성장방식의 효율화, 선진 제조업의 발전, 산업기술 수준 제고, 서비스업 발전, 인프라 건설 등 산업구조와 별로 관계없는 중립적인 내용들로 채워졌다. 이는 노동집약 산업의 유지와 전방위적 산업발전, 고용창출 등이 산업구조 고도화라는 당면과제와 양립하기 어려운 내용이므로 절충적인 방식으로 산업구조에 대한 명시적 논란을 피해나간 중국 정부의 고민을 보여주는 것으로 생각된다. 양립하기 어려운 상반된 목표 가운데 어느 한 쪽을 선택하는 정치적 부담을 회피하기 위한 고민의 흔적이 아닌가 생각된다.

사실상 11차 5개년계획안에서는 산업구조 고도화를 뒷받침

주

요에 의존하며, 많은 서비스는 제조업 제품과 결합되어야만 제공될 수 있으며, 기술제공자로서의 제조업은 서비스업의 제품혁신 및 공정혁신을 위해 반드시 필요하다는 것이다. 한동훈(2005) 참조.

하는 세부 지원계획이 별로 언급되지 않았으며, 중국 정부는 특정산업에 치우치기보다는 과학기술 발전 등 기초적이고 중립적인 분야의 지원에 주력할 것으로 보인다. 2000년대 들어 신형 공업화 개념이 제기되고 그 구체적 내용에 대한 다양한 논쟁이 있었음에도 불구하고 경제발전 추세는 시장의 힘에 의해 중화학공업 주도의 산업구조 고도화 진전으로 나타나 중화학공업화는 피할 수 없는 대세인 것으로 보인다. 산업집중도의 동태적 변화에 대한 앞의 계산에 따르면, 중국의 산업은 중화학공업화의 진전에 따라 노동집약적 산업의 비중이 감소하고 중화학공업의 비중이 증가하는 산업구조의 변화를 겪고 있다.

소재공업 주도의 중화학공업화 단계에 진입한 발전단계, 도시화 지속과 사회간접자본 투자 수요로 인한 관련 소재산업 성장, 고정투자 주도의 경제성장으로 인한 자본재 수요 증가 등의 요인을 고려하면 향후 상당 기간 동안 이러한 추세는 지속될 것으로 예상된다. 최근 수년간의 경험을 보면 중국 정부의 정책방향 천명에도 불구하고 이러한 추세는 역전되지 않았다. 설사 고용창출 효과가 큰 노동집약 산업을 정부 정책으로 인위적으로 육성하고자 하여도 문제는 시장수요가 뒷받침되어야 한다는 점인데, 중국의 소비구조 고도화 추세를 고려하면 노동집약 산업에 대한 시장수요의 추가적 창출은 자본집약 산업이나 기술집약 산업에 비해 더욱 어렵다. 해외시장 확대 역시 그동안의 폭발적인 노동집약 산업 수출증가와 현재의 시장점유율 그리고 인민폐 환율의 평가절상 속도, 다른 개발도상국들의 추격 등을 감안하면 추가 확대가 의문시된다고 하겠다.

서비스업은 고용창출 효과가 크고 국민경제에서 차지하는

부가가치 비중과 고용 비중이 낮아 향후 성장가능성이 높다. 중국 정부는 11차 5개년계획 기간에 서비스업의 집중 육성을 통한 고용창출 전략을 천명한 바 있다. 그러나 서비스업의 꾸준한 성장에도 불구하고 중국의 산업구조는 중화학공업화 단계에 막 진입했으며, 따라서 향후 상당 기간 2차산업 위주의 성장을 지속할 것으로 전망된다. 서비스업 육성과 관련된 고민 가운데 하나는 서비스업이 속성상 대도시에서 발달할 수밖에 없다는 사실이다. 따라서 서비스업 육성을 통한 고용 흡수는 단순한 도시화에서 더 나아가 대도시를 위주로 한 도시화가 이루어질 경우에만 가능하다는 문제를 안고 있어 도시화 전략의 수립과 관련한 중요한 변수의 하나가 될 수 있다. 또 하나의 문제점은 중국의 서비스업이 저부가가치 전통 서비스업을 위주로 하여 이미 상당 정도 포화되어 있는 반면, 경제구조 고도화를 위해 필요한 고부가가치 지식집약 서비스업이나 비즈니스 지원 서비스업의 발전 기반은 인적 자본 등의 미비로 인해 매우 제약되어 있다는 점이다. 따라서 서비스업의 발전 역시 교육을 통한 인적 자본 육성이 선행되어야 한다.

| 시나리오별 경제성장 전망

상기한 분야별 전망에서 정부가 구사할 것으로 보이는, 나아가 정부가 사용할 것을 강요받는 정책들의 상당수는 11차 5개년계획에서 7가지 주요 임무로 제시되었다. 여기에 추가하여 중국 정부가 선택을 강요받게 될 것으로 앞서 전망한 정책들은 임금인상과 노동보호 강화 유도, 호구제 완화, 저금리정책 포기, 인민폐 평가절상, 정부 투자 감축과 정부 소비 증대, 국가의 국유기업 지분에 대한 배당, 국유기업 사유화 촉진, 국유 부문에 의한 산업독점의 철폐 등이라고 할 수 있다.

다음으로 이러한 정책들에 대한 전망을 낙관적 시나리오와 비관적 시나리오로 나누어 살펴보고 중국의 향방을 결정지을 변수들의 중첩성을 고찰해 보도록 한다.

낙관적 시나리오

중국 정부가 정부 투자 감축, 세수증대, 국가주에 대한 배당 수령 등을 통해 마련한 재원으로 정부 소비를 증대시키는 정책을 펼쳐 정부 소비율을 높이고, 임금인상과 노동보호 강화를 통한 임금소득분배율 제고, 인민폐 평가절상 정책 등으로 가계 소비율을 높이는 데 성공한다는 전망이다. 이렇게 되면 재정에 의존한 과도한 정부 소비율은 소비견인형 경제성장 패턴이 정착됨에 따라 자연히 정상 수준으로 낮아지게 된다. 금리인상과 국가주 배당 수령 등의 정책을 통해 기업의 과잉투자를 억제하고, 지방공무원 업적평가제도 변경과 정부 투자 억제 등의 정책으로 지방의 과잉투자도 성공적으로 억제한다. 대외 부문에서는 노동집약 산업의 경쟁우위를 지속하는 가운데 내수형 중화학공업이 수출 산업화에 성공하여 수출을 주도하면서 수출지향 전략이 지속되며, 중화학공업화에 따른 수입수요 증가로 인

〈표 2-6〉 중국 11차 5개년계획의 7가지 주요 임무

주요 임무	구체적 임무
1) 사회주의 신농촌 건설	도농 경제발전의 통합적 추진, 현대적 농업 건설, 농촌 공공사업 추진, 농민소득 증대
2) 산업구조 고도화	자주적 혁신능력 배양, 성장방식의 효율화, 선진 제조업의 발전, 산업기술 수준 제고, 서비스업 발전, 인프라 건설
3) 지역 간 협력적 발전	서부대개발, 동북 등 노후 공업기지 진흥, 중부지역 육성, 동부지역 우선발전 등의 시너지 창출, 대 · 중 · 소 도시 및 농촌 소도시 협조 발전, 점진/토지절약/집약/합리적 분포원칙 하의 도시화 추진
4) 자원절약형 · 환경친화적 사회 건설	자원재활용 강화, 환경보호 강화, 자연생태 보호, 주요 환경문제 해결, 자원절약적 소비문화 형성
5) 체제개혁과 대외개방 심화	행정개혁, 경제제도 개선, 재정/조세개혁, 금융체제 개혁, 현대적 시장 시스템 구축, 대외무역 확대방식의 변화, 효과적인 외자 이용, 기업 해외진출 지원
6) 과학기술 및 인재강국 전략	자주적 혁신/핵심분야 발전/응용기술 발전 등 방침에 따른 기업혁신 능력과 국가 혁신체제의 강화, 의무교육의 보급 및 강화, 직업교육 강화, 대학교육 수준 향상, 교육체제 개혁, 3가지(당정인재, 경영인재, 전문기술인력) 전문가집단 육성, 전문 고급인력과 농촌 실용인력 배양
7) 조화로운 사회주의 건설	국민 내부 모순의 정확한 처리와 주요 관심사안 해결, 취업기회 확대, 경제 수준에 맞는 사회보장체제 건립, 도시지역 5대보험(연금, 의료, 실업, 산재, 생육) 완성, 이동노동자의 사회보장 해결, 생산요소에 따른 소득분배, 소득격차 해소 노력, 기타 다양한 분야의 노력(문화, 의료, 위생, 농촌의료, 가족계획, 산업안전, 식약품안전, 범죄단속 등)

자료 : 대외경제정책연구원, 『오늘의 세계경제』, 05-37호.

해 약화된 대외균형은 중화학공업의 수출산업화로 다시 강화된다. 결과적으로 소비수요 증대와 투자수요 감소를 통해 투자가 경제성

장을 홀로 견인하고 과잉투자가 금융불안으로 이어지는 경제성장 패턴이 개선된다.

생산요소의 측면에서는 외국인 투자의 자본형성에 대한 기여도가 하락하는 가운데 장기적으로 가계 저축률 감소추세가 지속되고 기업 저축률 상승추세는 외생적 요인의 소멸로 감소추세로 반전되어 전체적으로 자본공급이 감소하는 투자율과 균형을 맞춘다. 인구증가가 10년 이내에 정지하고 노령화가 진전되어 노동투입 증가의 경제성장에 대한 기여도가 거의 사라질 것으로 예상되는 가운데 교육 확대를 통한 인적 자본 증대 정책이 성공하여 노동력 증가세 정체로 인한 문제점을 어느 정도 보완하고 고부가가치 서비스업이 필요로 하는 인력을 공급하게 된다. 농촌으로부터 도시로의 인구이동이 순조롭게 이루어져 농업인구 감소와 공업, 서비스업 인구의 비중 증대가 이루어진다. 결과적으로 자본공급이 투자와 균형을 이루고 노동력 감소는 인적 자본 확충으로 보완되어 향후 20년 정도의 기간을 상정했을 때 생산요소가 경제발전의 결정적 병목이 되지는 않는다.

총요소생산성의 측면에서는 중국 정부의 사회주의성 유지에 대한 집착이 완화되어 국유기업 사유화 폭 확대, 도시화의 순조로운 진전, 국유 부문의 산업독점 타파와 경쟁 촉진 등이 달성된다. 산업경쟁력과 양립하는 효율성 있는 도시화의 순조로운 진전으로 농촌으로부터 생산성이 높은 도시 부문으로의 노동이동이 촉진되며, 비국유 금융 부문이 빠르게 성장하여 비국유 부문에 대한 금융자원 배분기능이 강화된다. 기술 자주개발 정책이 어느 정도 효과를 거두어 국내 기업들의 경쟁력이 강화되고 수출에서의 비중이 커진다. 자원소모적 중공업에 대한 과잉투자가 억제되어 자원 · 에너지 사용의 효율성이 증대된다. 결과적으로 생산성의 괄목할 만한 향상이 이루어져 경제성장의 요소투입 의존도가 낮아지고 생산성 향상 의존도가 높아지는 바람직한 경제발전 패턴이 정착된다.

산업구조의 측면에서는 노동보호 강화와 임금인상 압력에도 불구하고 인적 자본 증대와 기술향상 등을 통한 생산성 향상으로 노동집약 산업이 어느 정도 국제경쟁력을 유지하고 고용을 유지시켜 주는 가운데 중화학공업화와 중화학공업의 수출산업화에 성공한다. 2차산업, 특히 소재 분야 중화학공업 주도의 발전이 가공공업 발전으로 이어지고, 아울러 제조업 주도의 성장과정에서 자연스럽게 제조업 지원형, 지식집약형 고부가가치 서비스업이 발전하여 고부가가치 고용을 창출한다. 교육투자 확대를 통해 확충된 인적 자본이 이를 뒷받침한다.

이러한 여러 측면이 동시에 전개된다면 중국 경제는 과잉투자가 경제성장을 견인하는 강축적 방식의 성장 패턴에서 벗어나 국민들의 생활의 질이 향상되고 생산성 향상이 경제성장을 주도하는 정상적이고 선진적인 경제성장 궤도에 진입하게 될 것이다. 아울러 산업구조 고도화의 성공과 함께 고용창출과 다양한 격차 축소를 달성해 사회적 불균형을 해소하면서 조화로운 고도성장을 지속할 수 있을 것이다.

비관적 시나리오

정부 소비를 증대시키는 정책을 통해 정부 소비율을 높이지만 경제발전 단계를 앞지르는 과도한 정부 소비율이 국민경제에 부담으로 작용하게 되며, 세수 및 국가주 이윤배당의 증대 속도가 정부 소비 증가 속도에 못 미쳐 재정균형을 유지할 수 없게 된다. 임금인상과 노동보호 강화를 통한 임금소득분배율 제고 등의 정책으로 가계 소비율을 높이는 데 단기적으로 성공하지만, 이로 인한 노동시장 유연성 저하는 경제 시스템의 효율성을 저하시키고 생산비용 상승을 가져와 노동집약 산업의 수출경쟁력이 약화된다. 사회주의성 유지에 대한 집착으로 인해 국유 부문 보호의 정도를 낮추지 못하고, 이에 따라 금융자율화와 저금리정책 포기 등의 정책 실행이 지연되어 과잉투자가 억제되지 않고 금융자원 배분의 효율성 제고가 정체된다. 또한 국유 부문에 대한 부실대출이 가져올 금융부실은 재정부담과 경제위기에 대한 불안을 가중시킨다. 대외균형에 있어서는 노동집약 산업의 수출경쟁력 약화와 더불어 중화학공업의 경쟁력 확보와 수출산업화에 동시에 실패하면서 심각한 대외균형 악화가 발생한다. 지방정부의 투자기아 현상을 통제하지 못하여 정부 투자 축소에 실패하게 된다. 결과적으로 과잉투자에 의존한 투자견인형 경제성장 패턴을 청산하지 못하고 재정불균형, 대외불균형에 시달리게 된다.

생산요소의 측면에서는 우선 임금인상과 노동보호 강화 등으로 인한 가공무역 경쟁력의 급속한 약화로 외국인 투자의 신규 유입이 급격히 감소하고 투자철수 사태가 벌어진다. 경제성장률 저하로 가계 저축률이 급속히 감소하며 과잉투자와 악성경쟁으로 인한 기업 수익률 악화로 기업 저축률이 급감한다. 결과적으로 투자에 필요한 자본공급에 실패한다. 노동에 있어서는 인구증가 정지와 노령화의 급속한 진전에 따른 노동력 부족을 교육투자 확대를 통한 인적 자본 확충으로 보완할 것이 요구되나 재정능력의 취약성으로 인하여 교육투자 확대와 인적 자본 확충에 실패한다. 이에 따라 노동수요와 공급 사이의 구조적 불일치, 즉 제조업과 서비스업이 요구하는 수준의 인력 공급이 이루어지지 않는 현상이 발생하고 농촌에서 도시로의 인구이동과 도시화 그리고 고용창출이 잘 이루어지지 않게 된다. 아울러 저부가가치의 전통적 서비스업이 기형적으로 팽창하는 기형적 서비스업 산업구조가 형성된다. 결국, 자본과 노동의 공급이 경제성장의 병목이 된다.

총요소생산성의 측면에서는 중국 정부가 사회주의성 유지에 지나치게 집착하여 국유기업 사유화의 폭이 매우 제약되고 국유 부문의 독점이 유지되어 경쟁을 통한 효율 제고가 이루어지지 않는다. 산업경쟁력과 양립할 수 있는 도시화가 이루어지지 않아 농촌으로부터 생산성이 높은 도시 부문으로의 노동이동이 잘 이루어지지 않는다. 국유기업의 금융자원 독식과 독점 등 국유 부문에 대한 과도한 보호가 타파되지 않아 자원배분의 효율성이 향상되지 않고, 비국유 금융 부문의 성장 지체가 초래하는 금융자원에 대한 접근도 제약으로 인하여 사영기업의 성장이 지체된다. 외국인 투자 위축과 기술 자주개발 실패로 기술발전을 통한 생산성 향상과 국제경쟁력 제고가 발생하지 않는다. 결과적으로 생산성 향상이 경제성장을 주도하기보다는 자본 주도의 요소투입 의존형 경제성장 패턴이 정착된다.

산업구조의 측면에서는 노동보호 강화와 임금인상을 보완할 정도의 생산성 향상이 발생하지 않아 노동집약 산업의 국제경쟁력이 약화된다. 중화학공업화가 수출산업화로 이어지지 않고 내수산업으로 남아 비대한 내수형 중화학공업이 형성되고, 이에 따른 격렬한 시장경쟁으로 기업 수익률 악화와 자본생산성 저하를 가져오게 된다. 아울러 국민들의 교육 수준 제고와 고급인력 양성에 실패하여 제조업, 특히 중화학공업 주도의 성장과정에서 자연스럽게 파생할 수 있는 제조업 지원형, 지식집약형 고부가가치 서비스업이 발전하지 못한다.

이러한 측면들이 동시에 전개된다면 중국 경제는 과잉투자가 경제성장을 주도하는 강축적 방식의 성장 패턴이 더욱 심화되면서 국민 생활의 질 향상과 고용창출 및 다양한 사회적 격차의 축소에 실패하게 되고 저성장과 대외균형 악화, 재정능력 약화 등 다양한 경제적 · 사회적 문제에 봉착하게 될 것이다.

어려운 과제

중국의 향방을 결정하는 요소 가운데 가장 궁극적인 중요성을 갖는 것은 사회주의 이념에 대한 집착 정도라고 할 수 있다. 금융구조와 정책, 재정구조, 경쟁과 효율, 과잉투자, 과소소비, 교육과 인적 자본 등 많은 문제들이 근본적으로는 국가 부문의 위상과 역할에 대한 사회주의적 집착에서 비롯되는 것이어서 국가 부문, 즉 국유기업과 정부 부문의 위상과 역할의 근본적 재정립이 있어야 낙관적 시나리오가 전개될 가능성이 높아질 것이다. 그러나 이는 필요조건이지 충분조건이 아니다.

우선, 고속성장은 아니더라도 경제의 연착륙과 지속성장을 위해서는 지금까지 살펴본 모든 문제들이 서로 연관되면서 적절히 해결되어야 한다. 말할 필요도 없이 이는 대단히 어려운 일이다. 어느 한 문제만 잘못 다루어져도 중국 경제의 지속성장은 위협을 받게 될 것이며, 다른 병목들과 결합될 경우에는 경제위기와 정치적 혼란이 유발되고 경제의 총체적 관리가 무너지는 악순환이 예상된다.

더욱이 이 문제들 모두는 서로 깊이 연관되어 있고, 상반된 관계에 놓여 있는 경우도 많다. 하나의 성공이 다른 것의 실패를 가져올 가능성을 높이는 것이다. 예컨대 수요 확대를 위해 정부가 구사하고 있는 도시지역 임금인상 촉진정책과 노동자 보호 강화 정책은 불가피하게 도농 간, 지역 간 소득격차 확대와 실업률 증가를 초래할 것이다. 또 중화학공업 중심의 산업구조 고도화는 경제성장의 고용창출 효과 감소를 가져와 실업문제를 악화시키고 노동집약 산업의 밀어내기식 수출로 대외 무역갈등을 높일 수 있다.

여기에 더하여 날로 심각해지고 있는 거시경제의 불균형은 어려움을 더해주고 있다. 주기적인 경기과열, 원자재 · 에너지 · 식량 가격 상승에 따라 1990년대 초반 이후 십수 년 만에 다시 발생하고 있는 고율의 인플레이션, 과도한 무역흑자와 인민폐 평가절상을 노린 핫머니 유입 등에 기인한 과도한 외환보유고와 과잉유동성, 그리고 이에 기인한 부동산 및 주식시장의 거품 등 다양하고 전방위적인 불균형은 중국 정부의 거시경제 운용과 관련한 운신의 폭을 좁게 하고 있다. 예를 들어, 과도한 무역흑자 및 이로 인한 과잉유동성과 물가상승을 억제하기 위한 인민폐 절상 가속화는 수출 부문의 경쟁력 약화와 실업률 증가를 유발할 수 있으며, 오히려 핫머니의 추가 유입을 부채질해 유동성 과잉상황을 더욱 악화시킬 수도 있다. 경기 연착륙과 인플레이션 억제를 위해 강력한 긴축정책을 실시할 경우 국유기업 수익성의 급속한 악화 및 주식 · 부동산시장의 붕괴를 초래할 가능성이 있다.

요컨대 중국 경제가 2010년을 지나면서 당면하게 될 구조적 문제들은 대단히 극복하기 어려운 난제들이며, 중첩되어 있다. 여기에 뒤이어 살펴볼 에너지 자원 문제의 병목이 가중된다. 또한 대외경제환경 역시 또 다른 불확실성을 더해준다. 그리고 국내 정치 · 사회적 변수들이 가져오는 병목과 국제정치적 환경이 조성하는 성장의 천정(ceiling)이 부과되어 있는 것이다.

3. 자원의 병목

중국 경제가 직면하게 될 또 하나의 중대한 문제는 자원이다. 현재 중국 경제성장의 규모와 속도, 그리고 그 복잡성 때문에 자원의 수급과 연관된 모든 영역에서 병목이 발생하고 있다. 예컨대 철광석의 국제 수급을 둘러싸고 급격한 가격상승이 초래되고 있으며, 급증하는 수요에 비해 석탄의 대내외적 공급구조 또한 여러 가지 난관에 봉착하고 있다. 이처럼 자원과 에너지의 병목이 동시에 복잡하게 얽히면서 쉬 해결하기 어려운 구조로 돌진하고 있는 것으로 보인다. 그러나 철광석, 식량, 석탄자원은 국내 산업화를 위한 필수적인 자원으로서 대규모 수요가 지속되어 가격 등 공급 면의 병목이 발생하고 있기는 하지만 국제시장 혹은 국내의 공급여력, 자원확보를 둘러싼 국제적 대립구조 등의 측면에서 결정적인 병목으로 작용하지는 않을 것으로 판단된다. 문제는 에너지 자원, 특히 석유와 천연가스이다. 여기에서는 중국 경제의 지속성장을 가로막는 요인으로서 자원의 문제를 살펴본다. 먼저 부차적 병목으로서 석탄, 식량 및 철광석 등의 자원을 간략히 살펴보고, 중대한 병목요인으로서 석유수급의 문제를 살펴본다. 이 자원들이 지닌 수급상의 특징, 국제적 공급을 둘러싼 국가 간 관계 등을 분석하고, 이 자원영역에서 야기되는 병목의 성격을 설명한다.

| 해소할 수 있는 자원문제

석탄

중국의 석탄 매장량은 114억 5천만 톤이며, 현재의 생산량 규모로 볼 때 가채년수는 100년 이상인 것으로 알려져 있다(BP, 2003). 그만큼 석탄은 수요의 양적 팽창에도 불구하고 공급물량을 충족시킬 정도로 부존량이 풍부한 것이다. 이를 반영하여 과거 석탄수급 또한 공급과잉 상황을 보여주고 있다. 석탄수급은 2000년을 정점으로 일시적인 후퇴양상을 보였으나 이후에는 점진적으로 성장하고 있다. 무역 면에서도 순수출국으로서의 지위가 확고부동하다. 다만 2002년 이후의 수출 위축과 수입 확대는 국내 수송망의 병목으로 동부지역에서 수입이 이루어지고 있기 때문이다(佐川篤男, 2003).

장기적으로 석탄의 수요는 환경제약, 산업화와 도시화에 따르는 연료구성의 변화에 따라 과거에 비해 성장속도는 둔화될 것이나 전력공급, 공업, 코크스업, 도시난방 공급 등을 중심으로 양적으로 꾸준히 성장할 것으로 보인다. IEEJ 등 에너지 기관의 전망에 따르면 석탄의 장기 수요전망은 2010년에 6억-7억 톤(석유환산톤), 2020년에 약 8억-9억 톤 규모일 것으로 추계되고 있다. 대체로 이러한 수치는 통상적 경제성장률에 따르는 석탄수요의 확대에서 에너지 절약, 나아가 천연가스로의 에너지 전환이라는 정책요소의 성과를 고려한 전망치와 일치한다. 이러한 전제 하에서 중국의 장기적 석탄수급을 전망해 보면 2010년에는 약 15억 6천만 톤의 수요가 발생하고, 2020년에는 약 18억 3천만 톤의 수요가 발생할 것으로 보인다. 한편 국내생산은 각각 16억 5천만 톤과 19억 3천만 톤으로 추산되며, 잉여분인 약 1억 톤 정도는 수출될 것으로 보인다(佐川篤男, 2003).

종합적으로 석탄은 2010년과 2020년에 그 상대적 비중은 감소할지라도 절대적으로는 그 비중과 수요량 면에서 제1위의 1차 에너지 지위를 유지할 것이다. 그러나 가채년수 100년이 넘는 충분한 부존량으로 인해 공급부족은 나타나기 힘들 것이며, 따라서 석탄자원을 둘러싸고 대외적 마찰이나 공급제약은 발생하지 않을 것으로 보인다.

그러나 석탄산업과 운송체계에 있어서의 병목현상은 존재한다. 첫째, 석탄 생산기술의 노후화와 중소 탄광의 난립으로 인한 계획적 채굴 · 채탄이 어려운 점이 문제이다. 이는 중국 정부가 노력하여 기술개발과 계획적 생산 등을 통해 고질탄이 효율적 · 효과적으로 공급된다면 문제가 해결될 것이다. 둘째, 중국의 주요한 석탄산지는 북부와 서부지역인 이른바 '삼서지구'(三西地區 : 산서성, 섬서성, 내몽고자치주 서부)이다. 그러나 석탄의 주요 소비지역은 동부의 공업지대이다. 여기에서 서북부의 석탄생산 지역과 동남부의 공업지대를 연계하는 석탄수송망의 부족과 노후화의 문제가 나타나고 있다(佐川篤男, 2005). 최근에는 공업화의 급진전과 더불어 동남부의 석탄수요가 급증하면서 적시에 공급이 이루어지지 못하는 상황이 발생하고 있다. 결국 북서부와 동남부를 연계하는 철도망, 그리고 항만 · 해운 시설의 확충 및 연계가 급선무의 해결과제로 대두하고 있다. 그러나 이러한 병목현상은 극복되기 어려운 문제가 아니며, 국제시장에 대한 영향력을 크게 야기하지 않는다는 점에서 결정적인 문제도 아니다. 즉 일정한 시간과 투자가 필요하겠지만 중국 정부와 석탄업계의 정책적 노력을 통해 현재의 병목은 충분히 해결될 수 있을 것으로 보인다(三室戸義光, 2005).

식량

중국의 식량생산은 1990년대 동안 점진적인 성장을 보여 1999년에 5억 톤을 생산했으나 2000년대에 들어 식량생산이 급감하여 2003년에는 4억 3천만 톤까지 감소했다. 이러한 곡물생산의 감소는 도시화 · 공업화로 인한 경지 감소, 주요 곡물생산 지역의 물부족 등에서 기인한다(Brown, 2001). 반면 중국의 곡물소비는 도시화, 경제생활 향상으로 인한 육류소비(사료곡물 소비 환산)의 급증으로 확대 추세를 보여주고 있다. 1987년 이래 식량수입은 1,000만-2,000만 톤 규모였는데 2003년 식량수입은 2,282만 톤에 이르고 있다. 식량의 수출입 수지를 보면, 2000년대 들어 수출보다 수입의 규모가 월등해 식량 순수입국으로서의 면모가 두드러진다. 특히 중국은 매년 1천5백만-1천9백만 톤의 소맥을 수입하고 있다. 이러한 중국의 수입비중은 전 세계 소맥무역량(수출량)의 13-18%를 차지하는 분량으로 국제 곡물가격의 인상을 촉발하는 요인이 되고 있다(柴田明夫, 2004b).

중국의 장기적인 식량문제에 대한 수급 예측은 여타 기초자원의 경우와 마찬가지로 논자에 따라 커다란 차이를 보인다. 예컨대 수입전망을 중심으로 볼 때 비관적 전망(Lester Brown)은 2010년 1억 5천만 톤, 2020년에는 2억 5천5백만 톤의 식량을 수입에 의존할 것으로 전망한다. 낙관적 전망(Rosegrant, World Bank)은 2010년 1천5백만–1천9백만 톤, 2020년 2천4백만–3천2백만 톤의 수입이 이루어질 것으로 전망하고 있다. 한편, 중간적 전망치(Huang, USDA)는 2010년 4천만–4천4백만 톤, 2020년 4천2백만–5천7백만 톤 정도일 것으로 추산하고 있다.

위와 같이 수급전망에 격차가 크게 나타나는 이유는 다음과 같다. 첫째, 도시화 · 산업화로 인한 경지면적 축소의 영향력에 대한 평가가 다르기 때문이다. 둘째, 농업기술, 관개시설 등 기술적 측면에서 혁신 가능성에 대한 평가가 다르다. 셋째, 도시화, 경제생활 개선에 따르는 육류소비량 예측에 있어서 차이가 존재한다(Fan, *et. al.*, 1997).

공급에 영향을 미치는 정책요인으로서 중국 정부가 1990년대 중반 이래 전개하고 있는 정책 노력에 주목할 필요가 있다(小林幹夫, 2002). 첫째, 경지단위 면적당 생산량 향상을 위해 농업기술, 화학비료 생산, 토지비옥도 향상 등에 노력을 기울이고 있다. 둘째, 경지확대를 위한 노력이다. 셋째, 식량 유통과정의 손실분을 절약할 가능성이다. 넷째, 수리시설 정비와 물자원 부족의 해결을 위한 노력이다. 그러나 이러한 정책적 노력의 성과가 얼마나 나타날지는 미지수이다. 물자원부족 등 자연제약은 더욱 강화되고 있고, 도시화 및 이농으로 인해 농지의 부분적 방기현상이 증가하고 있으며, 고부가가치 환금(수출)작물 생산으로의 정책적 전환 등으로 식량생산의 감퇴현상이 관찰되고 있기 때문이다. 이러한 상황을 고려하여 중장기적인 식량생산을 전망하자면, 2010년까지 중단기적으로 식량(곡물)생산의 증가를 기대하기는 힘들 것으로 보인다. 따라서 2010년에는 현재의 곡물생산 수준인 4억 5천만 톤 정도의 생산에 머무를 가능성이 클 것으로 예측된다. 2020년까지 장기적으로 정책적 노력의 일부 성과가 반영되어 1990년대 이래 최대 생산량인 약 5억 톤 정도의 생산으로 복귀할 가능성은 있을 것이다.

미래 중국이 수입해야만 하는 곡물량을 예측해 본다면 밀 등 곡식류와 콩, 옥수수 등 사료작물을 중심으로 수입이 급증할 전망이다. 그 개략적인 양은 2010년에 약 1억 톤, 2020년에 약 9천만 톤, 2030년에는 약 1억 4천만 톤의 곡물이 수입되어야 할 것으로 보인다. 그런데 이러한 중국의 수입수요는 국제 곡물시장의 공급능력을 크게 제약할 것이다. 미국 국제식량정책연구소(IFPRI)의 추산에 따르면 1997년부터 2020년까지 세계 곡물소비는 약 6.45억 톤이 증가할 전망인데, 이 중 중국 한 나라가 차지하는 비중은 27%에 달한다.

결국 식량에 대한 중국의 국제시장 의존도는 더욱 증가할 전망이다. 이러한 점에서 식량정책의 시장중심적인 전환이 불가피할 것이다. 즉 WTO와 국제무역을 활용해 고부가가치(환금수출작물) 농업을 강화하고 수출을 통해 수입자금을 보전하는 방식이 그것이다. 이를 테면 중국은 1985년부터 1995년까지 농산물 수출액이 755억 달러였는데 곡물수입은 340억 달러였다. 반면 곡물수입이 대폭적으로 늘어난 2001년에는 수입액이 182억 달러에 이르렀지만 농산물의 수출도 급신장해서 223억 달러에 달했다.

이와 같은 중국의 수입으로 인해 주요 곡물공급 시장에서 가격상승이 주목받고 있는데, 2003-2004년 소맥수출의 주요 공급시장은 북미(45%), 호주(16%), 아르헨티나, EU(9%)였으며, 같은 시기 콩 수출은 미국(36%), 브라질(38%), 아르헨티나(18%) 순이었다. 이러한 점에서 중국의 수요로 인한 곡물가격의 상승은 미국, 남미, 호주 등 일부 식량 수출국가들에게 유리한 결과를 가져올 것으로 판단된다.

중국의 식량변수를 중심으로 미래의 국제질서를 예측해 보면 미래의 수요증대를 주도할 지역은 중국, 인도, 남아시아, 아프리카 등 발전도상 지역이며, 식량문제로 인해 미국, 호주, 남미는 이득을 볼 수 있다. 반면, 거대한 곡물가격 상승으로 피해를 입는 지역은 빈곤국가가 될 것이며, 최빈국들은 자립적 국가로서의 존립기반마저 위협받게 될 가능성이 크다. 따라서 국제 기아문제가 심각해지는 상황에서 식량문제와 지역질서의 혼란이 중첩되는 '신남북문제'가 야기될 가능성 또한 적지 않다.

이러한 점에서 미래 중국의 식량문제로 국제시장은 크게 영향을 받을 수밖에 없을 것이며, 그에 따른 핵심적 문제가 야기될 가능성이 크다. 가장 큰 쟁점영역은 곡물가격 상승으로 인해 국제 기아문제가 가속화되고, 식량 비자립 선진국과의 잠재적 갈등요인이 증대할 것이라는 점이다. 그러나 식량문제만으로 다른 주요 강대국들과 결정적 갈등국면을 상정하기는 힘들 것으로 보이며, 미국 패권질서의 일부가 변경되는 것을 예측하기도 힘들다. 미국은 식량수출국으로 가격상승으로부터 직간접적인 이익을 기대할 수 있을 것이며, 따라서 중국의 해외 식량조달을 방해할 동인은 상대적으로 작은 것으로 보인다.

철광석

중국은 1996년에 이미 일본을 추월하여 세계 최대의 조강(粗鋼 : crude steel) 생산국이 되었으며, 2002년에는 1억 8천만 톤을 생산함으로써 세계 철강생산의 20%를 차지하기에 이르렀다. 이는 중국의 산업화와 대규모 건설 프로젝트에 의해 촉발된 것으로 막대한 원료(철광석과 스크랩) 수입을 야기해 국제시장에서 엄청난 파장을 일으키고 있다. 이와 동시에 국내 철강산업의 미숙성과 방만함으로 고부가가치 생산은 이루어지지 않아 생산량 증가에도 불구하고 막대한 분량의 철강제품이 수입되고 있다.

최근 중국 철강제품의 수요 급증은 주로 대규모 개발 프로젝트와 도시화, 주택개량 등에 의한 건설업 경기의 활황 때문이다. 이는 건설자재로 직접 활용되는 조강류(條鋼類)의 대폭적 수요 확대를 낳고 있다. 나아가 제조업 부문의 발전 또한 철강수요를 증대시키고 있는데, 전자기기, 일반기계, 산업기계, 그리고 자동차산업과 조선산업 등을 중심으로 철강제품의 고수요가 발생하고 있다. 이들 제조업은 상대적으로 고기술제품인 강판류와 강관류의 제품에 대한 수요를 발생시킨다(山田雪乃, 2003).

중국 철강산업의 주요한 특징은 다음과 같다. 첫째, 중국의 철강산업은 4대 철강회사가 조강 생산에서 20.5%(2001-2003년 누계), 강재 생산에서는 16.8%를 점하고 있으며, 나머지 80% 이상의 조강과 강재가 중소 철강기업에 의해 생산되고 있다. 둘째, 기업규모에서도 중국철강협회에 속한 기업 중에서 조강 생산능력 500만 톤 이상을 갖고 있는 대규모 기업은 13개 회사(2곳은 1천만 톤 이상)에 불과하다. 500만 톤 생산규모 이하의 회사는 49개로 약 80%의 회사가 중소규모의 회사들이다. 셋째, 이에 따라 국내 철강생산은 세계 최대의 조강 생산능력에도 불구하고 조강(條鋼), 형강(形鋼), 선재(線材), 봉재와 같은 이른바 장물(長物) 중심의 저부가가치 생산이 중심이 되고 있다(58%). 이는 저부가가치 건축용 자재에 해당되는데, 국내 건축 및 인프라 건설자재로 활용되고 있다. 넷째, 제조가 어렵고 수요자의 품질요구가 엄격한 제조업용의 강판과 강관의 생산비율은 현격히 낮다. 가령 한국, 일본 등 아시아 국가들의 이 분야 생산율은 60-70%대이나 중국의 경우는 강판의 경우 35%, 강관의 경우 7% 정도로 약 42%에 머물고 있다. 그러나 제조업의 성장으로 인한 고부가가치 철강수요는 지속적으로 증가하고 있으며, 수요 부족분은 일본, 대만, 한국기업으로부터 수입되고 있다. 다섯째, 국내 철강수요의 급증에 대해 중국 철강업계는 자연발생적으로 대응하는 양상을 보여주고 있다. 따라서 중소규모 철강산업의 생산설비 확장으로 저급품 중심의 공급과잉이 발생하는 반면, 대규모 사업투자와 생산전환 속도는 지체되고 있다.

이와 같이 국내 철강소비의 급증은 제품의 국내생산과 수입을 대폭 증가시키는 것은 물론, 원료에 해당되는 철광석의 국내생산과 철광석, 스크랩의 수입을 현격히 증대시키고 있다. 우선 중국은 458.9억 톤의 국내 철광석 매장량을 갖고 있는데, 현재의 생산량은 2억 톤에서 3억 톤 사이이다. 국내 철광석 생산에서 중국은 단연 세계 최고를 차지하고 있으며, 철강 생산대국인 호주, 브라질, 인도 등을 양적으로 훨씬 앞지르고 있다. 그러나 국내생산을 담당해 온 5,712개의 주요 광산은 장기에 걸친 채굴로 생산이 쇠퇴하는 경향을 보이고 있다. 그리고 무엇보다 중요한 것은 중국산 철광석의 경우 철분 함유도가 30% 정도에 불과하다는 점이다. 호주 및 브라질산 철광석의 60%에 비교하면 채굴, 수송, 가공에 이르기까지 비용이 배가될 수밖에 없다(Menzie 외, 2004). 따라서 실제 철분 함유량을 중심으로 생각하면 그 실질적 양은 절반 정도로 감해서 계산해야 된다. 이러한 이유로 중국의 철광석 수입은 계속 증가할 수밖에 없으며, 향후에도 국내산 증산보다 훨씬 빠른 속도로 수입이 증가할 것으로 보인다. 따라서 국내의 조강 생산능력이 증대하면 할수록 국내 철광석보다 수입 철광석에 의존하는 경향이 더욱 커지게 된다. 위와 같은 상황을 감안하여 중국의 철광석 수급균형을 계산해 보면, 중국의 철광석 수입의존도는 1997년 이래 매년 성장하여 2003년에는 53%를 넘어서고 있다.

중국의 철광석 수입은 2002년에 1억 1천만 톤, 2003년에 1억 5천만 톤에 이른다. 특히 2003년에는 철광석 수입에서도 일본을 제치고 1위가 되었으며, 세계 무역량에서 차지하는 비중도 25.4%에 달하게 되었다. 세계의 철광석은 2003년에 약 12억 톤 생산되어 5억 9천만 톤이 수출되었는데, 중국 한 나라가 1/4이 넘는 양을 수입한 것이다(IISI, 2004). 이처럼 중국의 수입수요는 국제 철광석 시장에 엄청난 압박을 주고 있다. 2005년 4월 철광석 가격은 전년대비 71.5% 이상 인상되었으며(Greenich.com, 2005년 4월 5일), 철광석 수송과 관련된 해양운임도 급등해 호주로부터 수입하는 경우 2002년에 톤당 25달러이던 운임이 2004년에는 47달러 수준까지 급등했다(Toth, 2005b).

한편 전기로를 통한 철강생산의 기본원료인 스크랩의 경우,

중국 정부의 정책적 노력에도 불구하고 수입이 급증하고 있다. 중국은 '스크랩 수입대국'인 한국을 제치고 2001년부터 세계 제1위의 수입국이 되었다. 이러한 중국의 스크랩 수입으로 국제 시장가격이 등귀하고 각국별 수급에 문제가 발생하고 있다. 가령 중국에 대규모의 스크랩을 수출하고 있는 일본의 경우, 2001년 7월에 톤당 6천 엔대였던 스크랩 가격이 2003년 11월에 1만 6천 엔까지 상승했다. 따라서 미국과 일본 등 스크랩을 중국에 수출하고 있는 나라에서는 수출 자제의 움직임까지 일고 있다.

이와 같이 중국의 철광석 등 원자재 수입은 원자재 자체의 가격뿐만 아니라 운송비 등의 대폭적 가격인상을 낳고 있다. 최근까지 중국에 대한 철광석 수출은 호주를 선두로 브라질이 뒤따르고 있다. 한편 장기계약에 따르는 수입 이외에도 중국은 최근 현물시장을 중심으로 인도와 중소 생산국가들로부터 수입을 확대하고 있다. 이 수입의 결과 2004년 말에 중국은 주요 수출기업들로부터 전년대비 약 70% 이상의 가격인상을 통고받은 상황이다. 이러한 무분별한 수입이 철광석 수입 면허제를 도입하게 된 배경이 되었다. 한편 현재 중국 정부가 추진하고 있는 전략산업 육성정책으로 철강산업은 더욱 대규모 산업으로 발전할 가능성이 크다. 이러한 점에서 철광석 국제시장에 대한 중국의 수입비중은 점진적으로 커질 수밖에 없을 것이다(Menzie 외, 2004).

그러나 중국의 철광석 도입은 국제질서 및 중국 국내경제에 결정적 영향을 미치는 변수가 되지는 않을 것으로 보인다. 그 이유는 국제 철광석 시장의 쌍방과점적 구조와 계약의 장기성 때문이다. 국제 철광석 수요는 석유와 같은 에너지자원과 달리 철강산업을 전략적 산업으로 삼는 특정 국가들의 수요에 의해 지배되고 있다. 유럽, 미국 등의 철강산업은 이미 성숙기에 접어든 것으로 판단되며, 주요한 수요국은 중국, 일본, 한국, 대만 등 동아시아 국가가 중심이 되고 있다. 이러한 점에서 수급 양면에서 과점적 구조를 갖고 있으며, 가격 교섭력 또한 현물시장과 달리 과점적 원리에 의해 작동될 가능성이 크다(柴田明夫, 2004a). 그리고 계약관계의 장기성에 따라 현물시장의 가격 휘발성이 상대적으로 가격구조에 덜 반영될 가능성이 크다. 이러한 점에서 철광석 가격은 중국 경제에 의해 흡수조정되는 방식으로 조정될 가능성이 있다. 향후 중국의 철강산업이 명실상부한 수출산업으로 자리매김한다면 부분적으로 원재료 가격의 상승은 수출가격에 전가될 수도 있다.

한편 철광석의 가격상승이 동아시아 국가 간의 긴장을 강화시킬 수는 있지만 미국과의 이익상충 지점을 발견하기는 어렵다. 현재 미국 철강산업은 쇠퇴기에 있으며, 중국과는 소규모 철광석 광산 지분참여 문제 한 가지를 제외하고는 커다란 쟁점영역을 갖고 있지 않다(Menzie, 2004). 이러한 점에서 철광석은 식량과 마찬가지로 국제시장에 심각한 영향을 미칠지언정 국내적 흡수력을 갖고 있는 것으로 보이며, 미국과의 생존영역 상충을 발생시키지는 않을 것이므로 핵심적이고 결정적인 병목의 변수가 되지는 못할 것으로 판단된다.

| 해소하기 힘든 문제 : 석유

거대 석유 수입국으로의 행진

자원영역에서 가장 중대한 문제는 석유수급에서 발견된다. 중국의 석유 사용은 그 속도와 규모 면에서 크게 증가해 왔다. 석유는 종래 주력 에너지인 석탄에 뒤이은 가장 핵심적인 제1차 에너지이며, 중국의 에너지 구조에서 약 25%를 점하고 있다. 2003년에는 석유소비가 2.7억 톤을 돌파함으로써 일본을 제치고 세계 제2위의 석유 소비대국이 되었으며, 2004년에는 3.24억 톤의 소비량을 기록했다. 중국의 석유소비는 1990년대 이래 매년 급증하는 양상을 보여주고 있다. 석유를 수입하기 시작한 1993년부터 2004년까지 연평균 소비증가율은 7.8%, 2000년 이후의 증가율은 연평균 8.5%에 이른다.

한편 중국은 매년 1.5억 톤 이상을 생산하는 산유국의 하나이다. 그러나 이렇듯 급증하는 수요와는 상반되게 중국의 국내 석유생산은 성숙국면에 접어들어 제자리걸음을 면치 못하고 있다. BP의 자료에 따르면 중국의 석유 확인 매장량(proved reserves)은 약 23억 톤에 불과하며, 매년 현재의 생산량(약 1.7억 톤 전후)으로 생산을 계속한다면 가채년수는 약 13년에 불과한 것으로 나타나고 있다(BP, 2005). 그럼에도 불구하고 국내의 거대 수요와 더불어 중국의 석유생산은 1990년대 이후 매년 약간씩 증가하는 경향을 보여주고 있어 2004년에는 1. 74억 톤에 이르렀다(EIA, 2005, 국제석유 데이터). 이처럼 확인 매장량의 제약 속에서 중국의 석유생산은 확대의 딜레마를 안고 있다. 특히 중국의 주력 유전인 대경(大慶), 승리(勝利), 요하(遼河) 유전은 이미 생산의 성숙기를 넘어 퇴조국면에 접어들고 있는 것으로 확인된다. 육지 및 해양의 새로운 유전 발견이 이러한 감퇴상황을 대폭적으로 개선하지도 못하고 있다. 이러한 점에서 중국의 석유생산은 최대 1.8억 톤 정도를 정점으로 점진적으로 퇴조할 것으로 보인다.

이러한 거대 수요와 국내 공급 간의 현격한 격차는 막대한 물량의 해외수입을 유발하고 있다. 이미 중국은 1993년에 석유제품의 순수입국이 되었으며, 1996년부터는 원유 또한 순수입으로 전락했다. 2004년에는 약 1.5억 톤에 이르는 물량을 수입에 의존함으로써 전체 석유소비에서 수입석유 의존도는 46%에 이르고 있다. 국내생산의 제약 속에서 석유소비의 대폭적 증가는 앞으로 중국이 거대한 석유수입국으로 전락할 수밖에 없음을 잘 보여준다. 중국의 석유수입은 중동, 아시아태평양, 아프리카 지역에서 주로 이루어지고 있다. 2002년의 수입량을 보면 약 3,400만 톤을 중동에서, 약 1,200만 톤을 아시아태평양에서, 그리고 약 1,600만 톤을 아프리카에서 수입했다. 2002년 중국의 비중동산 석유수입은 약 3,500만 톤 정도였으며, 1990년대 후반부터 2000년대 초반에 이르기까지 중국 석유수입의 중동 의존도는 평균 53% 정도였다.

해외 석유 확보를 위한 노력

이와 같이 중국은 석유수요의 높은 증가를 예측하면서 해외

석유의 안정적 공급을 위해 적극적이면서도 전방위적인 노력을 기울이고 있다. 불안정한 국제 석유시장에서 안정적인 공급을 확보하는 것은 중국의 지속성장을 위한 필수적이고 전략적인 요구사항이 되고 있다. 그리고 중국 자신이 바로 국제시장 불안정화의 커다란 원인이 될 수 있다는 사실을 자각하면서 중국 정부는 자국의 지속성장과 국제시장 사이의 딜레마를 경감하기 위한 노력이야말로 가장 사활적인 국가이익으로 판단하고 있다.

해외의 석유자원을 안정적으로 확보하기 위한 중국 정부의 정책 노력은 크게 에너지 관련 전략부서의 창출, 해외자주개발, 수입선의 다변화, 안정적 수송방안으로서 파이프라인 공급 확보, 산유국과의 관계개선을 위한 전방위외교 등으로 요약할 수 있다(郭四志, 2004b). 최근 들어서 석유공급의 일시적 두절 등을 상정한 '전략적 비축' 정책이 추진되고 있는 것도 또 하나의 특징이다. 특히 이 정책 노력들은 국제 석유시장에 대한 거대 메이저(the Majors)의 지배, 국제 에너지원 및 핵심적 해상수송로에 대한 미국의 통제력 등 미국 중심의 국제 에너지 패권질서를 우회하면서 석유자원을 안정적으로 확보하려는 목표를 갖고 있다.

1) 중국판 '에너지 메이저'

중국은 고도성장이 지속되면 에너지 문제가 성장의 결정적 병목으로 대두할 수 있음을 자각하고 이에 보다 전략적으로 대처하기 위한 국가조직의 변형을 시도하고 있다. 종래 중국의 에너지 관련 정책은 국가경제무역위원회(SETC) 등에 분산되어 처리되었다. 그러나 2003년 '국가발전계획위원회' (SDPC)를 개조하여 '국가발전개혁

위원회' (NDRC)를 출범시키고 이 NDRC에 에너지 담당 업무를 집중시키게 된다. NDRC 내에 새로이 '에너지국' (能源局)을 설치한 것이 대표적인 예에 해당된다.

한편 2004년의 석유수입 급증을 경험하고 지속되는 고유가를 목도한 이후 중국의 에너지 정책은 종합적 · 집중적 성격을 더하면서 국가적 · 전략적 정책주체를 창출하는 방향으로 나아가고 있다. 예를 들어 2005년 6월 국무원 산하에 에너지 전략 연구, 에너지 산업의 발전 촉진, 재생가능 에너지, 에너지 절약의 촉진, 에너지 산업 개혁의 촉진 등을 과제로 하는 '에너지 지도소조' (能源指導小組)를 설치했다. 이 지도소조의 조장은 원자바오(溫家寶) 수상으로 전 각료가 망라되어 있고, 그 산하에 실행력을 높이기 위해 '판공실' 을 설치했다. 나아가 소조에는 군부도 참여하고 있는데, 이는 군에 대한 에너지 안정공급의 필요성뿐만 아니라 중국의 에너지 정책이 직접적으로 안보정책과 결합되고 있음을 보여준다. 이러한 점에서 중국 정부가 에너지 확보에 대해 체계적이고 전략적으로 접근하기 시작했음을 알 수 있다.

나아가 중국은 석유의 안정공급을 위해 이미 1980년대부터 중국판 국영 석유 메이저를 설립하기 위해 노력해 왔다. 1982년에 중국해양석유총공사(CNOOC), 1983년에 중국석유화공집단공사(SINOPEC), 1988년에 중국석유천연기집단공사(CNPC)를 창설했던 것이다. 이들은 1990년대 초반의 실험투자를 거쳐 1990년대 후반 이래 전세계를 무대로 적극적인 활동을 전개하고 있다(Downs, 2000 : 12). 현재 중국이 이들 '중국판 메이저' 를 앞세워 석유의 안정공급을 위해 전략적 노력을 집중하고 있는 지역은 러시아-중앙아시아[구소련권], 중동-북아프리카, 남미 등의 세 지역이다. 특히 러시아, 카자흐스탄, 투르크메니스탄, 이란, 이라크, 수단, 베네수엘라, 인도네시아 등의 국가들은 이들 기업들의 석유 선점을 위한 주요 무대가 되고 있다(Troush, 1999).

2) 전략적 석유자주개발

한편 이들 중국 석유기업들을 중심으로 중국 정부가 심혈을 기울이고 있는 석유 확보 전략은 해외 상류 부문[1]에의 진출과 자주개발이다. 자주개발은 중국에게 직접적인 공급력으로서의 의미도 있지만, 거리비용 등을 고려할 때 일종의 스왑(swap)이 가능한 해외비축으로서의 의미가 강하다. 현재 중국 석유기업들의 석유 및 천연가스의 해외자주개발 실태는 다음과 같다. ① 동남아시아 : 타이(2건), 미얀마(2건), 인도네시아(12건), ② 중동 : 오만(2건), 이라크(1건), 시리아(1건), 사우디아라비아(1건), ③ 구소련 : 카자흐스탄(4건), 아제르바이잔(3건), 러시아(2건), ④ 북미 : 캐나다(4건), 미국(1건), ⑤ 남미 : 페루(2건), 베네수엘라(3건), ⑥ 태평양 : 파푸아뉴기니(1건), 호주(2건), ⑦ 아프리카 : 수단(2건), 알제리(1건), 튀니지(1건), 리비아(2건), 나이지리아(1건). 중국은 현재 해외 자주생산 원유량을 2005년에 2,500만 톤까지 확대할 계획이다(郭四志, 2004b : 27-29).

주

1) 상류(上游) 부문은 공업생산 중에서 원재료 생산을 의미하는 것으로 여기서는 원유생산을 의미하며, 하류(下游) 부문은 완제품 생산을 의미하기 때문에 여기서는 정제 및 석유화학 부문을 의미한다.

3) 석유 파이프라인 : 범아시아 에너지 교량?

중국은 1990년대부터 중앙아시아 및 러시아와 중국, 동아시아를 연결하는 석유 파이프라인 네트워크를 건설함으로써 자국에 필요한 원유수요를 충족하고, 나아가 동아시아 전반의 에너지 교류망의 핵심에 중국을 위치시킨다는 구상을 제출한 바 있다. 이러한 구상은 이른바 '범아시아 에너지 교량' (Pan-Asian Energy Bridge)으로 불린다. 구체적으로는 중앙아시아와 중국 서부 신장성을 연결하는 파이프라인과 동시베리아의 유전과 중국 동북부를 연결하는 파이프라인의 건설이 추진되고 있다(Troush, 1999). 현재의 구상대로 이 파이프라인이 동과 서에서 완성된다면 약 5천만 톤의 석유가 수송망의 제약과 무관하게 중국에 공급될 수 있을 것으로 보인다.

우선 중앙아시아로부터의 파이프라인은 1997년에 중국의 CNPC가 카자흐스탄의 국영석유기업인 Aktobemunalgaz의 주식 60% (2003년에 권익비율이 85.1%)를 매수할 때 의무사항으로 규정되었던 것이다. 중앙아시아의 파이프라인은 현재 카자흐스탄 아크토베(Aktobe)의 켄캬크(Kenkyak) 유전으로부터 중국의 신장자치구까지 총 3,000km에 이르는 파이프라인의 연결계획을 지칭한다. 이 파이프라인은 3단계 공사를 통해 현실화되고 있는데, 현재 러시아의 주요 유전지대인 서시베리아와 아타수 간에 파이프라인이 연결되어 있어서 중앙아시아의 공급물량이 부족할 경우 파이프라인의 연계를 통해 서시베리아의 원유를 공급받을 수도 있게 된다.

아타수와 알란샨코우 간의 제2단계 및 3단계 공사가 완성되면 이 중앙아시아 파이프라인은 2,000천만 톤의 공급능력을 갖게 될 것이다. 그러나 중국 국내의 동서횡단 파이프라인 연계가 불완전하고 수송용량이 불충분한 상황에서 2,000만 톤의 수송능력이 전면적으로 가동되기는 어려울 것이다. 2010년 이전까지는 철도수송이 가능한 1천만 톤 이하의 공급이 이루어질 것이며, 2015년 정도가 되어야 2,000만 톤 공급이 가능해질 것으로 보인다.

중국이 심혈을 기울여 온 또 하나의 전략적 파이프라인은 동시베리아로부터의 파이프라인이다. 일찍이 중국은 동시베리아의 원유개발과 러시아로부터의 원유공급을 목표로 러시아와 파이프라인 건설을 위한 협상을 진전시켰다. 그러나 2003년 들어 동시베리아 원유개발 및 파이프라인 건설협상에 후발자인 일본이 뛰어들면서 상황이 복잡해지게 되었다. 이와 관련해 파이프라인 건설을 둘러싼 '중국안'과 '일본안'의 대립이 심각하게 전개되었다.

원래 동시베리아 석유 파이프라인은 2001년 중러평화우호조약의 체결과 더불어 중국과 러시아 간의 전략적 협력사업으로 중국이 정력적으로 추진해 오던 프로젝트였다. 중국이 추진하던 노선은 러시아의 앙가르스크(Angarsk)에서 바이칼호를 남쪽으로 우회하여 대경과 대련에 이르는 전체 2,200km의 구간이다. 이는 러시아의 Yukos와 중국의 CNPC가 사업주체였으며, 예정된 원유수송량은 연간 3천만 톤이었다.

한편 이 파이프라인 구상에 대해 2003년 말 고이즈미 일본 수상이 전격적으로 러시아를 방문해 '중국안'에 대한 전면적인 수정제안을 함으로써 상황이 복잡하게 되었다. 이때 일본은 '중국안'과 달리 파이프라인을 앙가르스크에서 바이칼호를 북쪽으로 우회하여 스코보로디노를 통해 태평양 연안의 나호드카로 연결해야 한다는 이른바 '태평양안' 을 제시했던 것이다. 그리고 공사비에 소요되는 예산의 상당 부분을 일본이 부담하겠다는 의지를 천명했다. 일본의 제안은 현지 사용분 1천만 톤을 포함해 총 6천만 톤 수송능력의 파이프라인을 건설해 이 중 5,000만 톤을 나호드카에서 해상(유조선)으로 일본과 미국에 수출한다는 것었다. Yukos와는 대립관계에 있던 러시아의 국영 파이프라인 기업인 Transneft가 '일본안' 을 지지했다.

'통합안' (태평양 간선과 중국 지선) : 2004년 말 러시아 정부는 동시베리아 석유 파이프라인을 기본적으로 태평양 노선으로 건설하기로 결정했다. 그 배경에는 일본으로부터 투자자금 획득의 용이성, 수출시장의 확대, 국내정치 면에서 Yukos 프로젝트의 무력화 등 러시아 정부의 전략적 판단이 작용한 것으로 보인다. 따라서 중국과 러시아 간의 협상은 전면적으로 재검토될 수밖에 없었다. 그러나 러시아의 입장에서 중국이라는 거대 시장을 무시할 수는 없었다. 러시아 정부와 Transneft는 2004년 초부터 통합안을 제시해 왔다. 간선을 나호드카 인근의 페레포즈나야에 이르는 태평양 노선으로 하되 중간지점(스코보로디노)에서 중국의 대경으로 지선을 보낸다는 구상이 그것이다. 전체 공급능력은 중국안과 일본안을 통합해 9천만 톤으로 하고, 중국이 요구하는 3천만 톤은 지선을 통해 공급한다는 구상이다. 이렇게 해서 이 파이프라인은 전체의 중간지점인 스코보로디노까지 1단계 공사가 진행 중이다. 한편 간선과 지선을 합해 파이프라인의 완성시점은 주선 건설이 최소한 6년 정도 소요되므로 2015년 전후가 될 것으로 예상된다.

현재의 제1단계 공사가 마무리되는 2008년에는 우선 스코로보로디노에서 중국으로 철도를 통한 석유수출이 가능해질 것으로 보인다. 현재 중국이 러시아로부터 철도를 통해 수입하는 원유량이 약 1천만 톤임을 고려할 때, 2010년 이전에 약 1천만 톤 전후의 석유물량이 중국으로 공급될 것으로 보인다. 그리고 2015년이 되어야 원래 계획된 3천만 톤의 공급이 확보될 것이다(EIA, 2005b ; 郭四志, 2005 : 16).

중국의 거대한 석유수입 전망이 얼마나 안정화되느냐는 미래 중앙아시아 파이프라인과 동시베리아 파이프라인의 공급능력이 얼마나 확대되느냐에 달려 있다. 따라서 중국은 중앙아시아와 동시베리아의 공급량이 충분히 보증되지 않을 경우, 석유매장량이 풍부한 이란의 카스피 해 연안지역, 나아가서는 서시베리아 유전지대까지 공급망을 확대하기 위해 노력할 것으로 보인다. 그러나 상정할 수 있는 미래에 중국이 이들 파이프라인으로부터 획기적인 원유공급량을 확보하기는 어려울 것으로 보인다. 2010년경 중국은 파이프라인을 통해 중앙아시아로부터 1천만 톤, 동시베리아로부터 1천만 톤 등 약 2천만 톤의 원유를 공급받을 수 있을 것이며, 2015년 혹은 2020년 정도가 되어야 5천만 톤의 계획된 공급량을 얻을 수 있을 것이기 때문이다.

| 석유수급의 생존경쟁

중국의 국제 석유시장 압박

역사적 추세를 반영하여 중국의 석유수급을 전망해 보면 중동 이외의 안정공급 가능 물량은 2010년에 자주개발 물량 0.25억 톤, 아프리카 수입 0,3억 톤, 구소련 구입 0.38억 톤(이 중 파이프라인 공급 0.2억 톤)으로 전체적으로 약 0.98억 톤이다. 2015년에는 자주개발 0.25억 톤, 아프리카 0.4억 톤, 구소련 0.58억 톤(러시아 0.3억 톤, 중앙아시아 0.2억 톤)으로 총 1.23억 톤, 2020년에 자주개발 0.25억 톤, 아프리카 0.5억 톤, 구소련 0.58억 톤으로 총 1.33억 톤, 2025년에 자주개발 0.25억 톤, 아프리카 0.6억 톤, 구소련 0.6억 톤으로 총 1.45억 톤으로 예상된다. 따라서 이러한 안정공급 물량을 제외하고 중국이 '순수하게' 중동에 의존해야 할 수입 필요량은 다음의 〈표 3-1〉과 같다.

〈표 3-1〉 중국의 중동 수입 의존량

(단위 : 억 톤)

	2010	2015	2020	2025
기준수입	1.82	2.47	3.17	4.05
고성장시 수입	2.02	2.82	3.77	5.00
저성장시 수입	1.62	2.07	2.57	3.20

출처 : EIA, IEO(2004 ; 2005)의 전망치와 필자의 추산.

〈표 3-2〉 중동의 수출전망과 중국의 수입요구량

(단위 : 억 톤)

	2010	2015	2020	2025
중동 수출(낙관)	9.2	10	11.8	13.8
중동 수출(비관)	7.5	6.9	7.4	8
중국기준 수입	1.82	2.47	3.17	4.05
중국고성장 수입	2.02	2.82	3.77	5.00
중국저성장 수입	1.62	2.07	2.57	3.20

출처 : 중동 수출은 EIA IEO(2005) ; 중국수입은 EIA IEO(2004 ; 2005)의 재구성과 필자의 추계.

이와 같이 추계된 중국의 중동 수입 요구량은 중동의 수출에서 어느 정도의 비중을 차지할 것인가? 이를 위해서는 중동지역의 수출량에 대한 전망이 필요하다. 중동지역에서의 수출전망은 역내소비를 중(기준)성장으로 상정했을 때 가격전개 여하에 따라 달라질 것이다. 그러나 국제시장은 이미 '석유생산 피크'를 크게 의식할 수밖에 없는 상황이다. 또한 비OPEC지역은 생산능력이 감퇴하고 있으며, OPEC은 적정 고가격을 지속하기 위해 상류투자를 자제하고 있다. 이러한 상황에서 국제 원유가는 경향적으로 '상향능선형' 상승기조가 될 것으로 예상되며, 국제 원유시장은 OPEC, 특히 중동의 '판매자시장'이 될 것으로 보인다. 따라서 중기적 시점인 2010년까지는 고가격기조가 지속될 것이다. 그러나 전반적 상향기조 하에서도 OPEC은 생산여력을 갖고 있으므로 중국 등 대수요국의 경제성장률 조정으로 인한 석유수요의 감퇴 가능성은 일정한 생산증가의 유인이 될 것으로 보인다. 결국 중동의 석유생산은 고가격시의 생산제약 전망과 성장률 조정시의 중성장 생산전망으로 압축된다고 전망할 수 있다. 이 두 개의 중동 생산 전망을 기초로 중동지역의 수출전망과 중국의 수입요구량을 대조시키면 앞의 〈표 3-2〉와 같다.

다음 〈그림 3-1〉은 'OPEC 판매자 시장'을 전제로 한 고가격 지속시 중국의 수입이 중동 수출에서 차지하게 될 비중을 보여준다. 중동에서 고가격 생산이 지속될 경우 중국의 수입요구량은 세계의 성장률과 무관하게 중동 수출에서 압도적인 비중을 차지하게 됨을 알 수 있다. 특히 고성장의 경우는 상상하기 힘들 정도의 수입압박이 중동에 주어질 것이며, 따라서 이러한 고성장의 지속은 상정하기 힘든 것으로 보인다.

한편 가격이 상대적으로 이완되어 중동에서의 생산이 확대되는 경우에도 중국이 중동 수출의 1/3 전후를 차지할 것으로 예상된다는 점에서 중국의 고성장 수입은 국제시장과 양립하기 어렵다. 중국의 중성장 수입의 경우에도 2015년 이후에 이르면 1/4-1/3의 비중을 차지할 것이므로 이 또한 안정성이 있을 것으로 보기는 어렵다. 따라서 국제시장과 중국의 수입이 양립가능한 타협지점은 저성장의 경우에, 그것도 제한적으로만 발견된다고 할 수 있다. 이러한 국제 석유시장과 중국의 상호작용을 볼 때, 현재 중국 정부가 상정하고 있는 2020년까지의 고성장 구도는 성립되기 어렵다고 할 수 있다. 그리고 중국의 고성장이 정책적으로 지속될 2010년 시점에 중동도 고가격에 의한 생산을 할 가능성이 크므로 이미 이 시점에 국제 석유시장은 중국 요인으로 큰 파란이 일 것으로 예상된다. 2010년경 중국이 중동 수출 물량의 1/4을 훨씬 뛰어넘는 석유를 수입해야 하기 때문이다. 결국 중국 경제가 국제 석유시장과 조화되려면 2010년의 '일차파국' 이후

〈그림 3-1〉 중동 수출에서 중국의 비중(비관적 전망, 고가격)

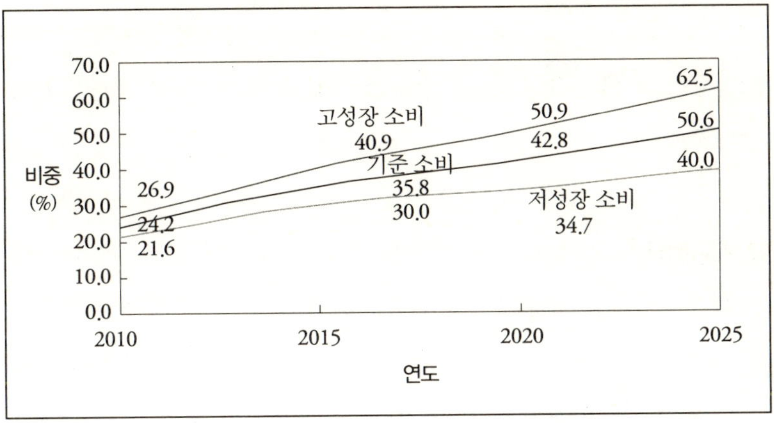

〈그림 3-2〉 중동 수출에서 중국의 비중(낙관적 전망, 기준)

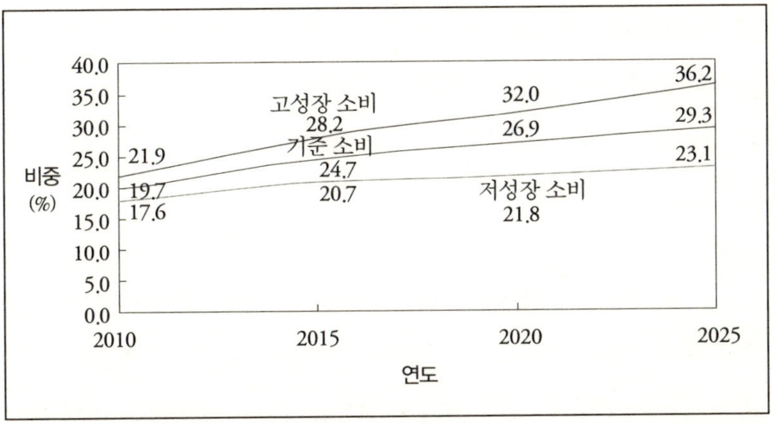

에 상당한 성장의 조정이 있어야만 할 것이다. 그러면 어떠한 패턴의 조정이 국제 석유시장과의 조화를 가능케 할 수 있을까? 몇 가지 조정유형을 중심으로 국제 석유시장과의 양립가능성을 검토해 보겠다.

검토할 성장조정의 유형은 대체로 다섯 가지로 압축된다. 우선 모든 시나리오에서 2010년까지 중국이 고성장하는 것으로 상정된다. 따라서 중국 수요요인으로 중동의 생산도 고가격 상황의 생산을 보일 것으로 보인다. 이를 전제로 상정해 본 조정 시나리오는 다음과 같다.

① **시나리오 I** : 2010년 고성장 수입－2015년 고성장 수입－2020년 중성장 조정－2025년 저성장 조정
② **시나리오 II** : 2010년 고성장 수입－2015년 고성장 수입－2020년 중성장 조정－2025년 중성장 수입
③ **시나리오 III** : 2010년 고성장 수입－2015년 중성장 조정－2020년 중성장 수입－2025년 저성장 수입
④ **시나리오 IV** : 2010년 고성장 수입－2015년 중성장 조정－2020년 저성장 조정－2025년 저성장 수입
⑤ **시나리오 V** : 2010년 고성장 수입－2015년 저성장 조정－2020년 저성장 수입－2025년 저성장 수입

한편 이 시나리오가 중동시장에 주는 압박 정도는 중국의 성장조정과 국제 원유가, 나아가 중동의 생산량 간의 상호작용에 의해 보다 크게 변화될 수 있다. 따라서 고성장에서 중성장 혹은 저성장으로의 조정국면 이후에는 중동 생산의 낙관 생산시의 수출량을 적용한다. 중국 정부의 입장에서는 시나리오 II와 I이 크게 선호되는 조정방식일 것이다. 2010년의 공급위기가 성장률의 근본적인 조정에 이르지 않고 부분적인 조정에 의해 고성장이 2015년까지 연장되는 경우이기 때문이다. 반면 시나리오 V는 중국 정부가 가장 피하고 싶은

〈그림 3-3〉 향후 10년 고성장 지속시 중동시장에 대한 중국의 압박도

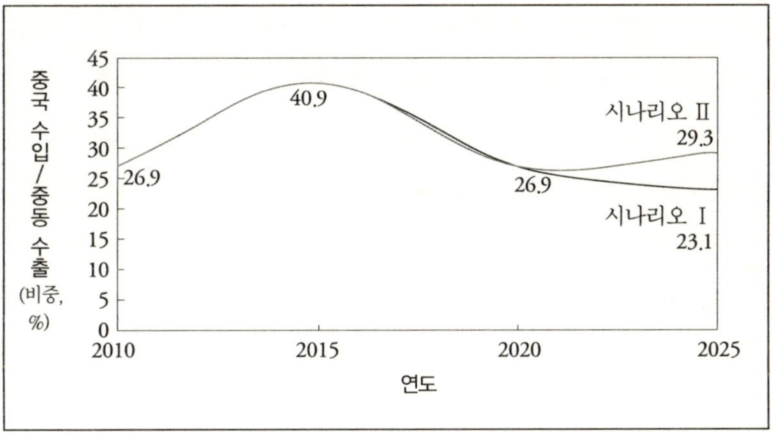

〈그림 3-4〉 2010년 성장조정시 중동시장에 대한 중국의 압박도

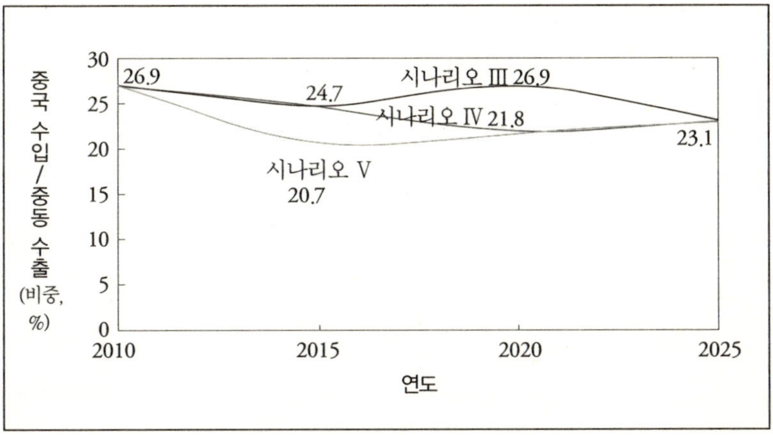

시나리오일 것이다. 이러한 조정방식은 자칫 중국 경제의 경착륙을 가져올 위험성이 있기 때문이다. 시나리오 III과 IV는 시나리오 I, II와 V의 중간 형태로서 상대적으로 유연한 조정형태라고 할 수 있을 것이다. 그러면 이러한 시나리오들이 중동시장과 어떠한 관계를 가질

지 검토해보자.

<그림 3-3>은 시나리오 I과 II, 즉 2010년의 위기를 무사히 넘기고 향후 10년간의 고성장이 유지될 경우 국제 석유시장과 중국수입 간의 관계를 보여주는 것이다. 중국 정부의 희망사항인 이 시나리오들은 2010년의 위기를 회피하더라도 2015년에 더 큰 위기가 야기되는 경우이다. 이 시점이 오면 중국은 중동 수출의 약 절반에 가까운 물량을 확보하기 위해 분투해야 할 것이다. 그러나 이는 현실적으로 가능할 것 같지 않다. 따라서 10년의 고성장 시나리오들은 성립되기 어렵다고 보아야 한다.

결국 중국은 2010년 이후에 성장의 조정을 해야 할 것이다. <그림 3-4>는 성장조정시 국제 석유시장에서 중국의 존재감을 보여준다. 이 시나리오 중에서 국제시장에 가장 영향을 적게 주며, 일정한 조건에서 유지가능한 시나리오는 중국 정부로서는 최악으로 받아들일 시나리오 IV와 V이다. 시나리오 III은 중성장이 10년 정도 지속됨으로써 2010년과 비슷한 정도의 영향력이 유지되는 것으로 지극히 불안정한 시나리오이다. 한편 국제시장과 양립가능한 시나리오 IV와 V는 상대적으로 '과감한' 조정을 요구하는 것이다. 중국 정부가 이 과감한 조정의 정책을 수용할지는 커다란 의문이다. 그러나 한 가지 분명한 사실은 이 과감한 조정이 이루어지지 않는다면 중국은 국제 석유시장에서 초고유가, 수급 두절, 거대한 알력의 근원으로 작용할 가능성이 크다는 것이다. 물론 국제유가의 상승이 중국 경제에 부정적으로 작용하는 '시장주도적' 조정가능성도 부정할 수 없다.

경쟁 격화 구도와 지속공급의 문제

그러면 OPEC과 비OPEC을 망라한 생산 여력을 갖춘 국제 석유시장, 즉 중동, 구소련, 남미, 아프리카의 공급물량을 둘러싸고 세계의 거대 소비국들이 벌일 경쟁에서 중국이 처할 상황에 대해서 살펴보자. 다음의 표는 산유국의 생산이 비관적 전망을 가질 때 예측되는 공급물량과 거대 소비국들의 수입요구 물량 간의 관계를 보여준다. EIA의 전망치로 판단하자면 2015년경에 거대 산유국들의 수출예상 물량은 15.5억 톤, 2015년에 16억 톤, 2020년에 17.5억 톤, 2025년에 19.4억 톤 정도가 될 것이다. 한편 중국을 제외한 세계 거대 소비국들의 수입요구량은 2010년에 15.5억 톤, 2015년에 17억 톤, 2020년에 18.4억 톤, 2025년에 20.4억 톤이 될 것이다. 이때 중국의 수입요구량은 고성장 및 중성장의 경우에도 요구되는 수입물량을 확보하기 어려울 수 있다. 그만큼 고가격 하의 비관적 공급이 지속되는 한 세계 원유를 둘러싼 각국의 각축은 격렬하게 전개될 것이며, 중국 또한 이 상황에서는 국제 석유확보 각축전에 사활적으로 뛰어들지 않을 수 없을 것으로 보인다.

한편 공급이 낙관적일 경우는 어떠한가? 가령 비OPEC이 고가격 생산으로 생산을 최대화해 주고 OPEC, 특히 중동이 기준가격 정도로 생산을 확대해 주는 경우이다. 1990년대의 저가격 수준으로 국제시장이 환원되기 힘들다고 한다면 이 경우가 국제시장에서 가장 낙관적인 상황일 것으로 보인다. 이렇게 되면 시장 공급상황은 많이 이완되는데, 거대 산유국의 수출예상 물량은 2010년에 17.7억 톤,

2015년에 20.3억 톤, 2020년에 23.4억 톤, 2025년에 27억 톤 정도가 될 것이다. 한편 중국을 제외한 거대 소비국들의 수입요구량은 2010년에 15.5억 톤, 2015년에 17억 톤, 2020년에 18.4억 톤, 2025년에 20.4억 톤이 된다. 이때 잔여 수출물량과 중국의 필요량을 대조해 보면 이 경우에도 2010년부터 2020년에 걸쳐 상당한 공급부족이 예상된다. 따라서 현 조건에서 낙관적인 공급이 이루어진다고 하더라도 향후 15년 정도는 불확실한 국제시장 조건에서 원유를 선점하기 위한 거대 소비국들의 경쟁은 격렬하게 전개될 수밖에 없을 것으로 보인다. 결국 현재의 불안정하고 제약된 국제 석유시장 상황 하에서 향후 안정적인 석유물량을 확보하려는 소비국들의 경쟁과 갈등, 대립과 투쟁은 회피되기 어려울 것으로 보인다.

석유 공급문제와 정치적 갈등

중국 등의 거대 에너지 수요, 그리고 점차적으로 제약이 강해지는 공급상황 하에서 석유와 같은 필수자원의 안정적 확보 문제는 거대 에너지 소비국들에게 '생존권역(Lebensraum)의 충돌' 혹은 '재구성'의 문제를 야기할 수밖에 없다. 한편 미래 석유공급의 비관적 전망 속에서 중국은 예상되는 난관을 돌파하고 안정적으로 석유자원을 확보하기 위해서 지금까지의 정책노력을 배가할 수밖에 없을 것으로 보인다. 그러나 이러한 정책노력은 세계적으로 제약된 자원 속에서 이루어지는 것이므로 여타 거대 소비국들, 특히 세계 최대의 소비국이자 패권국인 미국의 커다란 저항과 억지정책을 불러일으킬 가능성이 크다.

현재 미국은 대외 에너지 정책에서 향후 위축되어 갈 석유시장에서 충분한 공급량을 확보하기 위해 전방위적 노력을 시작했을 뿐만 아니라, 군사안보 전략에서도 '중국 문제'와 '에너지 문제'에 우선순위를 높여가고 있다(杉野綾子外, 2005). 따라서 중국이 야기할 석유확보 문제는 경제적 문제에 그치지 않고 복잡한 정치적 문제를 야기할 것이다. 중국의 석유자원 확보와 관련된 지리적 · 경제적 공간 그 자체가 정치적 · 안보적 갈등의 전선이 될 가능성이 높다. 그만큼 국제 석유시장도 정치 · 안보적 흐름들에 예민해질 것이며, 정치 · 안보적 요인이 시장을 더욱 교란시킬 가능성도 있다. 여기에서는 중국이 대내적 '파국'의 회피를 위해 전개하고 있거나 앞으로 전개할 대외적 노력들을 살펴보고, 각각의 영역에서 석유문제가 정치적 혹은 안보적 문제로 비화될 가능성을 검토한다.

1) 생산권역 확대와 파이프라인 수송의 확충 노력

우선 생각할 수 있는 것은 중앙아시아 파이프라인을 조속히 완성하여 그 수송용량을 확충하고, 궁극적으로는 공급지역을 이란의 카스피 해 연안지역과 러시아의 서시베리아로 확대하려고 할 것이다. 이렇게 되면 현재 중앙아시아에서의 공급제약(0.2억 톤)이 상당히 극복될 수 있을 것이다. 둘째, 동시베리아 석유 파이프라인을 확충하는 것이다. 현재 동시베리아의 석유자원에 대한 새로운 탐사들이 진행되고 있는데, 일본 IEEJ는 2004년의 조사를 통해 동시베리아의 석유자원이 26억-93억 톤(189억-672억 배럴, 궁극가채매장량, URR)에 이를 것으로 진단한 바 있다. 결국 향후 동시베리아 지역의 석유공급력은 점진적으로 증가할 것으로 보인다. 이러한 동시베리아 지역의 신규 석유개발과 더불어 현재 건설 중인 동시베리아 파이프라인의 수송용량이 확충된다면 중국은 새로운 수입물량을 확보할 수 있을 것이다. 셋째, 아프리카로의 진출 확대이다. 중국은 상대적으로 공급 여력이 있는 아프리카를 러시아와 더불어 중동 수입을 완화할 대체 원유공급지의 하나로 상정해 왔다. 최근 앙골라, 수단, 나이지리아로의 진출은 그러한 아프리카 중시전략을 보여주는 것이며, 최근 후진타오의 외국 순방 14개국 중 6개국이 아프리카 산유국이었다. 넷째, 중국과 접경하는 해양 심해유전 개발에 박차를 가할 것이다. 현재 중국은 일본과의 접경 해양(春曉지역)과 베트남 접경 해양(남사제도)에서 석유와 가스자원 개발을 진행 중이다. 전체적으로 이 해양생산이 수요완화에 커다란 도움이 되지는 않겠지만 중국의 이러한 개발행태는 향후 심해를 둘러싼 해양자원의 개발전략이 보다 본격화될 것임을 보여준다.

한편 미국 또한 새로운 석유자원의 원천을 확보하기 위해 전방위적인 노력을 기울이고 있다. 부시 정권은 9 · 11테러 직후를 제외하고 가장 중요한 원유공급지로서 중동과 아프리카, 러시아, 중앙아시아를 겨냥하고 적극적인 정책을 전개하고 있다. 미국은 사우디아라비아와 관계를 복원하고 있고, 이란에 대해서는 핵개발 의혹과 더불어 무력공격까지 포함한 개입 가능성을 배제하지 않고 있다.[2] 그

주

2) 이란을 둘러싼 중-이란관계의 진전과 이에 대한 미국의 태도는 Wright (2004)를 참조. 그리고 부시 대통령과 라이스 국무장관을 중심으로 한 사우디, 인도, 러시아, 이란에 대한 적극적 에너지 정책에 대해서는 Klare (2005)를 참조.

리고 아프리카에서도 리비아, 알제리, 나이지리아, 앙골라, 가봉에 이르기까지 석유외교 정책을 강화하고 있다. 특히 미국은 이들 지역의 상류 부문을 개방시킴으로써 자국 및 서방계 메이저들의 진출을 촉진하여 원유를 확보하려는 정책을 취하고 있다. 그런데 이들 지역은 대부분 중국으로서도 전략적으로 후퇴가 불가능한 지역이다. 예를 들어 중동에서 가장 큰 공급국가는 사우디아라비아일 수밖에 없고, 중앙아시아와의 파이프라인 연장선상에서 공급확대의 결정적 관건은 이란과 러시아 서시베리아다. 그리고 아프리카지역 또한 차세대 공급지로서 피할 수 없는 지역이다.

그러나 이 지역 모두에서 중국과 미국의 이해관계가 중첩되고 있다. 이들 생산여력 지역의 상류개발을 둘러싸고 중국 메이저와 구미 메이저들의 격렬한 경쟁은 회피될 수 없으며, 이는 중국과 미국 혹은 중국과 '서방' 간의 국가 · 지역 간 대립으로 비화될 수 있을 것이다. 이는 석유 파이프라인의 수송량 확대문제와 관련해서도 명백히 드러나는 문제이다. 최근 카스피 해 인근의 BTC 라인의 개통과 카자흐스탄에서 미국의 영향력 확대, 그리고 중앙아시아 파이프라인 건설에 대한 중국의 국제적 자금융통 난관에서 보이듯이 이미 미국은 중앙아시아, 카스피 해 원유의 중국 유입을 억지하면서 이에 대한 통제력 확보에 나서고 있다(十市勉, 2004).[3)]

나아가 동시베리아, 동남중국해의 석유자원 개발과 관련해서

주

3) 중앙아시아에 대한 영향력 강화를 위한 미중의 정책에 대해서는 中津孝司(2002)를 참조.

도 문제는 용이하지 않다. 일단 동시베리아 상류의 석유자원 개발에 대해 일본, 그리고 장래에는 미국까지 관심을 보이고 있고, 해양의 자원을 둘러싸고 중일 간의 정치적인 논쟁이 더욱 거세게 전개되고 있다. 그리고 동시베리아 석유 파이프라인 또한 러시아, 일본, 중국, 미국 등 4대 강국이 공히 관련되는 국제적 파이프라인의 성격을 갖게 되었다. 따라서 여기에서 중국의 의도가 일방적으로 관철되기는 상당히 어려울 것으로 보인다. 결국 이러한 점에서 석유생산의 상류(上游)와 파이프라인 모두에 걸쳐, 그리고 지역적으로는 중국이 더욱 의존도를 강화해야만 하는(할 수밖에 없는) 중동, 러시아, 중앙아시아-카스피 해, 아프리카, 동아시아 지역이 모두 '석유 대립전선'이 될 가능성이 아주 커진 것이다(Klare, 2005).

2) 전략적 수송 안전의 확보 : 첨예한 '군사적 논쟁영역'으로서 해양수송로

현재 예상되는 중국의 중동 석유수입량이 유지되기 어렵다고 할지라도 향후 중국은 거대한 수입물량을 중동과 아프리카에 의지할 수밖에 없을 것이다. 이러한 점에서 석유수송의 안정성을 담보하는 것은 중국에게 사활적 이익이 될 수밖에 없다. 2003년부터 중국 국무원의 에너지연구소(能源研究所)는 여섯 개의 전략적 원유수입로를 안정적으로 확보하기 위한 계획을 수립한 바 있다. 그 여섯 개의 수송로는 ① 말라카 해협 경유의 해양수송로, ② 인도양에서 미얀마를 경유한 파이프라인 연계로, ③ 사할린 해상유전에서 동해를 거쳐 중국으로 이어지는 해저 파이프라인, ④ 동시베리아 석유 파이프라인, ⑤ 동시베리아 가스 파이프라인, ⑥ 중앙아시아 파이프라인 등이다.

첫째와 둘째는 해상수송로의 안전 확보의 문제이며, 나머지는 파이프라인의 안정성 확보 문제이다.

우선 해상수송로 문제를 살펴보자. 향후 중국이 의존할 수밖에 없는 해양수송로는 호르무즈 해협, 인도양, 말라카 해협, 남사군도 등을 지나는 전통적인 동아시아 '해로'일 수밖에 없을 것이다. 이 '해로'를 이용해 2010년 이후 중국행 원유의 약 60% 이상이 통과할 것으로 예상된다(Ramsay, 2004). 그러나 전통적으로 이 해로는 주로 미국, 그리고 부차적으로는 일본에 의해 통제되고 있다. 양국은 이 권역을 '불안정의 호'라고 지칭하면서 개입강화 의사를 보다 분명히 하고 있다. 특히 원유수입에 있어서 '요충'(choke point)이 되는 곳은 말라카 해협이다. 따라서 현재의 상황이 지속되는 한, 중국의 원유수입은 미국과 일본에 의해 그 운명이 통제될 수밖에 없을 것이다.

이러한 상황에서 중국은 이 '불안정의 호' 루트를 회피하기 위한 다방면의 노력을 하고 있다. 첫째, 아직까지는 구상단계인 것으로 알려져 있으나 페르시아 만과 호르무즈 해협의 불안정성을 회피하기 위한 새로운 석유공급 루트로서 '오만루트'가 모색되고 있다. 둘째, 인도양 권역에서 수송안전을 확보하기 위해 파키스탄, 인도, 방글라데시와 친화력을 높이기 위해 노력하고 있다. 파키스탄과 방글라데시, 미얀마에는 해군함정이 기항할 수 있는 준군사적 항구를 건설 중에 있다. 특히 파키스탄과 미얀마의 항구는 중동지역 및 근해의 정황을 감시할 수 있는 레이더기지가 준비 중인 것으로 알려지고 있다(Goodenough, 2005). 셋째, 말라카 해협을 우회하기 위한 방안으로서 미얀마와 중국 운남성을 잇는 파이프라인의 건설구상, 그리고 이라와디 강을 통한 양곤과 운남 간의 수상수송로의 구축, 말레이 반도를 종단하여 타이로 연계되는 파이프라인의 구축 등이 검토되거나 추진 중에 있다.

육상수송의 동맥이 될 파이프라인의 경우, 주변의 정치적 불안으로부터의 안정성 확보가 중요할 것이다. 특히 중국으로의 석유 파이프라인은 여러 국가를 경유하기 때문에 이에 대한 안정성 확보의 방책이 더욱 중요할 것이다. 이러한 점에서 파이프라인을 보호하기 위해 중국이 군대를 파견한 수단의 사례는 정정불안의 요소를 갖고 있는 중앙아시아에서도 재현될 수 있을 것이다.

한편 수송로와 관련한 중국의 정책들은 최근 미국의 세계 정책이기도 한 '불안정의 호' 에 대한 통제전략과 모순되거나 직접적인 충돌가능성이 크다고 할 수 있다. 예를 들어 인도양 권역에 대한 중국의 영향력 확대 구상은 분명히 군사적 함의를 가질 수밖에 없으며, 이 경우 미일과 중국 간의 해양 대립 가능성은 더욱 커질 수밖에 없을 것으로 보인다. 이러한 해양수송로에 대한 영향력 경쟁은 남중국해, 동중국해에서도 크게 불거질 수밖에 없을 것이다. 요컨대 미국과 일본, 특히 일본은 이 '동아시아 해로' 의 유지에 사활적인 관심을 갖고 있으며, 대만 문제와 연관하여 경쟁은 더욱 복잡하게 전개될 것이다. 중국은 대만을 '넘어서' 동아시아 해로를 장악하려고 할 것이며, 미일은 동아시아 해로에 대한 통제권을 유지하기 위해 중국을 대만 '안쪽' 으로 가두어 두어야만 할 것이다. 나아가 중앙아시아 파이프라인의 안정성을 유지하기 위한 중국의 군사외교 가능성 또한 카스피 해 인근, 이란까지 포함된 이 지역에 대한 미국의 전략적 이익과 충돌할 가능성이 아주 크다.

4. 대외경제환경의 한계

이 장에서는 중국 경제의 대외경제환경을 살펴본다. 대외개방형 성장 모델로 인해 중국 경제는 다양한 외부 요소들의 영향에 민감할 수밖에 없다. 대외경제적 요인들이 중국 경제의 지속성장에 어떻게 작용할 것인지를 분석한 후, 특히 관건이 되는 위안화 환율문제 및 자본시장 개방문제, 그리고 대외시장의존도 및 무역마찰의 문제를 집중 분석한다. 이를 통해 중국 경제가 내수 문제를 해결하기 위해 해외시장에 의존하는 것이 한계에 도달했음을 밝히고, 대외경제환경이 가져올 부담과 충격을 예측한다.

중국 경제와 대외경제의 관계

중국 경제의 개방적 성격

빠른 속도로 성장을 지속한 중국 경제의 중대한 특징은 대외개방적인 성격이 강하다는 것이다. 중국 경제의 개방적 성격은 다음 세 측면에서 확인된다.

첫째, 경제발전의 이념 측면에서 중국은 1978년 당시부터 이른바 개혁 · 개방(改革開放) 전략을 내세웠다. 즉 과거의 사회주의적 계획경제에서 시장경제체제로 이행하는 데 있어 국내 경제운영에서 계획경제를 시장경제로 전환하는 '개혁' 과제와 함께 세계시장으로의 능동적 편입을 추구하는 '개방' 과제를 체제전환의 중요한 축으로 제시했던 것이다.

예를 들어 린이푸(2001, 142-149)는 중국의 개혁 · 개방 정책의 의의를 과거의 중화학공업 집중 육성을 통한 추월 전략에서 중국의 부존자원 구조에 기반한 비교우위 전략으로의 전환에 있다고 평가하고 있다. 이때 비교우위 전략이란 본질적으로 국제무역에서 중국의 비교우위가 있는 산업에 특화한다는 개방적인 성장전략일 수밖에 없다. 즉 중국의 개방전략은 단지 대내 부분의 개혁에 대비되는 대외전략으로서의 개방이 아니라, 중국 산업화의 방향이나 경제 시스템의 변화와 하나로 결합된 발전전략을 구성하게 된다.

이러한 개방전략은 1980년대까지는 주로 과거 사회주의 시기에 추구했던 사실상의 자급자족적 경제체제의 문제들을 개선하는 것과 화교자본을 주축으로 한 해외자본의 유치를 통해 경제성장 초기의 자본부족 문제를 해결하고 선진적인 경영기법과 기술을 전수받는다는 수준에 머물렀다. 그러나 1990년대, 특히 1992년 덩샤오핑(鄧小平)의 남순강화(南巡講話) 이후에는 본격적으로 수출주도형 성장을 추진하기 시작했고, 적극적인 외자유치를 통해 국내산업의 상당 부분을 외자기업이 주도하도록 허용하는 수준까지 나아가기 시작했다.

나아가 2001년 12월에는 15년 이상의 끈질긴 노력과 협상을 통해 WTO 회원국으로 가입하는 데 성공했다. 중국의 WTO 가입은 '개혁 · 개방' 단계에서 한 걸음 더 나아가 1990년대 냉전체제의 종식 이후 세계경제의 주요한 흐름으로 자리잡은 세계화 추세에 본격적으로 동참하게 됨을 의미한다. 즉 중국이 WTO에 가입한 것은 단지 시장개방만을 의미하는 것이 아니다. 오히려 더 중요한 것은 WTO 가입을 계기로 촉발되는 국내 구조조정의 가속화, 곧 중국 경제의 글로벌화이다. 중국은 1980년대의 개혁 · 개방과 1990년대 사회주의 시장경제 하에서 매우 성공적으로 경제 각 부분에 시장경제를 도입했다. 2000년대에 이르러 극소수의 품목(2001년 현재 식량 등 13개 품목)을 제외하고는 이미 대부분의 상품가격이 시장에서 결정되고 있으며, 노동고용도 개별 노동자와 기업의 자유로운 계약에 의해 이루어지고 있다. 은행, 보험, 주식시장 등 금융시장의 형성도 대체로 완료되었다.

그러나 앞으로의 과제는 더 이상 체제 및 제도 개혁을 통한 시장의 형성에 그치지 않는다. 특히 비효율을 누적하고 있는 대형 국유기업들에 대한 구조조정은 국유기업 노동자들의 대량 감원 등 어려운 이해관계의 조정을 포함하고 있다. 그동안 유예했던 국유기업의 구조조정이나 사유화 문제 등을 포함한 국내 개혁을 더욱 적극적으로 추진해야만 하는 것이다. 이처럼 중국의 WTO 가입을 계기로 중국의 '개방'은 대외경제 전략을 대변하는 개념에서 중국의 경제 시스템의 성격 전체를 대변하는 개념으로 변화하게 된다.

둘째, 중국의 개방형 성장전략은 중국의 안정적 고도성장이 본격화되는 1990년대 이후의 세계경제 환경이 불가피하게 강요한 측면이 있다. 1960년대부터 기존의 선진국을 제외한 발전도상국들의 경제성장이 본격화되었다. 그 중 일본과 한국 등 동아시아 각국의 장기 고도성장은 후발국의 추격을 보여주는 전형적인 사례로 일컬어지고 있다. 그런데 이 동아시아 발전 모델의 특징은 정부의 적극적인 산업정책과 국내시장에 대한 보호를 바탕으로 한 '중상주의적' 발전 양상을 보인 것이 사실이다. 특히 냉전체제를 배경으로 선진 자본주의 각국은 다양한 형태의 특혜관세제도를 운영하는 등 후발 발전도상국의 보호주의적인 통상정책에 비교적 관대한 입장을 유지했다.

그러나 1980년대 이후 특히 일본의 급성장을 계기로 세계적 통상환경은 점차 후발국들에게도 상응하는 시장개방을 요구하기 시작했으며, 중국의 경제성장이 본격화되는 1990년대 이후에는 GATT의 우루과이라운드 타결 등을 계기로 상품시장에서의 시장개방이 피할 수 없는 국제적인 규범이 되었다.

나아가 새로운 1990년대의 국제 통상질서는 공정한 무역과 관련한 국내 경제정책의 선택범위를 제한했다. 일례로 우루과이라운드는 보조금 및 상계 조치에 관한 협정(SCM)을 통해 산업에 대한 정부 혹은 공공기관의 직접적인 자금이전(무상지원, 대부, 지분참여)뿐만 아니라 잠재적 직접이전(대출보증 등), 세입포기 또는 불징수(세액공제 등), 일반적 인프라 이외의 재화 및 서비스의 제공, 물품의 구매 등을 통한 산업에 대한 지원(보조)을 금지하고 있다. 이러한 수단들은 과거 후발국들의 전략산업 육성에 사용되었던 정책들로서 우루과이라운드는 이러한 형태의 국가개입을 금지한 것이다. 이에 따라 1970년대와 1980년대까지 발전도상 각국에서 시도되었던 다양한 경제발전 모델 역시 1990년대가 되면 개방형 성장 모델로 대체로 수렴하게 된다.

따라서 중국 역시 국내 상품시장을 보호하면서 산업에 대한 각종 지원을 통해 선발국들을 추격하는 경제정책을 실시하는 것이 사실상 불가능했다. 중국의 개방형 경제성장은 1990년대 이후의 세계적 경제통상환경이 사실상 강제한, 중국으로서는 불가피한 선택이었다고도 할 수 있다.

셋째, 이러한 중국의 개방형 전략과 개방을 강요하는 국제통상환경에 따라 중국은 경제성장 과정에서 해외시장을 적극 활용하여 수출입이 급증했고, 외국인 투자를 활발하게 유치하여 해외의 자본과 기술을 이용했다.

우선 무역면에서 중국의 수출은 1985년 273억 달러 수준에서 2004년 5,936억 달러로 급증했다. 이와 동시에 수입도 크게 늘어나 1985년 422억 달러에서 2004년 5,608억 달러로 늘어났다. 또한 대외 부분이 경제에서 차지하는 위상을 나타내는 무역의존도는 1980년 12.6%에 불과했으나 1990년에는 29.8%로 급증한 데 이어 2000년에는 다시 43.9%를 기록하는 등 빠르게 높아졌다. 특히 2001년 WTO 가입 이후 교역이 급증함으로써 대외의존도도 급격하게 상승하여 2004년 말 69.8%를 기록하고 있다. 수출의존도 역시 1980년 6.0%, 1990년 16.0%, 2004년 35.9%로 급격히 높아졌다. 무역의존도의 규모에 대해서는 통계수치상의 문제로 인해 논란의 여지가 크다. 그러나 규모는 차치하더라도 중국의 무역의존도가 급증해 왔음은 부인할 수 없는 사실이다.

또한 중국은 직접투자 형태의 외자를 적극적으로 유치하고 있다. 중국은 주로 차관형태로 외자를 유치했던 한국과 달리 1990년대 이후 주로 외국인직접투자(FDI) 형태로 외자를 유치하고 있다. 개방 초기인 1985년 중국의 FDI 유치실적은 16억 달러 수준에 불과했으나 1990년에는 35억 달러 수준으로 증가했고, 1995년 337억 달러, 2000년에는 407억 달러, 2004년에는 606억 달러에 달했다. 반면 차관형태의 외자조달은 1990년대 내내 100억 달러 수준을 유지하고 있었으나 2001년 이후 사실상 정지되었다. 아울러 적극적인 외자유치 과정에서 중국에 진입한 외자기업이 중국 경제에서 매우 큰 비중을 차지하게 되었다. 2004년 현재 전체 수출의 57.1%, 수입의 57.8%를 점하고 있다.

대국형 개방경제의 문제

중국의 장기적 성장이 가능한지를 판단하기 위해서는 중국의 개방형 성장이 제기하는 새로운 이슈들을 이해할 필요가 있다. 중국의 개방형 성장이 중국의 장기적 성장에 영향을 미치는 가장 중요한 이유는 중국이 거대 경제 혹은 대국 경제(large economy)이기 때문이다.

중국의 대국경제적인 특징은 중국의 국내 경제체제의 형성과정에도 영향을 끼치지만 대외환경과 밀접한 상호 파급효과를 초래한다는 점에서 중요하다. 대국경제의 개방형 전략이 국제경제 이론에서 갖는 의의는 대외여건이 대내경제의 내생변수가 된다는 데 있다. 즉 중국의 경제성장 자체가 대외환경을 변화시키고 다시 이로부터 영향을 받는, 파급효과와 역파급효과가 반복되는 피드백 작용이 나타난다. 중국의 성장은 세계경제 환경을 변화시킬 만큼 세계경제에서 갖는 중요성이 크며, 그 결과 많은 분야에서 중국이 야기한 세계경제의 변화가 다시 중국 성장의 제약조건이 되는 상황이 발생가능하며, 실제로 발생하고 있다.

우선 중국의 성장은 이미 세계경제의 중요한 변수이다. 중국이 세계 GDP에서 차지하는 비중은 1990년에는 1.7% 수준에 불과했으나 2003년에는 3.9%로 높아졌다. 또한 중국이 세계경제의 성장에 기여하는 비율은 2003년 14.8%에 달한다. 이는 미국이 기여하는 비율 37%에 비하면 낮다고 할 수 있으나 세계 2위의 거대경제인 일본의 기여와 대등한 수준이다. 나아가 구매력 평가(PPP)를 기준으로 중국의 성장기여를 평가하면 그 기여율은 23.5%에 달한다. 세계 경제성장의 1/4이 중국에서 비롯되는 것이다.

또한 세계 수출에서 중국의 수출이 차지하는 비중은 1990년 620억 달러 수출로 1.8%를 기록했으나 2004년에는 5,933억 달러를 수출하여 6.5%에 이르렀다. 중국은 같은 기간 세계 14위의 수출국에서 세계 3위의 수출국으로 그 지위가 높아졌다. 수입에서도 1990년 533억 달러를 수입함으로써 세계 수입시장의 1.5%를 차지하는 제17위 수입국이었던 중국은 2004년 총 5,614억 달러를 수입하여 세계 3위의 수입시장으로 부상했다. 특히 전 세계 수출증가에 대한 기여도는 더욱 커서 2003년 세계 수출증가에 대한 중국의 기여율은 11%로 미국(3.2%)과 일본(5.9%)의 2-3배에 달한다.

수출이 증가해도 세계시장에서 차지하는 비중은 그리 크지 않았던 동아시아 개방형 소국들의 경우와는 달리, 중국의 경우에는 수출급증의 결과가 세계경제 및 무역의 기존 구조와 다양한 형태로 충돌하지 않을 수 없다.

실제로 중국은 세계에서 가장 많은 반덤핑 제소를 당하고 있는 국가이다. WTO에 따르면 1995년부터 2004년 상반기까지 중국에 대한 세계 각국의 반덤핑 제소는 386건에 달하며, 실제로 반덤핑 판정이 내려진 경우는 272건이다. 특히 중국에 대한 반덤핑 제소는 중국이 WTO에 가입한 2001년 이후 더욱 증가하여 매년 50여 건에 이르고 있다. 더욱이 중국은 반덤핑 제소를 당한 건수 가운데 최종 덤핑판정을 받은 비율이 70.5%로 세계에서 가장 높은 것으로 나타났다.

무역마찰이 늘어날 뿐만 아니라 중국의 성장은 최근 세계경제의 구조에 영향을 미치는 중요한 변수로 취급되고 있다. 특히 미국의 낮은 저축률과 대규모 무역 및 재정수지 적자현상이 지속되면서 부각되기 시작한 세계적 차원의 불균형(Global Imbalance) 문제에 있어서 중국이 그 중요한 원인으로 지목받고 있다. 세계적 차원의 불균형은 미국에서는 저이자율 정책과 부동산 가격의 상승, 그리고 재정지출 확대로 인해 낮은 저축과 높은 소비가 지속되고 있음에 반해, 동아시아를 비롯한 세계의 다른 지역에서는 투자와 소비가 지체되는 가운데 낮은 화폐가치와 높은 기업저축이 유지되기 때문에 결과적으로 미국이 막대한 경상수지 적자를 누적하는 반면, 특히 동아시아에서는 경상수지 흑자가 지속되어 막대한 외환보유고를 쌓고 있는 현상을 지칭한다. 실제로 2005년 6월 말 현재 세계 외환보유고 1위에서 4위까지를 일본, 중국, 대만, 한국 등 동아시아 국가들이 차지하고 있다.

이 중에서도 중국은 거의 유일하게 GDP의 근 50%에 달하는 높은 투자 및 저축률과 더불어 낮은 화폐가치를 유지하면서 외환보유고를 쌓고 있는 나라이다. 따라서 세계적인 차원의 불균형 문제가 형성된 중요한 원인 중 하나로 중국이 지목되고 있다. 즉 전 세계는 앞으로 중국의 경제성장뿐만 아니라 그 성장의 방향과 내용에 대해서까지 밀접한 이해관계를 갖게 될 것으로 보이며, 이에 따른 압력이 가중될 전망이다.

그 중 인민폐 환율 문제는 이미 세계적인 주목과 압력의 대상이 되었다. 중국의 수출 급증과 세계경제에서의 비중 확대는 각국의 국제수지 균형에도 적지 않은 영향을 끼쳤다. 특히 세계 최대 시장인 미국에 대한 중국의 무역수지 흑자가 크게 늘었다. 이러한 불균형이 중국의 경직적인 환율제도에 있다는 지적이 나오면서 중국의 환율제도 변경에 대해 강한 압력이 집중되었다. 그 결과 중국은 2005년 7월 일시적 평가절상 및 환율제도 변경을 단행했는데, 이는 장기적으로 중국의 수출에 중요한 변수로 작용하게 될 것이다.

한편 중국과 같은 거대 경제의 고도성장을 뒷받침하기 위해서는 막대한 양의 에너지와 원자재가 소요된다. 일례로 중국의 석유소비는 1980-2002년에 세계 석유소비 증가율의 6배 속도로 증가하여 2003년 일본을 제치고 세계 2위의 석유 수요국으로 부상했다. 중국은 2003년 세계 석유소비의 7.2%를 차지하고 있다. 특히 원유소비의 증가에서 중국이 갖는 비중은 2003년 31.2%에 달할 정도로 막대하다. 이 비중은 미국 21.1%, 일본 6.9%에 비해서 훨씬 높은 것이다. 소비가 급증한 결과 원래 산유국이자 원유 수출국이던 중국은 1993년부터 원유의 순수입국이 되었다. 중국은 2003년 현재 5대 석유 및 석유제품 수입국으로서 2002년의 세계 원유수입 증가량 중 22.3%를 차지했다.

기타 원자재에 있어서도 중국은 세계 최대 강재 소비국으로 전 세계 소비의 30%를 차지하고 있으며, 2003년 중국의 세계 강재소비 증가 기여율은 81.6%에 달한다. 중국의 강재수요 증가는 최근 철광석, 고철 등 제강원료의 국제가격 급등을 초래했다. 또한 구리, 알루미늄, 니켈 등 비철금속 수요 증가의 50% 이상이 중국에 의해 주도되고 있다. 2003년 구리 수요 증가의 76.8%, 알루미늄 수요 증가의 44.5%, 니켈 수요 증가의 141.8%가 중국에 의해 이루어졌다.

이처럼 대국형 개방경제인 중국의 경제성장은 세계경제질서 자체를 변화시키고 국제무역질서를 변화시킴으로써 글로벌 불균형 현상의 중요한 원인이 되고 있다. 또한 중국의 성장이 필요로 하는 막대한 에너지 및 원자재 수요가 국제가격을 변화시키고 있다. 즉 중국의 경제성장은 국제경제환경 변화의 영향을 일방적으로 받고 있는 종속변수가 아니라 세계경제질서에 영향을 끼치는 독립변수라는 것이다.

더욱 중요한 것은 중국에 의해서 초래되는 국제경제환경의 변화는 다시 중국의 경제성장을 제약하는 변수가 됨으로써 중국의 성장과 국제경제환경 사이의 반복적인 상호작용이 나타나게 된다. 실제로 중국의 수출은 각국의 중국제품에 대한 수입규제로 말미암아 영향을 받고 있으며, 국제 원자재 가격의 상승은 중국 기업의 경영환경을 변화시키고 있다. 중국의 위안화에 대한 지속적인 절상압력 또한 그러한 사례이다.

따라서 중국의 장기성장 가능성을 전망하는 데 있어서 중국이라는 대국의 개방형 성장의 결과가 초래하는 대외환경의 변화를 외생적인 조건으로서가 아니라 내생적인 변수로서 확인할 필요가 있는 것이다. 요컨대 중국은 2004년 세계 6위의 경제규모와 3위의 무역규모를 가진 거대 경제이기 때문에 개방형 경제성장을 통해 장기적 경제성장을 지속하기 위해서는 국제경제환경과 중국의 발전전략이 순조롭게 조화되어야 한다. 이러한 조화가 가능할 것인지 판단하기 위해서는 다음 몇 가지 변수들에 대한 검토가 필요하다.

첫째, 중국이 허브가 된 새로운 국제분업구조의 지속가능성이다. 현재 중국은 특히 전자, 일반기계, 섬유, 의류, 신발 등의 분야에서 '세계의 공장'으로 부상하고 있다. 이는 중국의 부존자원과 산업이 모든 분야에서 세계적 경쟁력을 갖고 있기 때문이라기보다는 중국을 매개로 동아시아와 선진국을 연결하는 새로운 국제분업체계가 형성되고 있기 때문이다.

그러나 새로운 국제분업체계는 많은 문제를 배태하고 있다. 우선 동아시아 각국은 중국에 의해 자국 산업이 도태될지 모른다는 우려를 하고 있다. 이러한 우려는 일본, 한국, 대만과 같이 비교적 고도화된 산업을 이미 육성한 국가들보다는 상대적으로 중국과 직접적인 경쟁관계에 있는 동남아 국가들을 중심으로 유포되고 있다. 또한 미국과 EU 등 선진국 역시 중국 상품의 범람으로 인한 경계심을 갖고 있다. 중국은 동아시아 개도국의 대(對)선진국 수출의 경유지 역할을 하고 있기 때문에 최종 제품을 기준으로 할 때 선진국 시장에서 중국 상품의 존재가 크게 부각되고 있으며, 이는 중국에 대한 선진국들의 견제와 통상압력이 집중되는 원인이 된다.

아울러 중국이 새로운 국제분업구조의 허브가 된 중요한 원인은 월등한 산업경쟁력 때문이라기보다는 지가(地價)와 인건비 등 중국의 저렴한 생산비용 때문이다. 따라서 유사한 자원을 갖고 있는 동남아(예를 들어 베트남) 및 남아시아(예를 들어 인도) 지역에서 새로운 추격자가 등장하여 장기적으로 중국의 역할을 대체할 가능성도 배제할 수 없다.

둘째, 중국의 경제성장과 수출이 크게 의존하고 있는 외자유입의 지속가능성, 역할, 한계에 대한 검토도 필요하다. 중국에 대한 외국인 투자의 유입은 1992년 남순강화, 2001년 WTO 가입 등을 계기로 계속 증가하고 있으며, 중국의 경제성장 및 산업구조 고도화에 적지 않은 공헌을 하고 있다. 그러나 중국 내 일각에서는 이러한 외자유입이 중국 기업의 성장을 오히려 저해할지 모른다고 우려하고 있다. 특히 최근 외자유치를 통한 기술이전 및 중국 산업구조 고도화가 기대만큼 충분하지 않다는 평가가 광범위하게 유포되고 있다. 결국 중국이 외국인 투자를 매개로 국제분업체계 내에서 선진국 자본의 하위 파트너로 전락하거나 성장하는 중국 시장이 외국기업에 의해 잠식될지 모른다는 우려가 나타나고 있는 것이다.

셋째, 세계적인 지역주의 경향 속에서 중국의 전략과 역할 문제이다. 중국이 경제대국으로 급성장함에 따라 세계경제에서 동북아의 위상이 커지고 있다. 또한 EU, NAFTA를 매개로 형성되고 있는 전 세계 경제의 지역주의적 통합 추세 속에서 중국을 포함한 동아시아 지역에서도 새로운 경제공동체 형성을 위한 움직임이 가시화되고 있다. 특히 중국은 동아시아와 선진국을 연결하는 국제분업의 허브 역할을 하고 있고, 동아시아 지역에 방대한 화교 네트워크를 구축하고 있어 동아시아 경제공동체 형성에서 핵심적인 역할을 할 수 있다. 그러나 동시에 지역 내에서 중국과 일본 간의 주도권 경쟁이 예상되며, 미국의 전략적 이해와도 충돌할 가능성이 있다.

넷째, 장기적인 위안화 환율의 변화 문제이다. 중국을 허브로 하는 새로운 국제분업체제와 외국인 투자 유입의 결과 중국은 막대한 국제수지 흑자를 누적하고 있으며, 이는 미국, 일본 등 선진국의 우려를 낳고 있다. 특히 미국 정부와 업계는 자국의 경상수지 적자 누증의 책임을 중국으로 돌리고 있으며, 이는 중국의 변동환율제 도입(혹은 위안화 평가절상) 압력으로 가시화되고 있는 상황이다. 동시에 막대한 국제수지 흑자 누적은 중국의 거시경제 운영에도 적지 않은 부담이 될 가능성이 있다.

외부의 강력한 절상압력에 직면하여 중국은 2005년 7월 부분적인 환율제도의 변경 및 평가절상을 실시한 바 있으나 국제사회는 더 많은 변화를 요구하고 있다. 앞으로 중국이 본격적인 변동환율제를 도입하게 되면 이는 중국의 대외무역이나 외자도입에 큰 영향을 미치게 될 것이며, 향후 중국의 경제성장에도 중요한 변수로 등장하게 될 것이다.

다섯째, 수출시장과 내수시장의 균형 문제이다. 중국의 경제성장에서 수출 부문이 차지하는 비중은 점점 커지고 있는데, 해외시장이 과연 중국이 기대하고 있는 장기간의 고도성장을 뒷받침할 수 있을 것이냐는 이슈가 제기되고 있다. 이에 따라 중국이 과연 성장을 뒷받침하는 데 필요한 시장을 어디에서 찾아야 할 것인가, 중국의 내수시장이 중국 경제성장을 뒷받침하는 새로운 원천이 될 수 있을 것인가에 대한 평가가 필요하다.

이 문제들을 하나씩 검토해 보자.

| 대외경제환경이 제기하는 문제들

동아시아 분업구조의 지속가능성

1) 추이와 현황

개혁 · 개방 이후 중국 경제의 부상은 중국을 세계의 공장으로 삼는 새로운 국제분업구조가 출현하는 과정이기도 했다. 즉 중국의 무역은 한국, 대만 등 아시아 신흥공업국과 일본으로부터 원자재와 부품을 수입하여 중국 내에서 조립가공 단계를 거친 다음 미국, EU 등 선진국 시장에 최종재를 수출하는 구조를 갖고 있다.

중국의 1996년과 2003년 가공단계별 수출입을 분석하면, 중국은 주로 최종재를 수출하고 중간재를 수입하는 전형적인 가공기지로서의 특징을 보이고 있음을 확인할 수 있다. 즉 수입 면에서는 반제품과 부분품을 포함한 중간재의 수입비중이 61.9%에 달할 만큼 절대적이다(2003년). 또한 최종재 중에서도 자본재의 수입이 대부분을 차지하고 소비재가 차지하는 비중은 전체 수입의 4.4%에 불과하다. 반면 수출에서는 거꾸로 최종재, 그 중에서도 소비재의 수출이 많다. 한편 1996년부터 2003년 사이에 최종재 중 자본재의 수출 비중이 빠르게 높아져 전체 수출의 23.3%를 점하고 있다. 그러나 이러한 결과가 중국의 주력 수출품이 자본집약적 제품에 있음을 의미하는 것은 아니며, 여전히 노동집약적인 비교우위를 바탕으로 해외에서 수입한 중간재를 '조립 가공' 하여 자본 · 기술집약적인 최종재를 생산 · 수출한다고 보아야 한다. 수출과 수입의 급성장, 그리고 부분품 분야에서의 적자증가는 자본재 수출증가와 긴밀히 연결되어 있으며, 이는 중국이 세계의 가공기지로서 국제분업구조에 깊숙이 개입하고 있다는 증거이다.

〈표 4-1〉 중국의 가공단계별 교역구조

구분	1996		2003	
	수입	수출	수입	수출
1차 제품	9.7	5.3	11.8	2.6
중간재	60.7	32.9	61.9	36.7
반제품	45.1	24.9	33.5	20.7
부분품*	15.6	8.0	28.4	16.0
최종재	29.1	61.5	26.0	60.4
자본재	24.1	12.8	21.6	23.3
소비재	5.0	48.7	4.4	37.2
기 타	0.0	0.1	0.0	0.1
계	100	100	100	100

* : 부품 및 부분품임.
출처 : Comtrade data base, United Nations. 최의현(2005)에서 재인용.

교역의 지역적 구조에서 중국을 중심으로 한 동아시아 국제분업구조의 전모가 더욱 뚜렷하게 드러난다. 생산에 필요한 대부분의 투입물은 아시아에서 조달하는 반면 수출은 아시아, 북미, EU 등 전 세계적으로 균등하게 분포되어 있다.

첫째, 중국의 중간재 교역에는 한국, 일본 등 아시아 국가들이 중요한 역할을 한다. 중국은 한국, 일본, 아세안으로부터 전체 중간재 수입의 41.8%를 수입하고 있으며, 전체 중간재 수출의 26.7%가 이들 지역에 집중되어 있다. 때문에 중국은 한국, 일본, 아세안 등과의 교역에서 구조적인 무역적자를 기록하고 있다.

둘째, 최종재 교역에서 중국은 소비재는 대상지역에 관계없이 무역흑자를 기록한 반면 자본재는 동아시아 국가에 대해서는 무역적자를, 북미 및 EU와의 교역에서는 흑자를 기록했다. 자본재 수출의 44.2%가 북미와 서유럽에 집중되어 있는데, 이 역시 중국이 동아시아 지역에서 중간재와 기계설비(자본재)를 들여와 본국에서 값싼 노동력으로 자본재 완성품을 생산하여 북미와 유럽지역에 수출하고 있기 때문이라고 해석할 수 있다. 이는 중국의 높은 가공무역 비중에서도 확인할 수 있다. 2003년 4,382억 달러에 이르는 중국의 수출 중에서 가공무역은 2,419억 달러로 전체의 55%를 차지하고 있다.

이러한 구조를 통해 중국은 한국이나 대만, ASEAN에 대해서는 막대한 무역수지 적자를 기록하고 있지만 전체 세계시장에 대해서는 꾸준한 무역수지 흑자를 보이고 있다. 중국의 무역수지는 2000년 이후 매년 200억 달러가 넘어 2003년에는 254억 달러를 기록했다. 특히 세계 최대의 시장인 미국에 대해서는 2003년 586억 달러의 흑자를 기록하였고, 세계를 향한 수출 창구 역할을 하는 홍콩에 대해서도 651억 달러의 흑자를 기록했다.[1] EU에 대해서도 190억 달러의 흑자를 달성했으나 한국, 대만, 일본, ASEAN 등 동아시아 각국에 대해

주

1) 이 중 중국의 대미흑자는 중국 측의 통계에 따른 것이며, 미국 측은 대중적자가 2003년 1,240억 달러에 달한다고 집계하고 있다. 이러한 차이는 주로 홍콩을 통한 수출에 대한 해석의 차이 때문이다.

〈표 4-2〉 중국의 각국별 무역수지 구조(2003년)

(단위 : 억 달러)

주요 적자국	무역수지	주요 흑자국	무역수지
한국	-230	미국	586
대만	-403	홍콩	651
일본	-147	EU	190
ASEAN	-164	전 세계	255

주 : 이상의 수치는 중국의 통계를 따름.
출처 : 21세기 중국총연 편, 『중국정보 핸드북 2004-2005』, FKI미디어, 2004, p.454-455에서 작성.

서는 무역수지 적자를 기록하고 있다. 결국 중국을 매개로 동아시아 전체와 선진국 경제가 연결되는 거대한 국제분업체계가 형성되어 있다고 평가할 수 있다.

2) 향후 전망

노동집약적 산업에서 세계의 공장으로서 중국의 역할은 상당 기간 지속되고, 그 결과 2025년 중국의 교역규모가 현재의 10배 규모에 이를 것으로 전망되고 있다.

그런데 중국의 경쟁우위가 장기간 지속되기 위해서는 노동집약 산업의 경쟁우위가 유지되어야만 한다. 이를 위해서는 두 가지 조건이 만족되어야 한다.

첫째, 중국의 8억 농촌인구가 점진적으로 도시로 이동하고 중국의 노동집약적 산업이 점차 내륙지역으로 이동함에 따라 경제성장에 따른 임금상승폭이 상당히 완만해야 한다. 이를 위해서는 내륙지역의 대규모 도시화의 성공과 이에 따른 내수시장의 확대가 병행되

〈표 4-3〉 중국의 무역전망

(단위 : 10억 달러)

연도	2000-2005	2005-2010	2010-2015	2015-2020	2020-2025
무역수지	33.6	-20.5	-47.6	-18.0	39.8
수출(연평균)	468.4	1162.0	2058.6	3316.3	5280.2
수입(연평균)	434.8	1182.5	2106.1	3334.3	5240.4

출처 : Globalinsight

어야 하고, 농촌인력의 내륙 도시로의 유입이 지속적으로 이루어져 노동력 공급이 원활해야 한다. 요컨대 내륙의 도시화와 노동집약 산업의 재배치가 성공해야 하는 것이다. 그렇지 못할 경우 실업과 소득격차로 인한 사회적 불안정은 물론, 기존 노동집약 산업의 임금 상승으로 경쟁력 하락이 예상된다.

둘째, 후발 개도국, 특히 동아시아, 남아시아 지역에서 후발 추격자가 상당 기간 등장하지 않아야 한다. 현재로서는 이 지역에서 중국을 대체할 새로운 경쟁자가 등장할 가능성은 높지 않으나, 최근 BRICs의 하나인 인도가 다음 세기 중국을 대체할 새로운 생산기지로 등장할 가능성이 거론되고 있다.

그러나 인도의 본격적인 산업화에는 상당한 시일이 소요될 것으로 평가된다. 인도는 현재 세계 12위의 경제규모와 중국에 이은 세계 2위의 인구를 갖고 있는 대국이다. 즉 중국과 마찬가지로 '대국형 발전도상국'이다. 현재 인도의 인구성장률은 중국보다 높아 2050년경에는 중국 인구를 추월할 것으로 예상되고 있다.

인도는 1947년 독립 이후 사회주의적 계획경제체제를 오랜 기간 유지해 왔다. 인도가 시장경제 원리를 적극적으로 도입하기 시작한 것은 1990년 외환위기를 겪은 이후 1991년 라오 수상이 이끄는 정부가 출범하면서부터이다. 이른바 라오-만모한(Rao-Manmohan) 모델이라 불리는 인도의 신경제정책은 정부의 간섭을 줄이고 세계 경제와의 연계를 강화하는 방향이었다. 이후 인도는 오랜 저성장 기조에서 벗어나 1990-2003년간 연평균 6.03%의 비교적 높은 성장률을 기록했다. 또한 2004년 인도의 수출은 617억 달러, 수입은 754억 달러에 달해 최근 수년간 10-20%에 이르는 빠른 수출 및 교역 증가율을 기록하고 있다. 인도의 이러한 경제적 성과 때문에 인도의 장기적인 성장을 낙관하는 전망들이 나오고 있다. 골드만삭스는 인도가 2040년까지 연평균 6%대의 성장을 지속하여 2032년에는 미국, 중국에 이은 세계 3대 경제대국으로 성장할 것으로 예상했다.

그러나 인도가 중국을 대체하는 '세계의 공장'으로 부상할 가능성은 당분간 크지 않을 것으로 보인다. 첫째, 지난 30년간 인도의 제조업 성장은 지체되어 왔다. 인도의 산업구조에서 광공업이 차지하는 비중은 1971년 12.6%에서 2003년 16.8%로 겨우 4.2% 늘어났을 뿐이다. 오히려 인도의 경제성장을 주도한 것은 서비스업의 성장이었다. 건설, 금융, 통신, 소프트웨어, 도소매업을 중심으로 한 서비스 분야는 1971년 38.1%에서 2003년 54.6%로 급증했다. 이 때문에 인도의 산업화는 동아시아 신흥공업국이나 중국과는 달리 1차 산업에서 3차 산업으로 직행하는 경로를 밟고 있다고 평가된다(유태환 외, 2005, p. 37). 1990년대 이후 급격히 발전한 소프트웨어 산업 역시 우수한 인력 등 성장의 자원을 국내의 산업연관 효과가 크지 않은 분야로 배분하는 결과를 가져와 인도가 제조업의 세계적 생산기지로 성장하는 데는 별로 기여하지 못한 것으로 평가된다. 나아가 이들의 상당수가 다국적 소프트웨어 기업의 하청 서비스만을 담당함으로써 자체의 건전한 발전 가능성에 대해서도 회의적인 견해가 있다.

둘째, 경제발전 전략이나 제도 면에서도 인도는 자국이 가진 비교우위를 본격적으로 활용하여 제조업 분야에서 세계의 공장이 되고자 하는 의지와 능력을 결여하고 있는 것으로 보인다. 인도는 아직도 여러 단계의 정부에서 시장에 대한 간섭을 멈추지 않고 있는 것으로 평가되며(Dobson, 2005, p. 2), 인도를 세계의 공장으로 변모시키기 위해 필요한 외국인직접투자의 유치 의지 또한 매우 불분명하다.

셋째, 인도의 교육제도는 제조업의 성장에 필요한 보통교육보다는 고급 서비스업의 발전에 유리한 고등교육에 더 큰 우위가 있는 것으로 평가된다. 이 때문에 인도는 IT, 금융 등의 분야에서 매우 우수한 글로벌 인력을 육성하고 있지만 이들이 인도 제조업 발전에 직접 기여하지는 못하고 있다. 나아가 인도는 농촌인구의 도시이동을 통한 산업노동자화를 추구하기보다는 농촌 자체의 안정에 더 치중하고 있는 것으로 관찰된다.

따라서 비록 1990년대 이후에 인도가 경제개혁을 단행하고 소프트웨어 산업 등의 분야에서 세계적으로 주목받는 성과를 보여주고 있는 것은 사실이지만 제조업에서 세계의 공장으로 부상하는 데는 아직도 상당한 시간이 필요할 것으로 전망된다. 나아가 최근에는 개혁에 따른 이해관계의 대립이 첨예화됨에 따라 비교적 발전한 인도의 민주주의가 개혁을 향한 효율적인 의사결정을 오히려 방해할 수도 있다는 우려가 나오고 있다. 한편 일본과 한국을 연결하는 동아시아 분업체계의 공장 역할을 중국이 선점하고 있다는 점 자체가 인도 혹은 베트남과 같은 후발국가들의 산업화에 제약으로 작용할 수도 있다. 이상을 종합해 볼 때 인도가 동아시아 분업구조의 허브 역할을 통해 세계의 공장이 되고 있는 중국의 역할을 대체할 가능성은 당분간 크지 않다.

외자유입의 지속가능성

1) 추이와 현황

중국 내 외국인 투자는 다음의 몇 단계를 거쳐 발전해 왔다.

① 1979-1992년 시기 : 1978년 대외개방과 함께 경제특구의 설치를 통한 대외개방지역의 지정 등 외국인 투자유치를 위한 법적 · 제도적 정비를 강화한 시기이다. 그러나 이 시기의 중국의 외자사용은 주로 대외차관 위주(1986-1990년 평균 65%)였고, 외국인직접투자의 비중은 상대적으로 낮았다(1986-1990년 평균 31%).

② 1992-2001년 시기 : 1992년 이후 대외개방이 중국 전역으로 확대되고 중국의 세계시장과의 접촉이 확대되면서 중국 시장에 도입된 외자가 빠른 속도로 증가한 시기이다. 1990년대 이후 중국은 "시장을 내어주고 기술과 외국인 투자를 유치"(市場換技術, 換投資)하는 정책을 외국인 투자정책의 기본으로 삼았다. 이 시기에 다국적 기업들이 글로벌화 과정에서 가공 조립 업무를 생산원가가 저렴한 중국으로 이전하면서 대규모의 직접투자가 이루어졌다. 1993-2000년 사이에 세계 500대 기업 중 약 300개가 중국에 투자할 정도로 다국적 기업의 대(對)중국 투자가 활발히 진행되었다. 1994

년부터 중국은 제도적으로 시장경제체제로 전환을 시작하면서 관련 정책을 발표하고, 1995년 6월 '외국인 투자산업 지도목록'을 제정하여 외국인직접투자 유치를 통한 산업구조 고도화를 본격적으로 추진했다. 또한 세금우대 정책의 실시로 외국인직접투자를 적극 유입하고, 인민폐의 자유환불 정책의 실시 등을 통해 외국인 투자자들의 편리를 도모했다.

③ **2001년 이후** : 2001년 말 중국의 WTO 가입과 북경 올림픽 유치의 성공은 중국의 시장개방과 시장경제체제 정비의 가속화를 가져와 중국에 대한 외국인 투자의 급속한 증가를 가져왔다. 외국인 투자기업에게 부여했던 세제상의 우대조치를 철폐하고 중국 기업과 동일하게 대우하는 정책이 조만간 시행될 것으로 예상되나, 대신 외국인 투자법 개정을 통해 외국인 투자기업의 불만사항이었던 각종 의무사항 폐지와 수출 의무를 수출 장려로 완화하는 방향으로 나아가고 있다.

중국의 외자유치 추세를 보면 1992년부터 대폭 증가하여 1992년 이전의 30-40억 달러 수준에서 1993년에 275억 달러로 급증했고, 2003년에는 535억 달러로 세계 1위의 FDI 유입국이 되었다. 이러한 FDI 유입은 1992-2001년의 기간 중 중국 고정자본 형성의 평균 12.5%를 차지하는 것으로 빠른 외자유입이 중국 경제의 고성장에 기여하고 있다.

중국의 FDI 누계규모는 2001년을 기준으로 GDP의 33%에 달하며, 이는 개발도상국의 평균과 비슷한 수준이나 한국의 10%, 대만의 11%보다는 훨씬 높다. 그러나 한편으로 대(對)중국 FDI 유입

〈그림 4-1〉 중국의 외자유치 발전추세

(단위 : 억 달러)

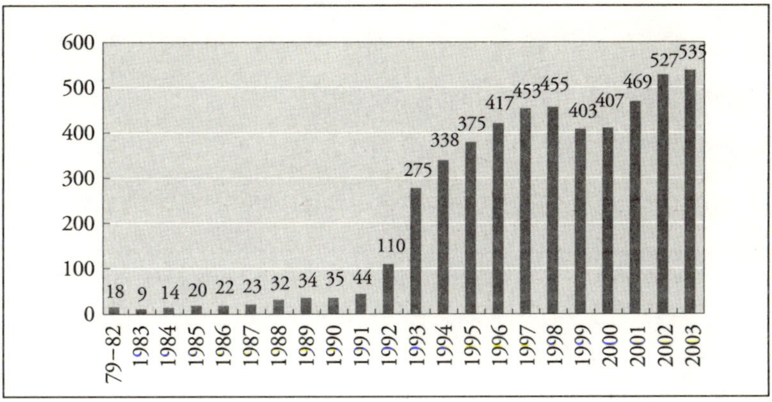

출처 : 중국 상무부 통계.

액에 대한 중국 정부의 공식 통계는 실제보다 과대평가되어 있다는 주장이 제기되고 있다. IMF, World Bank 등 국제기구들은 공식적으로 집계된 대(對)중국 FDI 유입액의 1/4 정도는 실제로는 중국 본토의 자본이며, 외자가 중국에서 누리는 세제상 이익이나 더 높은 수준의 투자자 권익보호 등의 혜택을 얻기 위해 중국 자본이 해외로 나갔다가 다시 중국으로 들어오는("round-tripping") 경우가 많다고 보고 있다.

예를 들면 1995년에서 2000년 사이에 OECD 국가들이 중국에 투자한 액수는 OECD 쪽의 통계로는 393억 달러이다. 그러나 중국의 공식자료에 따르면 이들 국가들로부터의 유입액이 770억 달러로 나와 있어서 매우 큰 차이가 있다(OECD, 2003, pp. 39-40).

2) 향후 전망

중국의 저임금 지속, 중국 시장 자체의 성장 매력 때문에 중국에 대한 외국인 투자의 유입은 계속 현 수준 이상으로 유지될 것으로 보인다. 특히 중국 기업의 해외투자도 2005년 이후 급증하고 있는데, 2025년에는 그 규모가 600억 달러가 넘어설 것으로 예상되어 중국이 중요한 FDI 시행국이 될 전망이다.

향후 주식시장 개방 등을 통한 포트폴리오 투자가 확대되고 첨단기술 산업 분야로 투자 성격도 고도화될 것으로 전망된다. 다만 중국은 전략적으로 고용창출형 산업 및 첨단산업에 대한 FDI를 요구하는 반면, 외국자본은 보호되고 있는 중국의 자본집약적 장치산업에 대한 내수시장 공략을 목표로 삼을 가능성이 있다. 따라서 외자도입에 대한 중국의 필요와 다국적 자본의 투자동기 사이에서 충돌이 발생할 가능성이 있다.

그렇지만 이는 위안화 환율의 안정, 자본시장의 개방, 국유기업 해외매각의 확대 등이 충족된다는 조건 하의 낙관적인 시나리오다. 만일 위안화 환율이 불안해지고 중국의 체제개혁이 지체된다면 중국에 대한 외국인 투자 증가가 기대에 미치지 못할 가능성이 있다. 그러나 중국의 총투자 중 외국인 투자가 차지하는 비율이 1990년대 중반 이후 감소하고 있어 외국인 투자가 순조롭지 않다고 해도 중국 경제에 성장이 미치는 영향은 제한적이다.

또 하나의 변수는 첨단산업에 대한 대중투자 및 중국 기업의 해외 첨단산업 인수가 선진국(특히 미국)과 충돌할 가능성이다. 최근 중국 기업 Lenovo의 IBM PC 사업 부문 인수나 석유기업 인수가 미

〈표 4-4〉 중국의 FDI 전망

(단위 : 10억 달러)

	2004	2005	2010	2015	2020	2025
순FDI 유입	58.8	62.8	75.4	80.2	80.7	74.2
FDI 유입	67.8	72.5	92.5	108.4	125.3	143.2
FDI 유출	9.0	9.7	17.1	28.1	44.6	68.9
순포트폴리오 투자	12.6	13.8	23.8	34.9	49.2	67.5
포트폴리오 투자유입	13.5	14.9	25.2	36.9	51.9	71.1
포트폴리오 투자유출	1.0	1.0	1.5	2.0	2.7	3.5

출처 : Globalinsight

국 내에서 논란이 되었으며, 한국 하이닉스 반도체 LCD 부문 매입도 일부의 우려를 자아냈던 적이 있다.

지역주의

1) 추이와 현황

중국은 2001년 WTO 가입 직후부터 FTA를 주요 수단으로 하는 적극적인 세계화 전략을 추진하고 있다. 2004년에 중국은 아세안과 FTA를 체결했으며, 현재 18개 국가를 대상으로 FTA 체결을 위한 협상 및 공동연구를 적극적으로 추진하고 있다. 이들 국가는 페르시아만안협력회의(GCC)의 6개국, 남부아프리카관세동맹(SACU)의 5개국, 호주, 칠레, 뉴질랜드, 파키스탄, 한국, 인도, 카자흐스탄 등이다.

2001년 주룽지 총리가 ASEAN과의 FTA 및 선자유화 조치

(early harvest package)를 제기한 이래 협상이 진전되었으며, 2004년 11월 29일 중국은 ASEAN과 관세인하 협약에 서명함으로써 FTA 체결에 중요한 전기를 마련했다. FTA 추진 공식 합의과정에서 ASEAN 10개 회원국은 중국의 완전한 시장경제지위(MES)를 인정했다. 또 2005년부터 농산물을 제외한 품목들에 대한 단계적 관세인하를 시작으로 2010년 관세철폐 완료 시점까지 본격적으로 중국-ASEAN FTA를 추진하기로 합의했다. 중국은 ASEAN과는 별도로 태국 및 싱가포르와도 쌍무적 FTA를 위한 접촉을 진행하고 있다.

2004년 APEC 정상회담에 참석했던 후진타오 주석은 아르헨티나, 브라질, 칠레 등 남미 주요국에 대한 FTA 논의를 제기했다. 특히 칠레와는 공식적인 협상단계에 진입했다. 2004년 11월 19일 후진타오 중국 주석과 헬렌 클락 뉴질랜드 수상은 칠레에서 개최된 APEC 정상회의에서 양국은 가능한 빠른 시일 내에 FTA 협상을 시작한다고 발표했으며 호주와도 논의를 진행 중이다.

2004년 7월 중국은 GCC 회원국(사우디아라비아, 아랍에미리트연방, 쿠웨이트, 오만, 카타르, 바레인)들과 경제, 무역, 투자 및 기술협력에 관한 기본합의서에 서명, FTA 협상 개시를 공동으로 선언했다.

2) 향후 전망

WTO 가입 직후 중국이 ASEAN 및 한중일 간의 FTA를 적극 추진함에 따라 중국이 EU, NAFTA에 대응하는 동아시아 경제공동체의 주도권을 확보하려는 것이 아닌가라는 관측이 우세했다. 그러나 최근까지 나타난 중국의 FTA 전략은 오히려 중국의 장기성장에 필요한 자원과 식량을 확보하는 차원으로 나타나고 있다.

결국 1) 중국이 중심이 되고 미국, EU와 3극을 이루는 지역공동체의 형성(적극적 지역 헤게모니)을 추구하느냐, 2) 중국의 장기성장에 필요한 식량과 자원을 확보하는(소극적 경제적 안보) 데 치중하느냐가 핵심 판단사항이 될 것으로 보인다.

만일 중국이 동아시아 지역의 경제통합을 우선적으로 추구할 경우 일본 및 미국과의 대결구도가 조기에 가시화될 가능성이 있다. 반면 FTA를 중심으로 한 중국의 대외협력 전략이 중국의 성장에 필요한 자원과 식량 확보에 초점을 둔다면 그러한 대립구도가 조기에 나타나지는 않을 것이며, 오히려 장기적인 충돌가능성으로 잠복하게 될 것으로 보인다.

중국이 어느 쪽을 지향하더라도 역내 주도권을 둘러싸고 일본 및 미국과 지역패권을 둘러싼 어느 정도의 갈등은 불가피하다. 그러나 그것이 조기에 표면화되느냐, 아니면 상당 기간 잠복하느냐를 결정하는 핵심변수가 바로 중국의 FTA 전략이라고 할 수 있다. 중국의 행보는 단기적으로 자원 및 식량 확보를 우선시하면서 장기적으로 동아시아 지역의 통합을 성립시키기 위한 실력을 축적하려는 것으로 해석된다.

위안화 환율문제

1) 추이와 현황

무역수지는 적정 환율 수준을 평가하는 데 있어 중요한 기준이 되는데, 중국의 무역수지는 1999년 이후 매년 200억-300억 달러 수준의 흑자를 기록하고 있다. 중국은 2004년에 1조 달러가 넘은 자국의 교역규모를 고려할 때, 큰 규모는 아니라고 주장해 왔다. 그렇지만 중국의 수출이 집중되는 선진국과의 교역에서 흑자가 대규모로 나타나기 때문에 중국의 무역수지는 선진국의 위안화 평가절상 압력의 중요한 배경이 되고 있다.

미국의 대중무역수지는 매년 막대한 적자를 기록하고 있으며, 2003년 대중무역수지 적자는 1,240억 달러에 달해 사상 최고를 기록했다(중국 측의 통계에 따르면 중국의 대미흑자는 586억 달러).

이 때문에 미국 내에서 위안화 절상을 강력히 촉구해야 한다는 견해가 제기되고 있다. 일례로 2004년 9월 미국의 산업, 농업, 노동계가 연합한 중국통화연맹(CCC : China Currency Coalition, 이하 CCC)은 중국이 인위적인 평가절하 정책을 통해 국제교역의 의무를 어기고 있다고 비난하고, 미국의 수출을 감소시키는 외국의 무역제한 조치에 대해 보복을 할 수 있도록 규정한 미국 통상법 제301조(Section 301)에 따라 미국 정부가 조치를 취할 것을 요구했다. 또한 2004년 미국 대통령 선거에서도 위안화 평가절상 요구가 중요한 이슈로 부상했다. 나아가 2005년 5월 미국은 7개 중국산 섬유제품에 대한 세이프가드를 설정한 데 이어 8월에는 2개 품목을 추가로 설정했다.

〈표 4-5〉 미국의 대중 무역수지

(단위 : 백만달러)

	대중 수출	대중 수입	무역수지
1993	8,767	31,535	−22,768
1995	11,742	45,555	−33,813
2000	16,253	100,063	−83,810
2001	19,235	102,280	−83,045
2002	22,053	125,168	−103,115
2003	28,418	152,379	−123,961
2004. 7	20,008	103,408	−83,400

출처 : KOTIS

무역수지 흑자 외에도 중국은 최근 매년 500억 달러가 넘는 FDI를 유치하며 막대한 자본수지 흑자를 기록하고 있다. 외국인직접투자의 경우 2005년 1−7월 동안 실행액이 전년 동기대비 3.2% 감소했으나, 향후 투자추세를 반영하는 계약액은 오히려 19.0% 증가함으로써 2005년 이후 중국에 대한 외국인 투자와 이에 수반한 부품수입 수요도 늘어날 것으로 전망된다.

2) 향후 전망

위안화 환율문제는 중국의 경제성장, 교역, FDI 유입 등에 전반적 영향을 주는 핵심변수로서 주목해야 한다. 2005년 7월의 2%의 평가절상 및 복수통화 바스켓 도입 조치가 이루어졌지만, 이는 시장의 기대를 충족하는 평가절상을 단행한 것도 아니고 국제사회가 요구하는 수준의 환율제도 변경을 이룬 것도 아니어서 위안화 환율제도를 둘러싼 논란은 앞으로도 지속될 것으로 보인다. 국제기관들도 2005년 7월의 2% 절상에도 불구하고 향후 수년 내에 상당폭의 평가 절상(10% 수준)이 불가피할 것으로 전망하고 있다.

〈표 4-6〉 위안화 환율 전망

(단위 : 10억 달러)

	2005	2010	2015	2020	2025
환율(Y/$)	8.3	6.9	6.7	6.8	7.1
외환보유고	570.1	865.0	955.0	1,032.6	1,316.6

출처 : Globalinsight

그런데 2003년 이래 위안화 환율문제에 대한 중국의 공식 입장은 "인민폐 환율 형성 메커니즘을 정비하고, 인민폐 환율을 합리적이고 균형적인 수준에서 기본적으로 안정적으로 유지한다"는 것이다. 여기서 '인민폐 환율 형성 메커니즘의 정비'란 시장의 수급에 따라 유연한 환율변동이 가능한 실질적 의미의 변동환율제로의 이행을 의미하는 것이라고 해석되고 있다. 이러한 입장은 최근까지도 변화하지 않았으며, 2005년 3월 29일 저우샤오촨(周小川) 인민은행 총재의 발언, 4월 12일 원자바오(溫家寶) 총리의 발언 등에서도 재확인되고 있다.

이러한 중국 정부의 태도가 의미하는 것은 중국의 관심은 충분한 준비가 이루어진 이후의 환율제도 개혁(변동환율제의 준비 및 도입)에 있으며, 이러한 개혁이 뒷받침되지 않은 단순한 위안화 가치의 재평가는 선호하지 않는다는 것이다. 인민은행 우샤오링(吳曉靈) 부총재는 2005년 4월 4일 "합리적인 환율 수준을 결정하는 데 어려움이 있기 때문에 중국은 위안화의 가치를 조정하기보다는 환율 형성 메커니즘의 개혁에 중점을 두고 있다"고 발언한 바 있다.

이른바 '환율 형성 메커니즘'을 구축하기 위해 중국은 2005년 5월부터 상해 외환거래센터에서 외환거래의 시장조성자(market maker) 제도를 도입하기로 하고 7개 외국은행과 2개 중국은행을 지정했다. 외환거래센터의 거래통화도 5월 18일부터 현행 4종(위안화 대 달러, 유로, 엔, 홍콩달러)에서 12종으로 확대했다. 시장조성자에게는 아직 위안화 관련 거래가 허가되어 있지는 않으나 외환거래 및 가격형성 역할을 통해 중국 정부가 강조해 온 "합리적인 환율수준 결정"과 관련되는 경험을 축적하게 될 것으로 보인다.

위안화 절상압력을 완화시키고 무리가 없는 환율제도 개혁을 추진하기 위해 중국은 단기적으로 현재의 무역수지 흑자 기조에 개선 노력을 할 것으로 보인다. 즉 1) 무역과 투자의 외환수지 균형을 추구하여 외환보유고 안정화, 2) 현행의 강제적 외환결제제도를 개선하여 기업의 외환보유 증대, 3) 국내외 이자율 격차를 점진적으로 축소(현재 1년 대출이자율 5.31%), 4) 외자기업에 대한 우대정책을 철폐하여 국내기업과의 역차별 해소, 5) 해외기관의 위안화 채권발행 장려 등을 검토하고 있다.

중국 사회과학원 역시 전략물자 비축의 증대, 해외투자의 활성화, 수출기업의 외환보유 한도 철폐를 통한 기업 및 개인의 외환보유 증대 등을 대안으로 제시하고 있다. 즉 수입에 대한 비공식적 제한을 완화하고 수입 원자재 비축을 늘리는 등의 방법으로 수입을 촉진하는 한편, 중국 기업의 대외투자(ODI, 走出去)를 촉진함으로써 무역수지와 자본수지의 균형을 맞추어 간다는 것이다. 예를 들어 2004년 6월의 중국 원유수입액은 월간 30.6억 달러로 전년 동월(15.4억 달러) 대비 98.7%나 증가했다. 또한 2000년대 들어 본격화하기 시작한 중국 기업의 해외투자는 자원 및 기술확보라는 목적을 갖고 있으나 이를 통해 자본수지의 불균형을 해소할 수 있다는 부수적 효과도 갖고 있다.

또한 중국은 실질적인 변동환율제로의 안정적 이행을 위해서는 국내경제에 대한 다양한 사전적 정비작업이 필요하다고 인식하고 있다. 저우샤오촨 인민은행 총재는 기자회견에서 환율제도의 개혁을 위해 1) 상업은행의 개혁, 2) 자본투자에 대한 통제 완화, 3) 자본시장 대외개방의 안정적 추진, 4) 일반인 환전수속의 단순화, 5) 외국 금융기관에 대한 진입장벽 완화, 6) 외환거래 금융시장의 다양화 등이 추진되어야 한다고 밝힌 바 있다. 즉 중국은 환율제도와 위안화 환율의 변경에 대해 매우 신중한 입장을 견지하고 있으며, 충격적 조치를 취하기보다는 중국 국내시장의 준비를 착실히 갖추는 방향으로 매우 장기적이고 점진적인 환율정책을 추구하고 있다. 결국 위안화 환율제도의 구체적 변경방향과 관련하여 절상의 시기, 폭, 방식 등을 둘러싸고 다양한 변수들이 개입할 것이며, 그에 따른 영향도 달라질 것으로 보인다.

낙관적 시나리오는 중국이 자본시장 개방일정에 맞추어 점진적으로 변동환율제를 도입하고 환율을 안정적으로 관리하는 것이다. 이 경우 위안화 평가절상은 중국 경제의 성장에 큰 충격을 주지 않을 것이다. 반면 비관적 시나리오는 위안화 평가절상에 대한 국제적인 압력과 기대가 확산되면서 변동환율제의 도입이 투기자본의 이동과 중국 국내 경제의 불안을 초래하는 것이다. 특히 변동환율제 도입 혹은 평가절상의 시기와 폭이 부적절할 경우 이러한 위험성이 현실화될 수 있다. 중국의 자본시장 관리능력의 신장속도와 국제시장의 압력 및 책임의 증대속도 사이에 불일치가 발생할 가능성이 상존하므로 위안화 환율문제는 중국 경제의 미래를 좌우할 수 있는 핵심 변수의 하나가 될 것이다.

수출시장과 내수시장의 균형문제

1) 추이와 현황

중국의 수출액은 1990년 620억 달러 수준에서 2004년 5,934억 달러로 10배 가까이 급증했다. 이에 따라 중국의 수출의존도(수출액/GDP)는 1990년 16.1% 수준에서 2000년 21.3%까지 완만하게 증가했으나 WTO 가입효과가 가시화된 2002년 이후 급격히 증가하여 2004년 38.4%에 달할 것으로 예상되고 있다. 그 결과 세계시장에서 중국의 수출이 차지하는 비중도 2004년 6.5%까지 늘어났다.

〈표 4-7〉 중국의 수출의존도

(단위 : %)

연도	1990	1995	2000	2001	2002	2003	2004
수출의존도	16.1	21.3	23.1	23.0	25.9	31.2	38.4

그런데 중국의 성장이 지속되기 위해서는 수출시장뿐만 아

니라 내수시장의 성장이 뒷받침 될 필요가 있으나 내수시장의 성장 속도는 더딘 상황이다. GDP 중에서 국내 소비(개인 및 정부소비)가 차지하는 비중은 1990년 62.0%였으나 2003년 55.4%로 줄어들었다.

2) 향후 전망

2025년 중국이 세계시장에서 차지하는 중요성은 지금의 미국이 차지하는 중요성과 맞먹을 것으로 예상된다. 2003년 중국은 전 세계 수출의 5.86%, 수입의 5.32%를 차지하고 있다. 1990년 그 수치가 각각 1.80%, 1.50%였다는 사실을 고려한다면 중국이 세계시장에서 차지하는 중요성은 빠르게 늘어났다. 또한 중국은 한국, 일본 등 주요 수출국의 가장 중요한 수출시장이다.

장기적으로 중국의 교역은 크게 늘어날 것으로 예상된다. 2004년 중국의 수출액은 5,934억 달러, 수입액은 5,614억 달러였다. 2025년 각각 약 6조 달러에 이를 것으로 추정된다. 세계무역이 연간 7% 증가한다고 가정할 때, 2025년 세계 총수출액 및 수입액은 각각 약 30조 달러가 될 것으로 추정된다. 따라서 2025년 중국의 세계시장 점유율은 20%에 달할 것으로 예상된다. 이는 현재 미국의 세계시장 점유율(수출 21.1%, 수입 약 30%)에 육박하는 것이다.

그러나 세계 2위 규모의 경제가 70%에 가까운 무역의존도를 유지하는 데는 한계가 많으며, 따라서 내수시장의 지속적 개발이 중국의 지속성장에 관건이 될 것이다. 미국의 경우에 2003년 GDP 10조 9,879억 달러, 수출 7,238억 달러, 수입 1조 3,054억 달러로 무역의존도는 20% 선에 불과하다. 일본의 경우에도 2003년 GDP 4조 2953억 달러, 수출 4,718억 달러, 수입 3,829억 달러로 무역의존도는 20% 정도다. 제2장에서 논의했듯이 무역의존도를 PPP 기준으로 조정하고 가공무역 부분을 제외할 경우, 실제 무역의존도는 훨씬 낮은 수준이다. 따라서 앞으로 2025년까지 어느 정도 증가할 여력이 있다고 볼 수도 있다. 그러나 중국의 세계시장 점유율은 이미 노동집약 산업 부문에서는 그 한계에 도달했고, 중화학공업으로의 진출은 상당한 난관이 예상된다. 어느 경우든 세계시장 점유율이 더욱 증가하게 될 경우, 중국과 다른 무역국들 간의 무역마찰은 심화될 수밖에 없을 것이다.

이에 따라 중국이 과연 성장을 뒷받침하는 데 필요한 시장을 어디에서 찾아야 할 것인가, 중국의 내수시장이 중국 경제성장을 뒷받침하는 새로운 원천이 될 수 있을 것인가에 대한 평가가 필요하다.

| 대외경제환경과의 충돌

이상 5가지 변수에 대한 분석을 토대로 할 때, 우선 중국을 중심으로 한 동아시아 분업구조의 장기적 유지가능성이나 중국에 대한 외국인 투자의 지속가능성 등은 높다고 판단할 수 있다.

8억 농촌인구가 점진적으로 제조업 및 서비스업 인력으로 전환되는 과정에서 조립가공 산업의 경쟁력은 상당 기간 유지될 전망이다. 따라서 세계의 공장으로서, 동아시아의 조립가공 허브로서 중국의 역할 또한 지속될 수 있을 것으로 보인다. 당분간 중국을 대체하여 새로운 세계적 조립가공 기지로 부상할 경쟁상대는 아직 없다.

또한 중국이 세계의 공장으로 부상함과 동시에 13억 인구를 바탕으로 장기적으로 세계 2위권의 경제로 성장하는 과정에서 중국의 저렴한 비용과 광대한 시장잠재력에 주목하는 외자의 유입 또한 상당 기간 현재의 추세를 유지할 것으로 전망된다.

한편 중국이 동아시아 지역공동체의 조기형성을 지향하느냐, 아니면 장기 성장환경의 조성에 진력하느냐에 따라 향후 미/일과의 충돌 시점이 달라질 수는 있다. 그러나 현재까지의 진행으로 볼 때 중국은 미/일과의 충돌을 앞으로도 상당 기간 회피할 것으로 판단된다. 그러나 개방형 성장의 가격변수인 위안화의 장기적 동향 문제와 시장변수인 수출시장과 내수시장의 건전한 병행 성장가능성에 대해서는 보다 심도 있는 분석이 필요하다.

위안화 평가절상의 장기적 영향

위안화 문제의 경우 첫째, 장기적으로는 환율제도의 변경이나 평가절상이 필연적이고, 둘째, 중국 내에 이를 위한 준비가 아직까지 충분치 않으며, 셋째, 경제 각 분야에 대한 파급효과가 크다는 점에서 핵심적인 변수로서 고려할 필요가 있다. 특히 단기적으로는 위안화 평가절상 시점과 폭을 둘러싼 예측불가능성이 중국의 거시 경제, 교역, 투자에 나쁜 영향을 끼칠 수 있다.

중국은 2005년 7월 부분적인 환율제도 개혁 및 소폭의 평가절상을 단행한 바 있다. 중국 인민은행은 7월 21일 오후 미달러화에 사실상 페그되어 있던 환율에 복수통화 바스켓을 도입한다는 내용의 환율제도 변경을 발표했다. 이 조치에는 복수통화 바스켓 제도 도입 이외에도 미달러 대비 위안화 명목환율의 2% 절상도 포함되어 있었다. 그 결과 위안화는 달러당 8.28위안에서 8.11위안으로 절상되었다. 그러나 일일환율 변동폭(band)은 이전과 같은 수준인 상하 0.3% 밴드를 고수했으며, 바스켓에 편입될 외국통화의 종류와 통화별 가중치도 공표되지 않았다.

이러한 환율제도는 이른바 BBC(Basket, Band, and Crawl) 형태의 환율제도로서 어느 정도의 환율유연성을 부여하면서도 단기적으로 지나친 변동을 억제하고 장기적으로는 균형으로부터의 이탈을 막는 장점이 있는 것으로 평가된다. 그렇지만 환율제도 변경 후에도 위안화는 사실상 2% 절상된 수준에서 달러화에 다시 페그된 것과 유사한 동태를 보이고 있다.[2] 특히 앞에서 언급한 바와 같이 당분간 위안/미달러 환율의 변동성은 낮게 유지되겠지만, 향후 세계경제질서와 동아시아의 환율제도 및 운용에 많은 변화를 초래할 수 있음을 간과해서는 안 된다. 즉 위안화 환율제도 변경은 아시아 주요국의 외환보유고 운영 등 다양한 측면에서 많은 변화를 초래할 것으로 판단된다.

우선 중국의 환율제도 변경은 위안화의 유연성을 제고하는 측면에서 긍정적일 수 있으나 글로벌 불균형을 해소하기에는 미흡한

주

2) 한편 미국은 이 조치를 유연한 환율제도로 가기 위한 과정의 일환으로 평가하며 일단 긍정적인 반응을 보였다. 스노(Snow) 재무장관은 "이번 조치가 글로벌 금융시장의 안정에 기여할 것"이라고 했으며, 그동안 대중무역제재 법안 상정을 주도해 온 슈메르(Schumer) 상원의원은 "절상폭이 작긴 하나 고무적인 첫걸음"이라고 언급했다.

것으로 판단된다. 향후 위안화의 절상폭이나 운용방식을 예측해 보건대 미국과의 경상수지 흑자폭을 대폭 축소할 정도의 환율절상은 기대하기 어렵다.

한편 동아시아 주요국의 외환보유고 운용과 관련하여 중국의 환율제도 변경은 중국 외환보유고의 포트폴리오 변화를 초래할 것이다. 중국 외환보유고의 포트폴리오 구성과 관련된 명확한 자료는 없으나 외환보유고의 대부분이 미달러화 표시 자산으로 구성되어 있을 가능성이 높다. 실제로 상하이 외환거래소 거래 외환의 98%가 달러화이다. 그러나 향후 복수 바스켓 제도를 운용하는 과정에서 유로화와 일본 엔화 표시 자산이 현 시점보다는 더욱 많이 필요하게 된다. 한국의 경우 시장평균환율제도를 채택했던 1998년 외환보유고의 자산 구성 중 75%가 미달러 자산이었고, 유럽화폐 자산은 15%, 엔화 및 기타 자산은 10%였다. 중국의 바스켓 통화 가중치가 명확치 않은 상황에서 중국 외환보유고의 유로화 및 엔화 비중을 명확히 추정할 수는 없겠지만 점진적으로 유로화 및 엔화 표시 자산의 수요가 증가할 것으로 보인다. 만일 이에 따라 달러화 수요가 감소한다면 동아시아 주요국 외환보유고의 포트폴리오 변화도 점진적으로 진행될 것이다. 결국 미달러화 가치 하락으로 이어질 가능성이 있는데, 이는 글로벌 불균형과 관련되어 동아시아 주요국의 경제성장에는 오히려 부정적인 영향을 미칠 것이다.

또한 장기적으로는 중국이 국제 자본시장에 깊이 편입됨에 따라 중국의 정책선택의 폭이 점차 줄어들게 되며, 기존 선진국들의 중국 견제 압력이 위안화에 대한 평가절상 압력이라는 형태로 가해질 가능성이 크다. 특히 이와 관련하여 1985년 플라자 합의가 일본의 성장에 미친 영향을 상기할 필요가 있다. 즉 위안화 환율문제는 장기적으로 중미 대결구도가 형성될 때 경제적 이슈로 가시화될 가능성이 매우 높다. 나아가 현재 중국 내에서는 미국과 일본이 제기하는 위안화 절상 압력을 경제적 근거가 없는 정치적 이슈라고 보는 견해가 지배적이다. 따라서 이의 수용 여부나 수용형식은 중국 지도부의 대내적 지도력에까지 영향을 미칠 수 있는 변수이다.

한편 장기적으로 위안화의 완전한 변동환율제로의 이행은 중국의 자본시장 개방과 밀접히 맞물려 있다. 중국은 1996년 말 경상거래 자유화를 실현한 후 자본거래 자유화 문제에 접근 중이며, WTO 가입이 이를 촉진시키고 있다. 한편 자본거래에 대해 중국은 명목상 엄격한 통제를 실시하고 있으나 실제로 세부항목에서는 상당히 느슨하다는 평가를 받고 있다. 현재 자본거래 항목 28개를 분석해 보면 엄격한 통제를 받고 있는 것은 5개항으로 해외직접투자, 내국인의 외국 주식투자, 내국인의 외국에서의 채권발행, 내국인의 외국 채권구입, 외채도입 등이다. 상대적으로 통제가 느슨한 항목은 11개항은 외국인의 대중투자, 내국인의 해외주식 발행, 내국인의 대외차관 원리금 상환, 무역 신용대출 유입 등이다. 또한 관련된 통제가 없거나 규정이 존재하지 않는 항목은 12개항으로, 이 중 실제로 거래가 있는 비교적 중요한 항목은 외국인의 투자자금 유출, 외국인의 주식투자자금 유출, 현금 유입의 관리 등이다. 현재 위 3가지 거래비중은 각각 18.2%, 71%, 10.8%로 알려져 있다. 단 이는 자본거래가 제한된 조건하에서의 거래비중일 뿐, 제한이 완화되면 오히려 엄격히 통제되고 있던 분야의 거래비중이 크게 늘어날 것으로 보인다. 특히 이 중에서 외환 매입과 관련되는 항목은 대외직접투자, 해외에서의 주식매입,

국외채권 매입, 외국채권 원금상환, 장기 신용장 상환 등으로 아직까지는 제한과 허가가 필요하도록 되어 있다.

중국에서는 자본시장 개방의 전제조건으로 전반적인 경제발전 수준, 안정적 미시경제적 토대(기업), 건전한 금융기관과 금융시장, 환율 시스템과 금리 시스템 등 4개항을 언급하고 있다. 그런데 이러한 토대가 갖추어지는 데 필요한 시간은 매우 가변적이다. 왜냐하면 WTO 가입 유예기간이 2006년 종료되고 가입과 관련한 약정을 이행하고 나면 자본거래 자유화는 의무사항이 아니라 중국의 선택적 도입 대상이 되기 때문이다. 따라서 중국은 단기적으로는 유입장려/유출제한이라는 틀을 유지할 것이며, 유입된 자본의 질을 관리하고 장기자본 유입을 장려하는 것 등이 향후의 주요 방향이 될 것이다.

수출시장과 내수시장의 동시발전

수출 및 내수시장의 균형문제를 보면 중국과 같은 대규모 경제가 높은 대외의존도를 유지하면서 성장한 전례가 아직까지 없다. 그렇지만 중국 내수시장이 성장하기 위해서는 선결되어야 할 과제가 많다. 도시화, 노령화, 소득분배 개선, 사회보장제도 완비 등 해결되어야 할 과제가 산적해 있다. 이는 체제개혁 문제 및 성장전략 선택 문제와 직결되어 있다.

중국의 내수소비는 경제성장에 따른 소득증가로 2000년 이후 매년 6-8% 정도 수준으로 꾸준히 상승해 왔다. 그러나 이러한 증가율은 같은 시기 GDP 성장률 7.5-9.5%에 미치지 못하고 있다. 때문에 소비증가가 GDP 증가에 기여하는 비중도 고정자산투자가 기여하는 수준의 절반에 불과한 실정이다. 지금까지 중국의 경제성장은 소비보다는 투자가 주도해 온 것이다. 따라서 향후 중국이 대외시장의 환경변화에 큰 영향을 받지 않고 안정적인 성장을 지속하려면 민간소비가 꾸준히 증가할 필요가 있다. EIU의 전망에 의하면, 2006년 이후에는 소비가 활성화되어 GDP 성장에 대한 민간소비의 기여율이 높아질 것으로 예상되고 있지만 중국의 민간소비가 활성화되기 위해서는 적지 않은 장애가 있다.

한편 향후 2020년까지의 소비증가 전망에서도 몇 가지 어려움이 예상된다. 첫째, 향후 중국의 경제성장 과정에서 소득분배의 불균형이 확대될 가능성이 크다. 소득분배 정도를 나타내는 지니계수는 1978년 0.31에서 2003년에는 0.447로 날로 확대되고 있다. 이러한 경향은 2020년까지도 계속될 가능성이 크다. 더욱이 주택사유화 등의 영향으로 소득뿐만 아니라 재산(富)의 격차도 확대될 것으로 예상된다. 소득분배의 불균형 확대는 대다수 인구의 건전한 소비기반을 축소시킬 것이다.

둘째, 2020년까지의 중국의 산업구조 고도화 과정에서 노동집약적 산업이 점차 축소되고 자본집약적 산업이 성장할 것이며, 그 결과 산업의 고용창출 능력이 떨어질 가능성이 크다. 동시에 원자재, 자원 등의 가격이 상승하여 소비재 가격상승으로 이어질 것이다. 이러한 변화 역시 중저소득 계층의 안정적인 소득기반을 잠식하고 소비능력을 떨어뜨릴 것이다.

셋째, 투자에 의존한 경제성장은 경기순환에 따른 영향을 크게 받는다. 그 결과 중국은 급격한 경기변화를 경험할 가능성이 크다.

급격한 경기변동은 고용, 물가 등의 변수를 불안하게 하고, 그 결과 민간 소비가 위축될 가능성이 있다.

중국 정부는 점진적인 도시화가 내수시장 성장의 호조건을 제공할 것으로 기대하고 있으나 도시인구의 증가가 반드시 도시구매력의 증가로 연결되는 것은 아니다. 소비를 중심으로 한 내수시장 창출은 높은 성장률을 유지함과 동시에 분배문제 개선을 통해 내수기반이 확대되어야 가능하다. 따라서 이와 관련한 정책의 전환이 이루어져야 하나 이것이 국내 이해집단 간의 충돌을 초래할 것이라는 데 어려움이 있다.

만일 이러한 어려움에도 불구하고 중국 내수시장이 순조롭게 성장한다면, 이는 소비재에 대한 중국의 수입수요를 늘림으로써 중국의 성장에 따른 과실을 동아시아 각국을 비롯한 외국이 누릴 수 있게 된다. 이는 중국의 성장으로 인한 국제적 갈등을 완화하는 데도 도움이 될 것이다. 나아가 중국 시장 확대의 직접적인 수혜자인 동아시아 각국의 중국에 대한 경사(傾斜)를 촉진함으로써 동아시아 경제공동체의 조기 형성에 호조건을 창출할 것이다.

그런데 2005년 들어 중국의 무역수지 흑자규모가 대폭 늘어나기 시작했다. 2000년대 이후 매년 200-300억 달러 수준을 유지하던 무역수지 흑자는 2005년 7월까지만 500억 달러를 넘어섰고, 2005년 말에는 1,000억 달러 수준에 이를 것으로 전망된다. 중국의 2005년도 무역수지 흑자규모가 1,000억 달러에 달할 경우 독일(2004년 1,917억 달러), 일본(2004년 1,321억 달러)에 이어 최대 흑자국으로 부상할 것으로 예상된다.

이처럼 2005년 들어 중국의 무역수지가 큰 폭으로 확대됨에 따라 미국을 비롯한 선진국과의 무역마찰이 더욱 심화될 것으로 보이며, 이에 따른 위안화 추가 절상 압력도 지속될 것으로 보인다. 그동안 중국은 무역 총액대비 흑자의 비중이 독일, 일본 등에 비해 현저히 낮은 점을 들어 환율절상 압력을 회피해 왔으나 2005년 들어 동 비중이 크게 상승함에 따라 선진국들의 위안화에 대한 추가절상 압력도 강화될 것으로 보인다.

중국은 개혁 · 개방과 더불어 1980년대부터 본격적으로 국제분업에 참여, 주로 낮은 부가가치 제품의 생산에 특화함으로써 수직적 분업관계의 최종 조립지 역할을 수행해 왔다. 하지만 자본집약적 산업에 대한 외국인 투자가 늘어나고 기술이전에 따른 중국 기업의 기술발전이 진전되면서 중화학공업 및 부품산업의 생산량이 크게 증가하는 추세이다. 이에 따라 중국 내 부품조달 비중 확대에 따른 수입 대체효과가 나타나 최근의 수입증가율 둔화를 초래했을 가능성이 제기되고 있다. 이는 2005년에 나타난 중국의 무역수지 흑자 급증이 향후 구조적이고 장기적인 추세로 지속될 수 있음을 의미하는 것이기도 하다. 실제로 중국의 공업생산액 가운데 중공업 부문이 차지하는 비중은 2000년 60.2%에서 2004년 66.5% 로 증가했다.

또한 2005년에도 대표적인 중간재 품목인 전기기기 및 부품, 기계류, 정밀기기, 철강, 철강제품, 자동차 부품의 수입증가율이 크게 감소한 반면 수출증가율은 상승했다. 비록 2005년 중국의 수입증가율 둔화는 기존의 과잉설비 투자 억제 및 재고조정에 상당 부분 기인하는 것으로 평가되나 부품 분야의 수입대체가 심화될 경우 수입증가율의 둔화세가 중장기적으로 지속될 가능성을 배제할 수 없다. 실제로 Global Insight는 중국의 무역수지 흑자규모가 2005년 980억 달러, 2006년 1,060억 달러, 2007년 1,070억 달러를 기록할 것으로 예상하고 있다.

한편 중국의 수출지향 정책이 산업구조 고도화와 결합할 경우 해외시장에서 여타 선진국과의 경쟁 및 이해관계 충돌이 가중될 것이다. 이러한 충돌은 두 가지 방향에서 나타날 가능성이 있다. 첫째는 중국의 산업이 빠르게 성장함에 따라 고도성장과 수출에 필요한 원자재와 부품을 중국이 점차로 자체생산함으로써 수입대체를 이루는 것이다. 그동안 중국의 거시적 성장과정이 필요로 하는 원자재와 부품을 공급하던 국제적 분업구조가 변화하는 것이다. 이렇게 되면 각국의 대중수출 증가세가 둔화되고 중국의 무역수지 흑자가 커지면서 여타 국가와의 마찰이 더욱 심화될 수 있다.

둘째는 중국의 산업이 고도화되고 대기업이 성장함에 따라 중국의 수출품 구성도 고도화되어 결국 선진국들의 주력산업과 정면으로 충돌하게 될 가능성이다. 저렴한 인건비와 지가(地價)를 갖고 있는 중국의 산업이 빠르게 고도화된다면 세계 각국은 수출시장에서 중국의 위협을 더욱 심각하게 느끼게 될 것이고, 이에 따라 중국과의 마찰이 격화될 것이다.

개혁 · 개방 이후 최근까지 중국의 거시적 성장은 이러한 위험을 현실화시키지 못하고 있었다. 개혁 · 개방 이전 계획경제 시기의 중국은 일종의 자급자족적 산업구조를 추구했다. 특히 사회주의 공업화 전략의 일환으로 집중적으로 건설된 중국내 중화학공업과 소비재 공업이 나름대로 긴밀한 산업연관을 형성하고 있었다. 그런데 개혁 · 개방 이후 중국은 세계시장에 본격적으로 편입되었다. 중국은 저렴하고 풍부한 노동력과 토지라는 비교우위를 활용하여 수출산업을 빠르게 성장시켰다. 특히 많은 외자기업들이 중국에 진출하여 중국의 저렴한 노동력과 토지를 활용했다. 그 결과 노동집약적인 경공업 및 조립산업 분야의 빠른 발전이 이루어졌고, 중국은 이 분야에서 세계의 공장으로 부상했다.

그러나 이 과정에서 전통적인 계획경제가 갖고 있던 중화학장치 산업과 경공업 및 조립산업의 밀접한 연관이 해체된다(〈그림 4-2〉 참고). 즉 1950년대부터 1970년대까지 집중 건설된 중국의 중화학장치 산업은 개혁 · 개방 이후 수출용 경공업 및 조립산업이 성장하는 과정에서 필요한 자본재의 상당 부분을 공급했다. 그렇지만 낙후한 설비와 기술 그리고 취약한 지배구조 때문에 수출용 제품에 사용되는 비교적 높은 기술 수준의 원자재와 부품을 충분히 공급할 수 있는 기술 및 가격경쟁력을 갖지는 못했다. 그 결과 중국의 수출산업은 국내의 중화학장치 산업으로부터 원자재와 부품을 공급받지 못하고(link 2의 실패), 선진국으로부터 원자재와 부품을 수입하여 중국 내 조립 및 가공단계를 거쳐 다시 세계시장으로 수출하는 산업 및 무역구조를 갖게 되었다. 2004년 중국의 전체 무역에서 가공무역이 차지하는 비중은 55.3%에 이른다.

한편 계획경제 시기에 건설된 대형 국유기업으로 구성된 중국의 중화학장치 산업들은 국유기업에 대한 본격적인 개혁을 미루어 왔던 중국의 '점진주의적'(gradualist) 개혁과정 때문에 비효율적인 상태에 머물러 있었다. 이 분야에 대해서는 외국인 투자에 대한 개방도 제한적이었고, 자동차 등의 분야는 최근까지도 높은 관세로 국내시장이 보호되었다. 또한 이들 산업은 세계적으로도 몇몇 대기업에 의해 과점된 분야로서 국제적 경쟁력을 갖춘 자본규모나 기술 수준

〈그림 4-2〉 중국의 산업연관의 단절지점

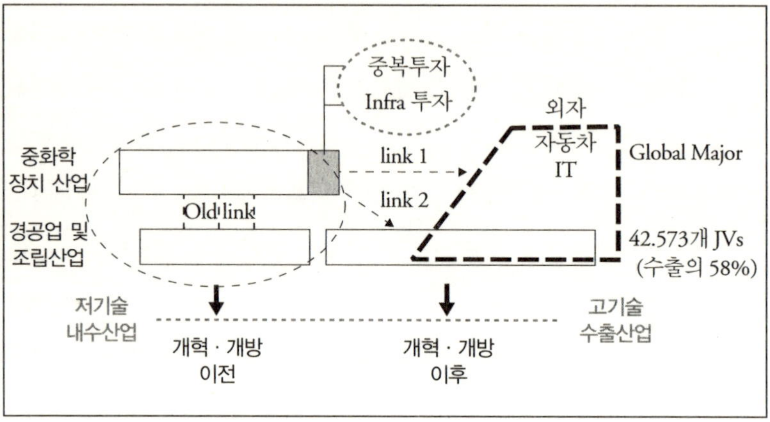

에 도달하기 위한 진입장벽이 매우 높다. 그 결과 중국의 중화학장치 산업은 국제적으로 경쟁력을 갖춘 수출산업으로 성장하는 데 실패했다(link 1의 실패). 2004년 중국의 상위 20대 수출기업 중에서 순수한 제조업 분야의 중국 기업은 전자통신업체인 푸티엔(普天) 집단(15위) 1개에 불과하다. 중화학장치 산업 중에서는 조선 분야의 중국 선박공업무역공사가 33위에 자리하고 있을 뿐이고, 이 분야의 대표기업이라 할 수 있는 바오산(寶山) 철강은 겨우 95위에 자리하고 있다.

중국의 산업구조 고도화는 장기적으로 중국의 산업구조가 가진 이러한 약점을 해소하는 방향으로 나아가게 될 것이다. 지금까지 중국은 선진국 산업보다는 여타 발전도상국의 수출을 대체하면서 소비재를 판매해 왔다. 따라서 선진국들이 느끼는 경쟁압력은 사실 크지 않았다. 또한 중국은 동아시아 각국뿐만 아니라 선진국의 자본재와 부품을 대량 구매함으로써 선진국과의 마찰을 완화할 수 있었다.

그러나 중국의 산업구조 고도화는 장기적으로 선진국으로부터의 수입을 대체하고 선진국 산업과의 직접적 충돌을 강화하게 된다. 나아가 중국이 자본/기술집약적 산업에서 설비확장을 추진하는 과정에서 과도기적으로 주요 산업의 세계적 과잉설비 상황을 초래할 가능성도 배제할 수 없다. 이는 선진국뿐만 아니라 중국 산업에도 중대한 위협을 초래할 가능성이 있다.

요컨대 중국 경제가 지금까지와 같은 방식으로 해외시장에 의존적인 고도성장을 지속할 수는 없다. 산업구조 고도화에 성공하여 고부가가치 상품에서 저가 상품에 이르기까지 세계시장의 상당 부분을 잠식하게 된다면 선진국을 포함한 세계경제 전체와의 갈등을 유발할 것이다. 노동집약 산업의 세계시장 점유율을 유지하는 것은 가능할 수 있으나(후발국이 견제된다면) 이것이 지속적 고도성장의 동력이 될 수는 없다. 그렇다면 중국 경제의 향후 지속성장의 관건은 내수시장의 개발에 있다고 보아야 한다. 지금보다 빠른 속도로 내수시장이 개발되면서 점진적으로 고부가가치 산업까지 세계시장에 진출할 수 있어야 하는 것이다.

내수시장의 개발에 성공하지 못할 경우 중국 경제는 두 가지 길에 접어들 것이다. 하나는 고도성장을 멈추는 것이고, 이는 곧 정치사회적 혼란을 가중시킬 것이다. 중국 공산당으로서는 또 다른 문화혁명을 시도하지 않는 한 받아들일 수 없는 길이다. 다른 하나는 해외시장에 더욱 매달리는 길이다. 지금까지 살펴보았듯이 이는 선진국들을 포함한 세계경제와의 충돌을 불러올 가능성이 대단히 높다.

5. 정치사회적 난관

이 장에서는 중국 경제의 지속성장에 영향을 미치는 정치적 · 사회적 변수들을 분석한다. 우선 지금까지의 고도성장이 야기한 정치 · 경제적 문제들에 대해 중국 정부가 어떠한 국가 발전전략으로 대응할 것인지 거시적 수준에서 살펴본다. 그리고 경제성장의 심화과정에서 부딪히게 될 심각한 사회적 병목들을 분석한 후 이에 대한 대표적 대응방안으로 도시화 전략을 분석한다. 중국이 내부 경제의 문제에 성공적으로 대처한다 하더라도 이 과정에서 사회적 불평등과 같은 정치 · 사회적 문제들은 악화될 것이며, 이는 다시 지속성장의 발목을 잡게 될 것으로 예측된다.

| 정치 · 사회적 변수의 중요성

중국 경제가 대외개방과 시장경제의 궤도에 빠르게 진입함에 따라 성장의 그늘과 사각지대도 그만큼 넓어지고 있다. 일부에서는 중국 경제의 성장방식을 문제 삼으면서 중국발 모라토리엄의 가능성을 예견하고, 중국 경제의 경착륙은 1997년 아시아 금융위기와는 비교할 수 없는 재난을 가져올 것이라고 경고하기도 한다. 특히 중국의 경제위기는 일시적인 경제성장의 지체로 그치는 것이 아니라 농민-농촌-농업이라는 삼농의 위기와 실업문제, 사회적 불평등의 확산, 에너지와 자원의 위기, 환경파괴의 위험, 노동력 구조의 왜곡 등을 야기하여 공산당의 지배체제, 중국 사회주의의 존재방식 자체를 위협할 수도 있다.

이것은 기존의 예상, 즉 경제개혁→고도성장→사회구조의 변화→국민의식의 변화→정치발전이라는 순차적 발전과는 다른 길을 걸을 수 있다는 것을 의미한다. 다시 말해 중국의 경제성장이 정치발전을 촉진할 수도 있으나 경제성장이 둔화되거나 침체기로 접어들 경우 오히려 정치안정성을 약화시키는 위험이 부각될 수 있다. 헌팅턴(S. Huntington)은 정치적 격변은 1인당 GDP가 500달러에서 3,000달러 사이의 단계로 진입한 국가에서 발생할 것이라고 주장했는데, 2003년 1인당 GDP가 1,100달러를 돌파한 중국도 예외는 아니다. 1인당 GDP 1천 달러 국가들은 3차 산업이 발전하지만, 인구 · 자원 · 환경 압력이 가속화되고 소비구조에서 중대한 변화가 발생하며, 사회구조적으로도 이익의 분화, 소득격차의 확대 등 사회적 모순이 심화되는 현상을 보인다. 이러한 국면은 1천 달러를 계기로 발전을 지속한(중국의 경우, 한국 모델을 상정하고 있음) 한국형 황금발전기와 '성장하지만 발전하지 않는' 라틴아메리카 현상 사이의 갈림길이라고 할 수 있다(連玉明, 2005, pp. 5-6). 더욱이 자원 · 산업 · 시장 영역의 위기는 정부능력을 급속하게 약화시킬 수도 있으며, 또한 정부능력의 한계가 자원 · 산업 · 시장의 위기를 가속화하는 악순환으로 이어질 수도 있다.

따라서 중국이 경제성장의 병목을 어떻게 인식하고 어떠한 정책수단을 동원할 것인가 하는 점은 향후 중국 정치의 안정성을 평가하는 중요한 준거가 될 것이다. 현재 후진타오 체제의 국가운영 기조는 거시경제정책을 운용하는 데 있어 '발전이 보다 중요한 원리'(發展是硬道理)라는 덩샤오핑의 원리를 이어받고 있으나 기존의 성장 전략과는 매우 다른 방식을 취하고 있다. 즉 시장을 지향하고 대외개방을 가속하면서도 시장이 만능의 열쇠는 아니라는 인식을 가지고 있으며, 경제에 있어 정치의 역할을 강조하면서 경제성장 과정에서 나타난 각종 사회문제를 적극적으로 해결하기 위한 정책을 강화하고 있다. 2005년 11기 5중전회와 11차 5개년계획을 통해 사회주의 조화(和諧)사회를 강조하고 선부론에 기초한 중국의 발전담론을 공동부유로 전환시키면서 기존의 중상주의적 정책을 부민(富民)주의적 정책으로 전환한 것도 이러한 맥락에서 이해할 수 있다.

그러나 지속적인 재정투자와 외자를 통해 2008년 올림픽과 2010년의 상하이 엑스포까지는 성장기조를 유지하고자 할 것이다. 하지만 성장의 동력이 약화될 가능성이 있는 '포스트 올림픽' 시기에는 지역 간 · 소득 간 · 도농 간 불균형과 거품경제가 표면 위로 드러나면서 중국 경제의 조정은 물론 정치안정에 대한 위협이 발생할 수 있다. 특히 고용 없는 성장을 통해 배출된 실업과 농촌문제는 이러한 위기의 도화선이 될 가능성이 크다. 그동안 중국이 각종 사회적 불만을 해소하고 위기를 유예할 수 있었던 요인에는 '구조적'인 사회적 위기를 '구조적'으로 극복할 수 있는 국가전략을 입안하고 추진해 나간 중국 정부의 능력이 있었다. 그러나 이러한 위기극복의 내용과 방식은 근본적인 것이 아니기 때문에 올림픽 이후 누적된 위기를 동시에 해결해야 하는 과제에 직면할 것이다. 이런 점에서 현 단계 중국 정치의 안정성은 상대적 · 과도기적인 국면을 맞아 매우 위험한 상황에 처해 있다고 볼 수 있다.

따라서 향후 중국 사회의 안정성을 평가하기 위해서는 사회 안정을 위협하는 변수들을 검토할 필요가 있다. 구체적으로 주요한 정치 · 사회적 난관들을 추출하고 그 추이와 현황을 분석하는 한편, 이 난관들 사이에 어떤 함수관계가 존재하는지 분석해야 한다. 그리고 이러한 난관들을 포괄적으로 해소할 수 있는 대안으로서 도시화 전략을 분석하고 그 한계와 성과를 예측하도록 하겠다.

| 정치 · 사회적 난관

현재 중국 전문가들이 판단하는 정치사회적 병목요소는 삼농문제, 부패문제, 법제화의 지연, 경제발전 과정에서 암적 요소의 등장, 도농 간 격차, 당과 군중관계의 문제, 사회치안 정세의 문제, 소득 차이의 확대 등이다. 이 중에서도 핵심적인 문제는 삼농문제, 부패문제, 도농 간 격차라고 할 수 있다.

우선 사회적 정의와 관련된 부패문제의 경우 대중 일반의 인식보다는 당정의 지도급 간부들의 위기의식을 강력하게 반영하고 있으며, 이는 1989년 천안문사건이 주로 관료에 의한 부패(官倒)로 인해 촉발되었다는 경험에서 비롯된다. 국제기구에서 발표한 부패지수에 따르면, 중국은 부패가 비교적 심각한 수준인 3.5(조사대상 90개국 중 63위)에 속한다. 중국 정부가 부패와의 전쟁을 추진하고 있으나 부패행위는 줄어들지 않고 있다. 부패의 유형을 살펴봐도 고위관료의 비중 증가, 부패 정도의 심각성 증가, 연해 개방지역의 부패건수 급증, 뇌물수수의 비중 증가 등으로 상황이 좋지 못하다. 1992-1997년에 당정의 부패사범이 669,300명이었던 것에 비해 1997-2002년에는 846,150명으로 26.4% 증가하는 등 부패행위가 갈수록 확대되고 있다(王尙銀, p. 87). 부패의 규모도 100만 위안 이상의 증가율이 7배 이상으로 급증하는 등 대형화되고 있는 추세이다. 이러한 부패로 인한 경제적 손실이 GDP의 약 13.2-16.8%(1995-1998년)의 수준에 달한다는 분석이 있다. 여기에는 정부 관리에 의해 보호되는 이중가격제도, 경제적 독점에 따른 보상, 다양한 형태의 정부 정실주의나 특혜 제공이 가능한 이중체제, 부패행위로 인해 촉진되는 지하경제 행위, 부패행위로 인한 세금탈루, 정부투자와 지출의 왜곡 등이 포괄된다. 이러한 분석은 주로 경제적 비용과 세금지출 감소와 같은 순수한 부의 교환을 혼용한 것이고, 부패가 GDP에 끼치는 영향만을 고려할 경우 0.5% 수준이라는 분석도 있다(Rand, 2003). 요컨대 부패는 자원배분 방식을 왜곡하여 체제위기를 촉발할 뿐만 아니라 지하경제를 만연시켜 외자유치 등에 부정적으로 기능한다.

현재 중국 정부는 반부패전쟁 부서와 조직의 강화, 새로운 감독기구 설립을 통한 대응, 지도부 주변인물에 대한 관리 강화, 직무범죄 감찰 메커니즘의 확립, 행정 인허가제도의 개혁, 토지사용권 양도와 건설 프로젝트의 공개입찰, 벌금제도 현실화, 공무원 급여인상 등 부패척결을 위한 적극적인 조치를 취하고 있다. 그리고 2010년까지 중국 특색을 지닌 당풍청렴정치와 반부패 법규체계를 수립하는 계획을 구상했다(www.xinhuanet.com 2003년 11월 7일). 특히 홍콩의 사례를 참조한 2002년 7월의 '고관(高官)문책제' 도입 등 부패의 사슬을 끊고 고위관료의 청렴도를 높이는 노력을 기울여 일정한 성과를 거두고 부패척결의 제도화 단계에 접어들었다. 이를 통해 고위 당 간부에 대한 사형집행 등 일벌백계의 효과가 나타나고 있다. 따라서 부패문제는 그 심각성에도 불구하고 정치위기를 촉발하는 독립변수로 기능하기는 어려울 것으로 보인다. 다시 말해 부패문제는 개혁 · 개방의 심화 · 발전과정에서 불거진 사회적 문제라는 점에서 다른 변수와 연동하여 발전하게 될 것이다.

따라서 중국의 위기는 사회부패를 포함한 사회정의의 문제로부터 촉발하기보다는 사회경제적 변수들이 복합적으로 작용하면서 나타날 가능성이 크다. 현재 중국이 가장 크게 당면한 문제는 삼농위기, 도시의 실업, 사회적 불평등으로 구분될 수 있다. 문제는 이러한 문제들이 사회정치적 안정을 저해하는 휘발성이 큰 변수임에도 불구하고 근본적인 해결까지는 장기간의 시간이 필요할 뿐만 아니라, 뚜렷한 단선적인 해결방안도 없는 상태이기 때문에 그만큼 위기관리의 어려움이 가중되는 것이다.

삼농문제

중국에서 삼농문제, 즉 농업 · 농촌 · 농민문제는 개혁 · 개방의 시작과 함께 진행되었다. 중국 공산당은 삼농문제 해결을 위해 이미 6차례에 걸쳐 '1호 문건'을 제기하는 등 삼농문제 위기의 심각성을 인식하고 있다.

우선 농업문제의 경우 식량의 장기수급 예측, 농업현대화, 생태환경 파괴 등의 문제가 심각하게 대두되고 있다. 이에 관한 낙관적 시나리오는 공업화와 도시화가 순조롭게 진행되는 경우이고, 비관적 시나리오는 식량생산의 부진이 지속되어 수입규모가 늘어나는 경우라고 할 수 있다. 앞에서 살펴보았듯이 콩과 일부 소맥의 수입이 안정적으로 이루어진다면 식량의 총공급은 기본적으로 균형을 이룰 수 있을 것이다(馬洪 · 王夢奎, p. 243). 따라서 농업생산의 측면에서 장기적으로 식량부족이 발생하겠지만, 수입이 서서히 증가하고 있기 때문에 외화부족 현상이 발생하지 않는 한 식량문제 자체가 당면 위기로 작동할 가능성은 크지 않다.

농촌문제의 경우 향진(鄕鎭)기업 현대화의 실현가능성, 지방정부와의 유착, 부진한 내륙 파급효과 등이 변수이다. 낙관적 시나리오는 연해지역 향진기업의 현대화와 병행하여 향진기업이 내륙으로 파급되는 것이고, 비관적 시나리오는 향진기업의 구조조정이 진행되면서 경기회복에도 불구하고 고용상황이 회복되지 않는 경우이다(鮫島敬治, pp. 93-100). 현재 농촌에서 자본공급의 어려움이 발생하고 있다. 농촌의 구조조정이나 농촌의 비농산업을 발전시키는 위해 금융지원이 시급하지만 농촌 금융체계의 개혁은 매우 부진한 상태이다. 특히 농촌 금융기관의 자본부족, 서비스 체계의 불안정, 농촌 신용자금의 공급부족 등의 문제가 해결되지 않고 있다. 더구나 은행산업이 상업화의 원칙에 따라 움직이면서 농촌지역의 은행 설치가 매우 제한되어 있고 농촌 구제자금도 효과적으로 집행되지 못하고 있다. 또한 농촌금융에서 상업은행의 기능도 갈수록 약화되고, 농촌자금의 누수현상도 심각한 상황이다. 농촌의 은행은 저축을 통해 약 3천억 위안을 거두었으나 대출규모는 1990년 후반 이후 매년 평균 2천억 위안 정도에 불과하다. 여기에 민간자본의 기능도 매우 취약하다. 현재 농촌에서는 주로 농촌신용사를 중심으로 자금지원이 이루어지고 있으나 전국적으로 약 25%의 농가만이 농촌신용사로부터 대출을 얻을 수 있는 상황이다. 이런 상황에서 향진기업의 안정적 발전을 기대하기는 매우 어렵다.

농민문제는 농가소득 향상의 어려움, 농촌의 도시화, 호구제도와 토지소유제 개혁과 관련되어 있다. 낙관적 시나리오는 도시화와 공업화가 순조롭게 진행되는 경우이고, 비관적 시나리오는 도시화가 순조롭게 진행되지 않거나 도시화는 진행되지만 공업화가 지체되는 경우이다. 현재 농촌에는 약 4억 9천만 명의 노동력이 있다. 이 중에서 약 1억 8천만 명은 향진기업이나 외지로 나가 비농업생산에 취업한 상태로 볼 수 있다. 따라서 2003년을 기준으로 농업에 종사하는 노동력은 3억 1천만 명에 달한다. 그러나 현재의 농업생산성에 비추어 볼 때 약 1억 5천만 명에서 1억 8천만 명 정도가 적정한 농업노동력이며, 1억 2천만 명에서 1억 5천만 명의 정도는 과잉 노동력이라고 할 수 있다. 더욱이 농업기술이 발전함에 따라 농업노동력의 배출압력도 더욱 가속화될 것이다. 극단적으로는 농업생산을 선진국 수준으로 높일 경우, 19억 무(畝)의 토지에서 4억 7천만 톤의 식량을 수확하는 데 필요한 노동력을 4천만 명에서 6천만 명 수준으로 예측하는 연구결과도 있다. 이는 현재 농업노동력의 규모로 볼 때 약 4억

3천만 명에서 4억 5천만 명의 과잉 농업노동력이 발생한다는 의미이다. 실제로도 2003년 기준으로 49.1%의 농업노동력이 GDP의 14.6%를 공급하는 데 그치는 등 농업의 노동생산성은 제조업과 서비스업 분야의 노동생산성에 비해 4.8배나 떨어진다. 이러한 농촌문제가 농촌의 빈곤인구를 줄이지 못하는 근본적인 배경이었다. 비록 중국이 먹고사는 문제(溫飽問題)를 해결했으나 농촌의 저소득 인구는 5,617만 명으로 농촌인구의 6%를 차지하는 상황이다(北京國際城市發展研究院, 2004b, p. 1177). 또한 2003년 기준 농촌의 절대빈곤 인구는 전년 대비 80만 명이 늘어난 2,900만 명으로 빈곤발생률은 3.1%에 달한다.

문제는 농민소득의 증가폭이 지속적으로 하락하고 빈민인구가 속출하고 있음에도 불구하고 현재와 같은 산업전략으로는 이런 문제가 단기간에 개선될 가능성이 없다는 점이다. 특히 제도의 한계로 인해 농촌인구 대부분이 도시로 진출하지 못하고 있어 규모의 농업과 농업현대화를 추진하기 어렵다. 더구나 WTO 가입 이후에 중국의 농산품가격이 국제가격보다 높아진 상황에서 농산품 가격을 대폭 높여 농민소득을 높이는 정책수단으로 사용하는 것도 어려워졌다. 이에 따라 농업생산성의 약화, 농가소득의 감소, 각종 농민분담금의 증가, 도시 주변부로 재편입되는 현상이 빨라지면서 농민들의 생존권적 시위도 급증하고 있다.

실업과 취업문제

중국은 개혁 · 개방 이후 연평균 9.4%의 성장을 이루었으나 취업 증가속도는 매우 완만했으며, 심지어 감소하기도 했다. 2005년의 경우 2000년 대비 1200만 명의 신규 노동인구가 증가했으며, 이 중 900만 명이 취업을 필요로 하고 있다(劉國光, pp. 179-183). 개혁 · 개방 초기 취업탄성 계수는 0.32였으나 1990년대에 0.1을 기록한 이후 이러한 추세가 지속되고 있다. 실제로 중국의 GDP는 1990-2000년 10.1% 증가했으나 취업증가율은 1.1%에 그치고 있다. 이것은 1980년대 GDP가 1% 증가할 때 약 320만 개의 일자리가 창출됐으나 1990년대 이후에는 약 80만-100만 개의 일자리만 창출된다는 것을 의미한다(張東偉 · 蔡昉, pp. 62-68).

실업과 고용사정의 악화는 소득차이를 확대하고 사회보장체계의 부담을 가중시키는 한편, 범죄율을 높여 중국 사회의 안정을 위협하는 가장 중요한 요인이 되고 있다. 더구나 중국의 고용사정과 실업문제는 고용 없는 성장이라는 현 경제발전의 속성과 노동력 공급구조에서 비롯되는 것으로 뚜렷한 돌파구가 없다는 점에 문제의 심각성이 있다. 우선 노동연령 인구구성이 단기적으로 감소하지 않을 것이다. 비록 2010년 이후 노동연령 인구의 규모는 완만하게 하락하지만, 전체 인구에서 차지하는 노동연령 인구의 비중은 여전히 높은 편이다. 둘째, 도시화 과정에서 매년 수많은 젊은 농촌인구가 도시에서 일자리를 찾고자 하기 때문에 초급수준의 노동력은 경쟁이 가속화될 것이다. 셋째, 급속한 공업화 과정에서 산업구조 조정이 계속되

〈표 5-1〉 도시주민 등기실업률과 실질실업률

구분	2000	2001	2002	2003	2004
등기실업자수(만 명)	595	681	770	800	827
등기실업률(%)	3.1	3.6	4.0	4.3	4.2
실질실업률(%)*	8.3	8.5	8.6	n.a	n.a

출처 : 각년도 『중국통계연감』*의 경우 아시아개발은행의 통계

어 중급과 고급 노동력 시장의 동요가 발생할 것이다. 특히 중국이 WTO에 가입한 이후 경쟁이 가속화되고 기술이 노동력을 대체하는 효과가 빠르게 확산되고 있으며, 시장 메커니즘의 발전에 따라 노동력 수요는 상대적으로 줄어들고 있다.

실업과 관련된 지표는 〈표 5-1〉과 같다. 2004년을 기준으로 전국적으로 도시의 신규 취업규모는 980만 명이고, 510만 명의 샤강(下崗) 노동자들이 재취업하여 도시의 등기실업률은 4.2%를 기록했다. 이것은 최근 10년 사이에 처음으로 하락한 것이다. 그러나 엄밀한 통계를 통해 실질실업률을 재구성할 경우 여전히 약 7-8%(심지어 22.9%로 추정하는 경우도 있다)에 달한다고 볼 수 있다(OECD, p. 65).

중국의 취업문제는 인구의 자연증가율이 지나치게 높은 점이 주요한 원인이다. 1980년에서 1999년까지 전국적으로 순수하게 증가한 취업인원은 2억 9천만 명으로 세계 신규 노동력의 33.7%를 차지했다. 특히 1998년부터는 베이비 붐 세대의 취업압력이 최고조에 달하는 시기에 들어섰다(中共中央宣傳部 理論局, pp. 62-63). 따라서 경제성장에 따른 일자리 창출이 인구의 자연증가로 상쇄되고 있다. 뿐만 아니라 취업구조의 악화는 작업조건의 악화를 동시에 수반하고

있다. 우선 각종 분담금(탄파이, 攤派) 현상이 만연하고 있다. 북경 택시운전사에 대한 사례연구에 의하면, 매월 총소득 9,000위안 중 실제 소득은 탄파이를 빼면 1,800위안에 불과하다. 그리고 노동강도가 강화되고 있다. 이른바 4초(四超) 현상인 초강도, 초부하, 초체력, 초노동 시간으로 인해 피로에 의한 노동자의 사망사건이 급증하고 있다. 특히 삼자기업과 사영기업에서 외지 노동자들의 평균 노동시간은 주당 72시간(주 6일×12시간)에 달하고 있다. 그럼에도 불구하고 잔업을 하지 않으면 최소한의 생계를 유지할 수 없는 상황이다(孫立平, p. 43). 마지막으로 노동력이 무한히 공급되는 상황에서 '네가 하지 않으면 다른 사람이 한다'는 현상이 만연하기 때문에 이러한 문제는 단순한 노사관계의 문제를 넘어 사회문제로 전환될 가능성이 있다.

사회적 불평등

중국의 불평등 현상은 연해와 내륙 간의 지역적 불평등, 도시와 농촌의 차이, 국유기업과 민영기업의 차이, 소득차이 등으로 나타나고 있다. 이러한 사회적 불평등에 대한 시나리오는 세 가지로 정리할 수 있다. 첫째, 표준 시나리오는 2차 산업이 먼저 확대되고 이후 3차 산업이 순조롭게 확대되는 경우이다. 그러나 중국의 경우 넓은 국토와 13억 명의 인구를 고려할 때 이와 같은 경로를 안정적으로 걸어가는 데 제약요인이 많다. 다만 발전하는 도시와 정체하는 농촌의 격차는 더욱 확대될 것이나 모두 소득이 증가한다는 점에서 도시와 농촌이 함께 절대적 빈곤상태에 빠질 위험은 적다. 둘째, 낙관적 시나리오는 노동시장의 유연화가 이루어지고 정부투자가 내륙에 집중되면 소득격차가 부분적으로 해소될 수 있다고 본다. 특히 농촌의 토지소유권 개혁, 농산물 가격 안정, 관개설비 확충, 농기구와 비료의 공급과 같은 '녹색혁명'이 나타나면 농촌에서 소득이 증가하여 농촌시장이 형성될 수 있다는 것이다. 셋째, 비관적 시나리오는 연해지역과 도시의 거품이 빠지면서 도농 간 격차가 확대되고 사회 · 정치적 대혼란이 일어날 수 있다는 것이다. 이 경우 국유기업은 대부분 피폐하고 향진기업도 고용흡수에 실패하여 심각한 계층분화에 직면하게 되며, 중국에 대한 외자기업의 관심도 크게 저하되면서 중국 경제가 파국으로 갈 것이라는 예상이다.

이렇게 보면 표준 시나리오가 등장할 가능성이 없는 것은 아니지만 2020년까지 낙관론과 비관론이 교체되면서 다양한 우회로를 거칠 가능성이 크다. 왜냐하면 1993년을 기점으로 경제성장은 소득증가와 동반하여 진행되었으나, 그 이후부터는 경제성장이 소득의 양극화를 동반하는 제로섬 게임의 형태로 전개되면서 빈부격차가 심해지고 중국이 사회적 불안정 상태에 접어들고 있다는 징후가 포착되기 때문이다. 빈부차이의 수준을 나타내는 지니계수는 중국의 경우 중간 수준의 불평등 정도를 넘어선 수준을 기록하고 있으며, 지속적으로 상승하는 추세이다. 아시아개발은행에 의하면, 중국의 지니계수는 0.3–0.4의 정상(normal)을 지나 0.5의 경계상태(warn)를 넘어 이미 사회적 동란이 발생할 수 있는 0.6의 고도로 불평등한 위험상태(danger)로 가고 있다(ADB, 2002, 王尙銀, p. 127).

이러한 소득차이의 확대는 소득에만 국한된 것이 아니라 재화의 점유에서도 나타난다. 개혁 · 개방이 초기에는 단기적으로 소득

〈표 5-2〉 지니계수 상황

구분	1978	1990	1995	2000	2004
농촌주민 지니계수	0.21	0.31	0.34	0.35	0.37
도시주민 지니계수	0.19	0.23	0.28	0.31	0.35
전체주민 지니계수	0.30	0.343	0.389–0.42*	0.417	0.465–0.6**

* 세계은행 통계에 의하면 1981년 0.29, 1995년 0.42를 기록함.
** 사회학자 李强의 분석에 의하면 2004년 0.5 수준. 일부 학자들은 0.6 주장.
출처 : 『중국통계연감』 등 통계자료 등의 종합.

의 평등화 효과를 가져왔으나 1990년대에 진입한 이후에는 사회적 재화가 일부 지역에 집중되고 소수의 손으로 들어가는 현상이 고착되었다. 2002년 기준 전국적으로 상위 소득 1% 집단이 총소득의 6.1%를 소유고 있으며, 이것은 1995년 대비 0.5% 높아진 것이다. 상위 5% 집단은 총수입의 약 20%를 점유하여 1995년 대비 1.1% 높아졌고, 상위 10% 집단은 총소득의 32%를 소유해 1995년 대비 1.2% 높아졌다. 또한 전 인구의 6%가 전체 금융자산의 40%를 소유하고 있고, 5단계 소득지표로 분류할 경우에도 최상층 20%가 소득의 40%, 총예금의 80%를 차지한다. 심지어 상위 10%계층과 하위 10%계층의 소득차이가 2004년 기준으로 9.5 : 1로 확대되었다(『新京報』 2004. 12. 24).

국가노동부와 사회보장부 임금연구소는 향후 5년간 중국의 도시주민 소득이 성장국면에 진입할 것으로 예측하고 있으나 저소득층의 빈곤이 계속되고 있기 때문에 실질적인 소득차이의 확대는 불가피하다. 그리고 중국의 WTO 가입 이후 기업 간 인재쟁탈전이 가열되고 고급인력의 소득이 보다 빠르게 확대되는 한편, 농촌노동력이 대규모로 도시로 유입되어 노동력 공급우위 현상이 지속되는 한 도시주민의 소득 수준 향상을 크게 기대하기 어렵다. 빈부차이와 함께 빈곤인구의 형성도 확대되고 있다. 빈곤인구는 2002년 기준 5천만 명(빈민+장애인+실업자 등)으로 추산됐으나 1인당 연평균 882위안(전국 평균 1인당 농민소득의 1/3) 이하는 8,517만 명, 유엔 기준인 900위안을 적용할 경우에는 1억 명을 상회한다. 이는 총노동인구의 10%에 달하는 규모이다(http://gov.people.com.cn 검색일 : 2005년 10월 17일). 심지어 빈곤선 기준을 실제 생활과 연계하여 현실화할 경우 약 2억 1천만 명의 빈곤층이 존재한다는 보고도 있다.

1997-2003년 7년간 전국적으로 농민 1인당 소득은 695.9위안 증가하는 데 그쳤다. 이것은 도시주민 소득증가의 1/5 수준이며, 연평균 증가율도 도시에 비해 절반 수준에 머무르고 있다. 그 결과 1980년대 중반 1.8 : 1, 1990년대 중후반 2.5 : 1이었던 도농 간 소득차이가 2003년에는 3.53 : 1로 확대되었다(吳光炳, pp. 57-61). 더구나 도시주민의 경우 주택과 사회보장, 공공위생과 교육 등에서 국가의 보조를 받고 있는 반면, 농촌에서는 각종 세금과 농업 생산수단에 대한 비용이 증가하고 있다는 상황까지 고려하면 실제적으로 그 격차는 5 : 1에서 6 : 1로 확대된다(王夢奎, 2005b, p. 117). 문제는 이러한 도시와 농촌의 격차가 농업구조의 구조적인 원인으로 인해 근본적으로 해결되기 어렵다는 점이다. 농업에 종사하는 규모가 지나치게 많고 농업의 노동생산성이 낮기 때문에 농민소득을 높이기는 매우 어렵다. 실제로 농민의 수입구성을 보더라도 비농업에서 얻는 비중이 50%에 달하고, 임금성 수입이 전체 수입의 1/3 수준으로 전체 농민소득 증가에 미친 영향은 약 80%에 이른다. 농업에서 소득향상을 기대하기

어려운 것이다.

지역 간 불평등의 경우 동부지역의 총생산은 전체 GDP의 약 58.5%, 서부지역은 약 17%를 차지하고 있다. 1인당 GDP도 1980-2002년의 경우 서부와 동부는 1 : 1.92에서 1 : 2.59로 확대되었고, 중부와 동부도 1 : 1.53에서 1 : 2.03으로 확대된 반면, 서부와 중부는 1 : 1.25에서 1 : 1.27로 큰 편차가 나타나지 않았다. 가장 발달한 상해와 가장 낙후된 귀주성을 비교하면 약 13배의 차이가 나타난다. 2020년경 중국이 전면적 소강사회를 달성한다고 해도 GDP는 여전히 3,500달러 수준으로 예측된다. 또한 대체적으로 지역격차가 확대될 것으로 예측되고 있다. 문제는 이러한 지역 간 불평등이 GDP뿐만 아니라 사회발전, 특히 교육과 위생, 문화영역에서 나타나고 있으며, 정보 수준과 정보 획득의 차이도 경제발전 수준의 차이를 능가하면서 확대되고 있다는 점이다. 이러한 인문지표를 포함한 종합적인 차이를 나타내는 인류발전 지표에 따르면 가장 지수가 높은 곳은 상해, 북경, 천진으로 모두 동부 연해지역에 속해 있고 지수가 가장 낮은 티베트, 귀주, 청해성은 모두 서부에 편재되어 있다.

이러한 다양한 불평등의 결과 사회적 불만이 조직화되고 있다. 현재 사회적으로 불만을 느끼고 있는 주민의 규모는 약 1억-2억 명으로 도시 총인구의 22-45% 수준이며, 매우 불만을 느끼는 규모도 3,200만-3,600만 명으로 도시 총인구의 7-8%를 차지하고 있다(胡鞍綱, 2004, p. 87). 특히 도시 노동자들의 체제에 대한 신념의 위기가 구체화되고 있으며, 비공식 노동자와 반실업상태의 노동자들이 자주노조를 결성하면서 조합주의에 포섭된 관변 노동조합의 통제와 관리를 넘어 국가에 대항하기 시작했다. 농촌에서도 농민분담금의 과도한 징수에 대한 항의 차원을 넘어 일할 권리와 상대적 박탈감을 호소하는 직접적인 농민시위, 이른바 군체성(群體性) 시위가 빈발하고 있다. 요컨대 균형발전과 균형성장, 특히 고용과 성장의 동시 확보가 단기적으로 해결될 수 없는 문제라는 점을 고려하면 중국 당정의 의지에도 불구하고 이러한 사회적 불만은 보다 확산될 가능성이 많다.

| 대응전략 : 도시화

지금까지의 분석과 같이 중국의 정치 · 경제 · 사회적 문제들은 매우 긴밀하게 연계되어 있다. 이를 풀어갈 수 있는 가장 뚜렷한 해결방안은 산업구조의 고도화이다. 이는 중국 경제의 성장 모델과 관련하여 자원, 시장, 산업의 영역과 긴밀하게 관련된 핵심적인 축이다. 즉 제한된 자원을 어떻게 확보하고 어떤 산업을 통해 부를 축적하느냐는 시장경쟁에서 살아남는 방식과 관련되어 있다. 이러한 성장방식을 추진하기 위해서는 정치적 리더십의 역할이 중요하다. 즉 자원, 시장, 산업의 정책을 입안하고 집행하며 대외환경을 안정적으로 관리하면서 국가이익을 확보하는 능력이다. 정치의 경직성과 경제의 유연함이 부조화를 이루는 중국의 일당지배체제 하에서 정치의 기능과 역할은 더욱 중요하다. 특히 중국의 체제안정을 위해서는 정부의 의지와 정치적 기술을 넘어서서 사회구조적 모순을 근본적으로 해결할 수 있는 전략적 선택이 필요하다.

중국은 2020년까지 2000년 대비 GDP 4배 성장을 목표로 하는 '전면적 소강사회 건설'과 정보화로 공업화를 견인하고 공업화로 정보화를 촉진하는 신형공업화를 목표로 제기했다. 공업화와 도시화는 전면적 소강사회 건설의 핵심적인 전략이다. 공업화가 산업구조의 고도화를 의미하는 것이라면 도시화는 노동력 구성의 변화를 의미한다. 따라서 도시화는 공업화와 연동해서 발전할 수밖에 없는 핵심적인 고리이다.

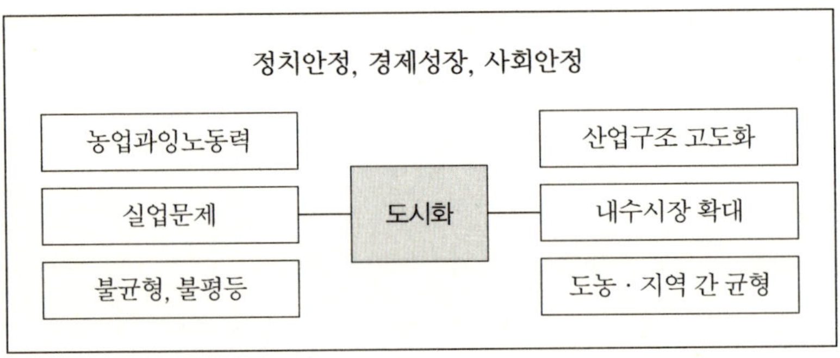

16기 3중전회 〈결정〉에서 처음으로 당정은 사회주의 시장경제체제를 완전화하는 중요한 임무의 하나는 도시와 농촌의 이원구조를 변경하는 데 유리한 체제를 건립하는 것이라고 처음으로 공식화했다(胡鞍鋼, 2004, p. 52). 도시화는 중국 경제의 고도성장을 지속할 수 있는 근거이며, 삼농문제 해결, 노동력의 이동과 흡수, 내수시장 확대, 지역격차 해소, 산업구조 조정, 과학기술의 발전, 지역개발, 법치 제고 등에도 중요하다(康平, pp. 178-182). 도시화는 산업구조의 고도화와 연동되어 발전하고 있으나 새로운 도시로 산업이 옮겨와 이윤을 창출하고 내수시장이 동시에 형성될 수 있도록 하는 정부정책이 필요하다. 또한 과감한 재정투자와 함께 내수시장을 형성할 수 있

는 거점도시를 건설해야 한다. 이런 조건이 갖추어지지 않으면 도시는 고립된 섬으로 남을 가능성이 많다. 연해지역의 도시기능을 내륙으로 기계적으로 이전하는 방식으로는 소기의 효과를 달성하기 어렵다. 그리고 도시화의 지체와 정책적 실패는 중국의 위기를 표면 위로 등장시켜 위기를 가속화할 가능성이 크다.

도시화 추이

2003년 현재 중국의 도시수는 직할시 4개, 부성급도시 15개, 지급도시 267개, 현급시 374개로 모두 660개이며, 진(鎭)을 설치한 곳은 약 2만여 곳이다. 〈표 5-4〉의 추세를 참고로 향후 특대도시, 대도시 등 도시규모가 확대될 것이라고 예측할 수 있다.

2004년 말 현재 도시인구 규모를 통한 도시화 수준은 41.76%이다. 선진국과 비교하여 여전히 낮은 수준이지만 도시화 탄성계수가 높아 시간이 지날수록 도시화가 빠르게 진행되고 있다. 이런 점을 고려하여 다양한 탄성계수를 통해 도시화율을 추세분석하면, '전면적 소강사회' 건설이 달성되는 2020년경에는 도시화율이 48–54% 수준에 도달할 것으로 전망된다. 이렇게 보면 기계적으로 계산해도 2020년까지 50만–100만 명을 수용하는 도시를 약 259개 만들어야 한다는 결론에 도달한다.

그럼에도 불구하고 중국의 도시화 과정은 〈표 5-5〉와 같이 자연지리적 영향과 산업구조의 차이로 인해 동서 간에 불균형하게 발전할 수밖에 없을 것이다. 장강 삼각주, 주강 삼각주와 발해만 지역

〈표 5-3〉 2003년 중국의 도시상황 일람

구분	전국	동부도시	중부도시	서부도시	비고(만 명)
거대(巨型) 도시	3	3(100)	n.a	n.a	1000이상
초(超) 대도시	6	5(83.3)	n.a	1(16.7)	500-1000
특(特) 대도시	25	18(72.0)	5(20.0)	2(8.0)	200-500
대도시	72	26(36.1)	30(41.7)	16(22.2)	100-200
중등도시	113	33(29.2)	53(46.9)	27(23.9)	50-100
소도시	441	178(40.4)	159(36.1)	104(23.6)	50이하
계	660	263(39.8)	247(37.4)	150(22.7)	

주 : 이 중에서 인구 400만 명 이상 도시는 11개, 200만-400만은 22개, 100만-200만 명도시는 141개, 50만-100만 274개, 20만-50만 도시는 172개, 20만 명 이하는 40개이다. 특히 1천만 명 이상의 도시는 베이징, 상하이, 충칭 등 3개이다.

출처 : 『城市統計年鑑』, 2004 pp. 27-28, 613에서 재구성.

의 도시밀집 지역은 지속적으로 발전하여 전체 총인구 대비 이 지역의 도시인구 비중은 증가하고 있다. 이처럼 지역별 도시화 수준의 차이가 크기 때문에 서부개발과 동북진흥계획을 추진하여 그 결과 중서부와 동북부의 도시화가 비교적 빠르게 진행되고 있다. 따라서 전체적으로 동서부의 도시화 차이는 축소될 가능성도 있다. 또한 동부, 동북, 중부, 서부 사이의 도시화의 수준 차이가 확대될 수 있으나 전체적인 자원 · 산업 · 환경배치의 효율은 개선될 가능성이 크고, 포화상태인 동부 연해도시의 기능이 내륙으로 이전하면서 도시화가 확산되는 효과도 나타날 것이다.

〈표 5-4〉 2010년과 2020년 중국의 도시상황 추정

구분	2003		2005		2010		2020	
	도시수	인구	도시수	인구	도시수	인구	도시수	인구
합계	100.00	100.00	100.00	100.00	100.00	100.00	100.00	100.00
초대도시	2.3	26.6	2.5	26.8	3.2	28.0	4.0	30.0
특대도시	4.5	17.3	4.7	17.5	5.0	18.2	6.0	20.0
대도시	9.7	18.2	9.8	18.4	10.0	19.0	12.0	22.0
중등도시	34.1	20.8	33.8	20.5	33.0	19.3	31.4	16.5
소도시	49.4	17.1	49.1	16.8	48.3	15.4	46.2	12.4

주 : 구를 설치할 수 있는 도시의 비농업인구(호적상 비농업인구)에 근거하면 대도시는 도시수와 도시인구 모두에서 상승할 것으로 예측됨.
출처 : 『中國城市建設統計年報』(2003) 등 자료에서 계산.

도시화 추진전략

중국은 10차 5개년계획의 반성적 평가에 기초하여 11차 5개년계획의 도시화 전략을 재구성하고 있다. 우선적으로 토지도시화 · 인구도시화의 발전속도 문제, 공업화가 도시화를 효과적으로 추동하는 메커니즘의 문제, 도시화의 빠르고 건강한 발전의 문제, 세계화 추세 속에서 국민경제 전체의 경쟁력을 높이는 문제 등이 핵심이라고 할 수 있다.

11차 5개년계획의 6대 중점은 성장방식 전환의 추진, 산업구조의 합리적 조정, 삼농문제 해결, 도시화의 건강한 발전 추진, 지역간 협력적 발전의 촉진, 조화사회 건설의 강화이다. 이 중에서 성장방

〈표 5-5〉 2020년 동부, 동북, 중부, 서부의 도시화 수준 예측(%)

구분	2000	2003	2000-2003 연평균증가	2005	2010	2020
전국	36.22	40.53	1.44	43.32	49.20	60.00
동부지구	45.34	48.89	1.19	51.02	56.10	66.20
동북지구	52.14	53.49	0.45	54.36	56.22	64.38
중부지구	29.73	35.19	1.82	38.52	47.21	58.32
서부지구	28.73	31.81	1.03	34.20	40.14	52.48

출처 : 『中國人口統計年報』(2004).

〈표 5-6〉 3대 도시 밀집지구 지표(2000년)

도시밀집지구	인구 (만 명)	면적 (㎢)	GDP	1인당 GDP (위안)	FDI (억 달러)
베이징-천진-당산	3097	48629	5402	17442	53.87
장강삼각주	6905	92937	14800	21433	104.01
주강삼각주	2564	54747	7522	29336	104.67
전국 비중(%)	9.29	21.04	31	-	64.67

출처 : 仇保興, p. 49.

식의 전환은 투자와 수출에 의존하는 경제성장을 소비와 투자, 내수와 외수(外需)가 함께 주도하는 것이며, 공업과 서비스의 공동발전을 추진하는 것을 의미한다. 그리고 산업구조의 조정은 중국의 에너지 부족을 반영하여 자원절약형 소비구조를 정착해야 한다는 것을 의미한다.

중국 당정은 일단 11차 5개년계획에서 균형을 중심에 두면서도 성장주의적 전략을 포기하지는 않았다. 중국의 노동력 구조와 절대인구수를 감안하여 노동집약형 산업을 발전시켜 보다 많은 취업 기회를 창출하는 것이 필요했기 때문이다. 실제 향후 20-30년의 중국의 산업구조 고도화도 3차 산업의 비중이 높은 선진국형 모형이 아니라 2차 산업을 일정하게 유지하는 전방위 동반성장 모델을 추구하고 있다. 또한 비정규직을 통한 일자리 나누기(work share) 방식도 제기될 수 있다. 개발도상국의 경우에 비정규직이 40-60%에 달하고 있으나 중국은 20% 수준이기 때문에 향후 발전의 여지가 있다고 본다.

중국의 도시화 전략을 구체적으로 보면 다음과 같다. 우선 대·중형도시 건설, 중소형도시 건설, 향진(鄕鎭)도시 건설 모델 중에서 기존 2만여 개의 소도시 중 일부 발전 잠재력을 가진 도시를 집중 육성하는 방안과 도시의 경제규모, 흡수력, 취업 창출, 지속가능한 발전, 환경보호의 측면에서 인구규모 50만-100만 명의 중등도시를 발전시키는 방법이 있다. 이 중에서 후자를 지지하는 견해가 우세하다(劉鶴, 2000). 특히 도시 비농업인구의 규모를 볼 때 대략 100만-400만 명의 도시규모가 효율이 가장 높으며, 이 중에서도 200만 명이상의 규모가 효율의 최대점이다. 즉 인구 10만 명 이하와 1,200만 명 이상 대도시의 효율은 마이너스라는 경험연구가 있다(連玉明, 2005, p. 7 ; 王小魯·夏小林, 1999). 왜냐하면 이러한 특대도시의 규모는 재정지출의 순기능적 측면, 예컨대 학교건설, 공원, 도로정비, 도로망 확충의 효과보다는 재정지출의 역기능적 측면인 오수처리, 환경정비, 도시병 발생에 따른 비용이 보다 크기 때문이다. 이런 맥락에서 중국은 소도시 건설론과 대도시 건설론의 장점과 단점을 보완한 다음과 같은 새로운 개념의 도시화 전략을 추진하고 있다.

첫째, 지역적 도시발전 전략과 지역적 중심도시 건설전략이다. 중국은 현재 지역 간 격차가 발생하고 있기 때문에 각 지역의 특성에 부합하는 도시화 전략을 추구하는 것이 불가피하다. 현재 중국은 3대편(3大片 : 북방, 남방, 서부)의 도시현대화 수준의 차이, 8대구(8大區 : 동북, 화북연해, 황화중류, 화동, 화남, 장강중류, 서남, 서북)의 수준 차이, 3대 지대(3大地帶 : 동부 > 중부 > 서부)의 수준 차이가 뚜렷하게 발생하고 있기 때문에 이에 근거한 적절한 전략을 〈표 5-7〉과 같이 수립해야 한다는 것이다.

이처럼 중국 정부는 구체적으로는 지역을 분할하여 발전시키되 중심도시를 발전시키는 전략을 구상하고 있다. 이는 외국의 사례에 비추어 저비용으로 도시를 건설할 수 있고, 정보화가 공업화를 이끌고 공업화가 정보화를 촉진할 수 있다는 장점이 있기 때문이다. 또한 중국 정부는 지역 간 불균형을 해소하기 위해 적극적 재정정책을 시도하고 있다. 장쩌민 시기에 서부대개발 정책을 추진했고, 후진타오 시기에는 계획경제의 마지막 보루라고 불리는 동북 3성 진흥계획을 통해 지역 간 차이를 해소하는 전략을 추진하고 있다. 이의 전략적 목표는 국유기업 개혁, 산업구조 조정, 개방 확대, 취업 및 사회보장 개선 등이다. 2003년 10월 현재 100대 프로젝트에 약 610억 위안 지원계획이 발표되었다. 특히 중국 정부의 대처방식은 후진타오 정부 들어 구두선(口頭禪)에 그치지 않고 지역 불균형의 심화가 사회주의 체제의 안정성을 크게 위협할 수 있다는 인식 하에서 서부대개발과 동북진흥계획뿐만 아니라, 중부대개발을 서두르는 등 지역개발 전략에 최선을 다하고 있다.

둘째, 경제지리적 개념을 활용한 도시권 모델을 적극적으로

〈표 5-7〉 2020 중국의 도농발전 배치

(단위 : 도시화율)

구분	중등발전지역	초보적 발전지역	미발달지역
동북지역 (51.8)		城市帶, 신형공업화, 생태건설, 농업현대화	
화북연해 (53.4)	都市區, 지구화, 지식화, 정보화, 균형발전	城市群, 신형공업화, 생태건설, 농업현대화	대중도시, 공업화, 생태현대화, 농업현대화
황하중류 (33.3)		대중도시, 신형공업화, 생태건설, 농업현대화	대중도시, 공업화, 생태현대화, 농업현대화
화동연해 (59.5)	都市區, 지구화, 지식화, 정보화, 균형발전	都市區, 신형공업화, 지식화, 농업현대화, 적절한 균형	
화남연해 (41.2)		都市區, 신형공업화, 지식화, 농업현대화, 적절한 균형	대중도시, 공업화, 생태현대화, 농업현대화
장강중류 (31.4)		城市化, 신형공업화, 지식화, 농업현대화	대중도시, 공업화, 생태현대화, 농업현대화
서남지구 (25.2)			대중도시, 공업화, 문화산업, 생태현대화, 농업현대화
서북지구 (31.3)			대중도시,생태현대화, 문화산업,농업현대화

주 1 : 도시구(都市區) : 대도시+근교+주변 중소도시를 긴밀하게 연결한 도시
주 2 : 도시군(城市群) : 지리적으로 인접한 대중소도시가 연계되면서도 상대적으로 느슨한 도시군
주 3 : 도시대(城市帶) : 교통간선과 항로간선이 분포한 지역의 도시
주 4 : 대 · 중도시 : 인구 100만 명 전후의 현대화 중심도시
주 5 : 도시화(城市化) : 대중소 도시의 협력적 발전

추진하고 있다. 도시권(또는 도시대)에 핵심도시(중심도시)와 주변도시를 함께 두고 발전시킨다는 것이다. 이는 공간자원을 합리적으로

배치한다는 맥락에서 적극적으로 추진되고 있다. 이러한 도시권의 특징은 1-2개의 특대도시를 중심으로, 중소형도시가 그 배후에 포진하고 산업과 교통이 밀집해 있는 형태이다. 선진국의 경험에 비추어 보면 도시권의 직경거리는 200-300km, 인구는 약 3천만 명 이상이고, 200만 명 이상의 대도시가 중심도시가 되며, 중심도시의 역내총생산이 도시권 전체의 1/3 정도를 차지하는 모형이다. 중국 전체를 이러한 방향으로 발전시키는 것은 어렵지만 장강삼각주 도시군, 요녕-심양(遼瀋)의 도시군, 북경-천진의 도시군, 주강삼각주 도시군, 청유(成渝) 도시군이 이미 존재한다고 볼 수 있고, 현재 무한-의창(宜昌)-장사를 중심으로 하는 도시군, 장사-류주(柳州)를 중심으로 하는 도시군도 형성되고 있다(周天勇, pp. 97-99). 이것은 이른바 네트워크 도시(網絡城市)와 상통하는 개념이다. 또 하나의 특징은 11차 5개년계획의 일환으로 북경-천진-산동 내륙을 잇는 발해만을 중점육성지역으로 지정하여 기존의 선전-홍콩축, 상하이-강소-절강축과 함께 3대 축으로 발전시킬 계획을 추진 중이라는 점이다. 왜냐하면 중국 전체 수출의 40%를 담당하는 상해 벨트가 노동력 부족과 에너지난, 인건비 상승으로 성장속도가 둔화되고 있으며, 이러한 상태에서는 지역 균형발전은 물론이고 안정적인 성장을 달성하는 데에도 한계를 가질 것이기 때문이다.

셋째, 농촌의 도시화 전략이다. 농촌 과잉인구의 압력과 토지부담의 모순을 완화시키기 위해서는 농촌의 도시화 전략도 중요한 과제이다. 특히 농촌의 도시화 전략은 비도시화 방식의 분산건설에 비해 경지를 절약할 수 있다는 장점이 있다. 이것은 전통적 농업생산방식과 성장방식의 전환, 산업구조 고도화의 과정이라고 할 수 있다.

농촌의 도시화 전략은 농촌시장의 개척, 관련 산업발전을 통해 국민경제를 지속적으로 성장시키는 데 매우 중요할 뿐만 아니라 대도시 과밀에서 나타나는 도시병을 극복할 수 있으며, 농촌 비농업산업의 과도한 분산이 야기하는 농촌병도 동시에 해소할 수 있다는 문제의식에서 출발했다. 그리고 이러한 방식은 전통적인 농촌인구의 증가를 억제하여 효율적인 인구정책을 수립하는 데 유리할 뿐만 아니라, 농민 노동력의 질을 높이고 지속가능한 발전과 문화적 힘을 고양시키며 오염방지관리와 환경보호에도 유리하다고 판단된다. 요컨대 농촌의 도시화는 도시체계의 합리화에 유리하고 도농 간 협력적이고 지속가능한 발전에 유리하다고 평가한 것이다.

이와 관련하여 호구제도의 개선이 중요하다. 베이징 등 대도시에서는 여전히 비교적 엄격한 통제가 이루어지고 있으나, 1995년 호구정책의 변경을 통해 현성(縣城)과 중심진(中心鎭)으로의 호구이전을 철폐하고 있으며, 농촌 잉여노동력이 소도시로 이전하는 것을 엄격하게 제한해 오던 것을 완화시키고 투자능력을 지닌 외래인구에게 대도시 녹색카드(green card)를 부여하고 있다. 그리고 2003년 호북성의 무한, 상판(襄樊), 황석(黃石) 등에서는 농업과 비농업 호구의 구분을 폐지하고 호북성 주민으로 통일한 바 있으며, 산동성에서도 이 제도를 시행하여 더 이상 도시수용비(增容費)를 받지 않고 있다. 나아가 2005년 중국 공안부는 농업과 비농업 호구의 구분을 폐지하고 도시와 농촌 사이의 구분을 없애고 통일된 호구관리제도를 실시할 계획을 가지고 있다. 북경을 제외한 산동성, 요녕성, 복건성 등 11개 성이 대상지역이며, 향후 합법적이고 고정된 거주지에 주민이 정착하도록 지원하는 제도를 대상지역에 확대할 것으로 알려지고 있다.

그러나 문제는 농업인구의 도시 이전에 대한 엄격한 제한을 풀고는 있으나 이들 노동력이 산업이 발전하지 않은 도시보다는 대도시로 옮기려는 현상이 줄어들지 않고 있다는 점이다.

| 한계와 평가

우리는 중국을 하나의 단일한 사회로 보기 어렵다. '진정한 중국'을 흔히 '하나의 중국, 두 가지 제도', '하나의 중국, 네 개의 세계', '하나의 중국, 네 종류의 사회'로 비유하기도 한다(胡鞍鋼 · 門洪華, 2005, pp. 118-119). 두 가지 제도란 도시와 농촌의 신분제도를 기초로 신분, 교육, 취업, 서비스 영역에서 차이가 존재한다는 말이다. 이러한 제도적 차이는 도농 간의 소득차이와 사회적 격차를 확대하는 주요한 원인이다. 실제로 농촌인구는 총인구의 2/3에 달하지만 정부의 농촌인구에 대한 재정지출은 1/7-1/10에 불과하다. 네 개의 세계란 지역적 불균형을 상징한다. 중국의 1인당 GDP를 기준으로 제1세계는 북경, 상해, 심천으로 전 인구의 2.2%이다. 제2의 세계는 광동, 절강, 강소 등 연해지역으로 전 인구의 22%, 제3세계는 소득규모가 중등 이하의 수준에 있는 지역으로 전 인구의 26%, 나머지 저소득지역은 제4세계로 구분하는 것이다. 네 종류의 사회가 있다는 의미는 농업사회, 공업사회, 전통적 서비스 산업, 지식사회 등으로 구분될 수 있다는 말이다.

이러한 다양성이 중국이라는 단일한 단위로 문제를 풀어가기 어렵게 만든다. 중국의 도시화 전략은 이런 의미에서 '진정한 중국'을 하나의 중국으로 묶어가는 출발점이다. 그러나 도시화가 농촌의 도시화와 농촌인구의 도시인구화를 의미한다면, 적어도 향후 10년간은 도시 노동력의 공급과잉이 지속되면서 농업인구의 질서 있는 이동을 어렵게 하고 도시는 도시대로 고용상황을 개선하지 못한 채 삶의 질과 복지의 위기가 출현할 가능성이 크다. 물론 중국 당정도 이러한 문제의식을 지니고 2010년까지 제11차 5개년계획 기간 동안 기존의 중상주의 전략에서 부민(富民)주의 전략으로 선회했고, 도시화 전략에서도 도농 간 협력적 발전을 통해 위기를 유예하려는 정책을 시도하고 있다. 이 기간 동안의 정책적 성과가 향후 중국 사회의 안정에 매우 중요한 영향을 미치게 될 것이다. 현재 중국이 가장 좋은 시기이자 가장 나쁜 시기에 처해 있다는 언급이 나오고, 11차 5개년계획의 문건을 관건적 문건, 혁명적 문건으로 보는 이유도 여기에 있다.

우리는 중국의 정책수단의 적실성과는 별도로 구조적 위기를 극복할 수 있는 핵심변수로 시장-산업-자원에서의 병목을 극복할 수 있는 전략과 정치사회적 위기를 극복할 수 있는 대안으로서 도시화 전략을 추출했다. 도시화 전략은 중국 사회의 핵심적인 위기변수인 농업 · 농촌 · 농민문제와 실업 및 사회적 불평등을 근본적으로 해소할 수 있는 수단으로 제기되었다. 그리고 이는 다시 내수시장, 산업구조 조정, 정치안정과 연계되어 있는 문제이다. 비록 도시화 전략이 장기적 과제이기는 하나 적절한 프로그램을 준비하지 않으면 사회적 위기가 증폭될 가능성이 크기 때문에 21세기 들어 가장 중요한 국가 정책목표 중 하나가 되었다. 그러나 우리는 중국의 도시화 전략이 건강한 산업구조 조정과 함께 이루어지지 않으면 문제가 조기에 나타날 것으로 보고 있으며, 도시화 전략 자체도 많은 한계가 있다는 것을 발견하게 된다.

중국의 도시화 전략의 가장 큰 문제는 중국 경제의 정부주도형 발전 모델이다. 우선 지역 간 경쟁이 필요 이상으로 가중되고 있다. 정부주도형 경제발전의 원동력은 발전에 대한 압력을 통해 이루어져 왔다. 즉 중앙정부가 지방정부에 발전의 압력을 가하면서 각급 지방정부 사이에 발전지표 경쟁이 가속화되었다. 지방정부 사이의 경쟁은 과거 20년간 경제성장의 원동력이 되었다. 그러나 외국기업 유치를 위해 저렴한 토지를 대규모로 무모하게 제공하면서 '토지를 통해 프로젝트를 수행하고 토지를 통해 발전을 하는' 지방경제 발전 모델이 고착되었다. 이러한 배경에는 심각한 지방재정의 부담이 있다. 중앙정부가 강력한 재분배 메커니즘을 가지고 있지 못했기 때문에 지방정부에 대해 의무교육, 사회보장에 대한 의무이행을 요구했고 지방정부는 여기에 소요되는 재정을 확보하기 위해 난개발을 하게 되었다. 그럼에도 불구하고 여기에 대한 효율적인 통제 메커니즘은 결핍되어 있다. 현재와 같은 토지공유제 아래에서 지방정부가 토지를 통해 재정자원을 조달하는 것은 불가피해 보인다. 즉 중앙정부의 유인책 과잉과 통제 시스템 결핍이라는 특징이 드러나고 있다.

따라서 향후 도시화 정책을 추진하기 위해 가장 중요한 요소는 재원조달의 문제이다. 왜냐하면 농민을 도시노동자로 전환시키기 위해서는 거주와 공공재화의 분배문제를 동시에 해결해야 하고, 더욱 더 중요하게는 재화를 취득할 수 있는 능력을 배양시켜 주어야 하기 때문이다. 2050년 중국의 도시인구를 약 10억-11억 명으로 추론한 비용-수익 모델 분석에 의하면, 매년 농민을 도시주민으로 전환시키는 1인당 비용은 순수경비 약 1만 4,500위안과 공공비용 약 1만 500위안을 합쳐 2만 5천 위안에 달한다. 따라서 현재 추세대로 연간 1%의 도시화가 진행되고 향후 50년간 약 6억-7억 명의 도시인구가 증가된다고 보면, 도시화에 소요되는 총비용은 1조 5천억-1조 6천억 위안에 달한다. 이는 2000년 GDP 총량 대비 2배이다. 이 경우 50년 동안 연평균 지불비용은 3천억-3천5백억 위안으로 2000년 GDP 총액의 약 4%에 달한다. 여기에 농민을 도시노동자로 전환시키기 위해서는 도시 주거문제를 비롯하여 재화 획득 능력 및 생계 수단을 배양시키는 훈련비용도 포함되어야 할 것이다. 정부 재정이 부족한 상태에서 효율적으로 재정을 집행하지 못하는 어려움이 나타날 가능성이 크다. 사실 국가재정은 개혁·개방 이후 현재까지 1978년, 1981년, 1985년을 제외한 모든 기간에서 적자를 보였다. 2003년 재정적자는 2,916억 위안에 달하며, 중앙과 지방의 재정수지는 각각 수입 54.6 : 45.4, 지출 30.2 : 69.8 수준이다.

두 번째는 농촌개발구의 폐단을 극복하는 일이다. 이러한 폐단이 농민이익을 침해하고 대규모 실지(失地) 농민을 배출하여 사회안전망의 교란시키는 원인이 되고 있다. 중국의 토지보상은 1999년 1월 1일 〈토지관리법〉에 따라 진행되고 있다. 이에 따르면, 보상기준은 해당경작지가 수용되기 직전 연평균 생산치의 6-10배, 직업이전(安置)보조비 4-6배 수준에 불과하다. 1무(畝)당 토지보상비(청묘보상비, 노동력 이전비용을 포함)는 3만-5만 위안 수준이지만, 대부분 집체로 귀속되고 실질적으로 농민 개인의 수중에는 약 1만 위안 정도가 보상된다. 더구나 철도와 도로 등 사회간접시설에 수용될 경우 5

천-8천 위안 수준에 불과하다. 이 과정에서 경지파괴의 문제도 심각하게 대두하고 있다. 중국 농민은 개발구의 '구획정리' 운동으로 삼무(三無 : 無地, 無社會保障, 無工作)상태에 내몰리고 있으며, 현재의 호적제도 아래에서 농민과 기층 노동자의 수입이 늘어나지 않아 경제성장의 성과를 누리지 못하는 문제가 갈수록 심각해지고 있다. 이에 따라 토지이용 효율이 떨어지고 귀중한 토지자원이 방치되고 있다. 전국의 성급 이상 900여 개의 개발구 중에서 국가가 비준한 계획용지는 약 3천만 무 정도이지만 개발이 완료된 것은 계획한 총면적의 약 13.5% 수준에 불과하다. 이렇게 보면 약 2,600만 무의 토지가 방치되고 있다고 볼 수 있다. 성급 이하의 개발구는 이보다 더욱 상황이 심각하여 중국의 농업생산을 급격하게 악화시키고 있다. 더욱이 난개발은 저개발의 도시문제와 결부되어 나타나고 있다. 즉 개발구에 개발용 토지를 대량으로 제공하면서 전국 각지에 난개발이 나타나고 있다. 이로 인해 대규모 토지자원이 유실되고 사회간접시설 건설과 공공적 성격의 도시설계가 불가능해져 불량한 저밀도 도시가 초래된다. 그럼에도 불구하고 지방정부가 각종 명목으로 토지구획 운동을 하는 것을 근원적으로 해소하기는 어렵다. 또한 개발구는 부패의 온상이 되고 있다. 이런 이유로 당국은 2003년 기준 전국적으로 2,426개 개발구를 취소하고 294개를 바로잡았다. 법률을 위반한 건설사건은 16만 8천 건에 687명이 기율위반 처분을 받았으며 94명은 형사소추되었다.

세 번째는 중국식 뉴딜정책(新政)의 추진 가능성이다. 한편으로는 물적 기초(physical infrastructure)를 통해 노동력을 흡수하고, 다른 한편으로는 사회적 기초(social infrastructure), 즉 사회보장체계를 구축하여 최소한의 사회안전망을 확보한다는 전략이다. 그러나 도시가 형성되고 내수가 확대되지 않은 상태에서 정부가 이러한 재정적자를 감당할 수 있는가 하는 문제가 남아 있다. 또한 도시화에 소요되는 자원조달의 문제도 나타날 것이다. 연간 2천만 명의 농촌노동력이 2015년까지 지속적으로 도시로 이전할 경우, 약 7억 명의 도시인구가 형성된다. 이때 신규도시의 건설과 기존도시의 확대로 건설 붐이 나타나게 될 것이다. 그러나 기존의 신도시 건설과 같은 구체적인 프로그램이 없는 상황에서 지방의 난개발이 도시화 과정과 결합될 경우, 여러 가지 병목현상이 발생할 가능성이 크다. 우선 신규도시의 건설은 철강, 시멘트, 모래와 같은 건축자재의 자원대란을 야기할 것이고, 이는 원자재 폭등이나 하천오염 등의 환경문제를 동시에 야기할 가능성이 크다. 중국이 자원소모를 줄이고 효율을 높이는 지속가능한 발전을 국가정책의 중심적인 의제로 설정한 상태에서 향후 이 문제가 뜨거운 쟁점이 될 것이다.

넷째, 이념의 문제이다. 농촌과 도시는 상호 의존적 관계이며, 농촌과 도시의 비중은 경제발전 단계에 따라 규정된다. 따라서 정부가 주도적으로 관여하는 현재와 같은 도시편중 전략은 농촌을 약탈하여 도시를 발전시키는 과거의 경험을 되풀이할 가능성이 있다. 현재 농민은 과중한 소득외 부담에 시달리고 있고, 농산품과 공산품의 협상가격차, 재정지출의 지나친 도시 편중, 농촌 금융자금의 과도한 유출, 농지 부가세의 수익이전 등의 문제로 고통받고 있다. 이러한 문제를 해결하기 위해서는 직업별로 농업인구와 비농업인구를 결정하는 호적등기제도 도입과 같은 호적제도 개혁을 통해 농민의 도시진입 장벽을 해소하고, 노동취업제도 개선을 통해 전국적 통일노동시장을 형성하여 '도시 보호주의'를 타파해 농민의 도시취업을 용이하게 해야 한다. 또한 토지를 순조롭게 양도하지 못하고 토지수익도 보상받지 못하는 현재의 토지제도를 개혁하여 농민의 재산권 장애를 해소하고, 도시와 농촌의 이원적 복지보장제도 개혁을 통해 농민의 도시진입으로 인한 고통을 감소시켜야 한다. 아울러 '정부가 도시를 건설하고 주민이 향유하는' 단일 투자체제를 개혁하여 정부-기업-개인이 공동으로 도시건설에 참여하는 적극성을 발휘해야 할 것이다. 만약 이러한 문제가 해결되지 않고 호구의 문제도 지체되어 도시 유동인구들이 도시에서 슬럼가를 형성하면서 경제사회적 위기를 고스란히 안게 될 경우, 사회적 위기가 가중되어 나타나게 될 것이다. 그러나 이러한 과제들은 전통적 · 사회적 동원기제 전반을 새롭게 조정해야 하는 정치적 · 이데올로기적 문제여서 복잡한 과제를 수반하고 있다.

이렇게 보면 중국의 도시화는 사실상 중국 정치사회의 안정과 직결된 문제이다. 도시화 전략이 중국의 많은 정치경제적 모순을 해결할 수 있는 현실적인 대안전략으로 부상하고 있기 때문이다. 도시화 전략의 연착륙은 중국의 경제발전과 정치안정을 평가하는 척도가 될 것이다. 그러나 중국 사회의 연착륙이 곧바로 중국이 현대화 궤도에 안착했다는 것을 의미하는 것은 아니다. 그 성패와 무관하게 중국의 경제발전과 향후 전망에 대한 논쟁이 끊이지 않을 것이다. 그리고 중국의 대국적 지위에 대해서도 세계대국으로 성장했다고 보는 시각과 형성중이라는 시각 또는 잠재력을 가지고 있다는 시각 등으로 다양하다. 그러나 우리는 비록 2류 국가(Second-rank power)라는 지적(Segal, pp. 24-36)이 있음에도 불구하고 중국이 완전한 권력 또는 포괄적인 권력(complete power or comprehensive power)의 잠재력을 가지고 있다는 견해(Funabashi, Oksenberg, Weiss, p. 2)에 대체로 동의할 수 있다. 옥센버그 등의 지적대로 중국이 경제발전에서 세계의 중심에 서있고 군사능력에서는 선도적 지위에 있으며, 전 지구적인 정치적 영향력과 문화적 역량을 지니고 있는 것은 분명하기 때문이다.

그러나 중국의 잠재력이 현실의 힘으로 성장하기까지는 보다 복잡한 방정식을 필요로 한다. 무엇보다 많은 변수가 작용할 수밖에 없고, 앞서의 분석과 같은 병목을 극복하는 방식과 능력을 통해 중국의 장기적 국가목표인 세계강국의 가능성이나 단기적인 정치사회적 안전을 추론할 수밖에 없다. 물론 중국의 이러한 위기가 곧바로 임박한 중국의 붕괴를 의미하는 것은 아니다. 그러나 이러한 모순이 매우 구조적이라는 점과 위기가 개별적으로 발전하고 소멸하는 것이 아니라, 동시에 발전하고 증폭될 가능성이 있다는 점에 문제의 심각성이 있다.

이 연구를 통해 우리는 중국 정치사회의 장기적 전망을 분석하면서 일단 향후 10년간의 위기관리가 매우 중요한 바로미터가 될 것으로 보았다. 왜냐하면 이 시기는 경제적으로는 고성장 저통화팽창의 기초에서 성장과 과잉이 동시에 출현하는 성장의 딜레마, 소비구조의 고도화와 경제구조 지체의 모순, 고성장과 고비용의 모순, 내수부족과 외수(外需)증가의 모순, 양적 성장과 가치성장의 모순, 균형성장과 불균형성장의 모순 등이 나타나는 시기이기 때문이다(白津夫, 2005). 이러한 경제성장의 모순은 2008년 올림픽과 2010년 상하이 엑스포를 거치면서 폭발할 가능성이 있다. 특히 중국 당정이 도시노동자를 효율적으로 관리하기 위한 안전판으로 설정했던 단위체제

(work unit system)가 대부분 해체되면서 당정의 이데올로기를 주입하고 주민에 대한 정치적 통제를 가능케 했던 시스템이 현저히 약화되고 있다. 여기에 인터넷 공간의 확대로 인한 정보유통의 증대는 중국과 같은 대규모 국가를 체계적으로 운영하는 데 어려움을 가중시키고 있다.

문제는 전면적 소강사회론 건설전략이 성장의 축(locomotive)인 경제시간표에 따른 경로의존적(path dependent) 경향이 강하다는 점이다. 이 과정에서 중국 당정의 구상과 달리 기능적 하부체계가 느슨한 통제를 틈타 자체의 논리에 따라 지향점 없이 작동하면서 전체적인 구상을 무력화할 가능성도 있다. 이때 하부체계에 목표를 부여하는 것이 정치적 리더십이다. 그러나 경제발전이 상당히 이루어진 시점에서 '자유화 없는 민주화'에 기초한 정치적 리더십이 효율적으로 작동할 것이라고 단정하기는 어렵다. 더구나 2015년경에 등장할 제5세대 지도부가 올림픽과 상하이 엑스포 이후 거품경제의 유산을 받아야 할 가능성이 있을 뿐만 아니라, 건국 이전에 출생한 세대가 퇴장하면서 이들의 권력우산이 취약한 가운데 '안정중시론'과 '민주주의 확대'를 둘러싼 잠복된 갈등이 대외정책의 기조를 포함한 다양한 영역에서 나타날 가능성도 있다. 그리고 사회주의의 존재방식이라는 본질적인 문제를 둘러싼 이념적 갈등도 중요하다. 이런 점에서 제4세대에서 문혁 이후 세대들이 정치권력의 지도부에 진입하는 5세대로 이전하는 시기에 과거와 같은 안정적인 정치권력의 이양이 이루어지면서 정상정치(normal politics)가 제도화될 것이라고 예측하는 것은 과도한 일반화이다.

이런 이유로 중국이 전면적 소강사회 건설의 연착륙을 통해

2020년 이후 세계강국 또는 정상(正常)국가에 접근한다고 해도 중국의 정치적 장래에 대해서는 다양한 견해들이 제기될 수밖에 없다. 즉 성공의 역설이 나타나는 혼란스러운 중국(Chaotic China), 이성이 승리하는 협력적 중국(Cooperative China), 전제권력이 출연하는 독단적 중국(Assertive China) 등이 그것이다. 물론 이러한 분석에는 믿고 싶은 것을 믿으려 하는 희망적 예단이 깔려 있지만 각각 나름의 근거를 가지고 있다. 이런 점에서 아무도 걸어가지 못한 중국형 경로나 중국적 발전 모델의 유효성을 입증하는 베이징 컨센서스가 현실적으로 의미 있는 모형이라고 해도 병목을 극복하는 과정에서 구조전환이 이루어지지 않는다면 이는 근본적으로 취약한 구조일 수밖에 없을 것이다.

6. 국제정치환경의 압박

이 장에서는 중국 경제성장의 대외적 · 정치적 환경으로서 국제정치체제와 이에 대한 중국의 대응을 다룬다. 제1장에서 논의했듯이 중국의 성장은 단순히 후발 개도국의 성장이 아니라, 21세기 초 동아시아 지역이라는 특수한 시공간적 환경에서 거대 국가의 대두라는 의미를 지닌다. 따라서 중국의 성장이 국제질서에 중대한 영향을 미칠 뿐만 아니라, 국제환경 자체가 중국에 중대한 제약을 가져올 수밖에 없다. 중국의 미래에 가장 중대한 영향을 미칠 변수는 물론 미국과 일본이다. 이들의 전략과 그 의미는 향후의 연구과제로 남는다. 여기서는 중국의 성장이 지니는 국제정치적 의미를 짚어보고, 지금까지의 중국의 외교 · 안보적 대응을 분석한다.

중국 성장의 국제정치적 의미

중국의 고속성장이 가지는 국제정치적 의의는 무엇인가? 다시 말해 중국이 연평균 9.0%를 상회하는 경제성장을 계속하는 것이 주요 국가들 사이에, 나아가 세계 전체에 어떠한 정치적 의미를 지닐 것인가? 그것이 국제정치질서의 안정성을 더할 것인가, 아니면 불안정 요소가 될 것인가? 국가들 사이의 위계질서는 더욱 평등해질 것인가, 아니면 불평등해질 것인가? 그와 같은 체계적 차원의 변화가 중소국가의 삶에 미치는 영향은 어떠한가?

중국이라는 거대 경제단위가 빠른 성장을 하면 그 성장분도 클 수밖에 없다. 그리고 그것이 외부행위자들에게 경제적 기회 또는 도전을 제기한다. 오늘날 중국의 성장에 세계의 이목이 쏠려 있는 것은 대개 그와 같은 경제적 기회와 도전 때문이다. 그러나 보다 큰 그림에서 국제정치학자들은 그것이 국가단위들 사이에 미치는 정치적 영향에 주목한다. 오늘날은 전 세계가 주권국가들에 의해 나뉘어 지배되고 있는 국민국가의 시대이다. 국가는 영토 내의 자원을 효율적으로 관리하고 동원하여 서로를 지배하고자 하는 정치적 경쟁을 펼친다. 중국이라는 거대 경제단위가 성장을 지속하고 경제자원을 효율적으로 동원하고 조직할 수 있는 역량을 보유하는 한, 그것은 다른 나라들과의 정치적 관계, 즉 지배-복종의 관계에 영향을 미칠 수밖에 없다.

이와 같은 일반론에서 더 나아가 중국의 성장은 구체적으로 어떠한 영향을 미칠 것인가? 그 구체적 과정과 동학은 어떻게 전개될 것인가? 사실 이 질문에 대한 대답은 하나의 가설이자 이론일 수밖에 없다. 지금의 시간적 · 공간적 조건에서 중국이라는 단위가 성장하는 현상은 전례가 없는 것이기 때문에 역사적 경험에서 유추할 수 있는 것이 아니다. 지금의 상황과 유사한 과거의 경험을 분석하고 그 일반적 요인을 정리하여 이론을 만들고, 그 이론에 비추어 지금 시점의 특수한 상황의 의미를 찾는다는 점에서 이론적 작업일 수밖에 없다.

이렇게 볼 때 일단 중국의 성장이 가지는 일반적 조건을 정리할 필요가 있다. 첫째, 중국은 우선 거대 단위이다. 영토의 크기, 그리고 그 영토에 살고 있는 사람들의 숫자에서 세계에서 가장 큰 나라 중 하나이다. 다시 말해 중국은 강대국이다. 둘째, 중국의 경제는 유사한 크기의 다른 나라의 경제에 비해 더욱 빠른 속도로 성장하고 있다. 셋째, 중국이라는 국가는 효율적 동원조직을 갖추고 있는 강한 국가이기 때문에 그 경제적 자원은 곧 전쟁 잠재력이다. 즉 국가는 경제성장의 과실을 동원하고 조직하여 대외적 관계, 특히 전쟁에 동원할 수 있다.

국제정치학자들은 이상과 같은 조건을 가진 정치단위가 다른 단위에 비해 빨리 성장할 때, 그것이 매우 역동적인 국제정치적 현상을 초래한다고 봤다. 국제정치의 역사, 나아가 세계사는 곧 강대국 흥망성쇠의 역사라는 것이다(Gilpin 1980 ; Kennedy 1987). 그리고 그와 같은 역동적인 국제정치현상을 어떻게 묘사하고 설명하는가에 따라 다양한 이론들을 개발해 왔다. 패권안정이론, 세력균형이론, 세력전이이론, 패권전쟁이론 등이 모두 국제정치학자들이 개발한 거시적 국제정치이론이다. 이와 같은 이론들이 중국의 성장이 가지는 국제정치적 의미에 대해 어떠한 논의를 하고 있는지를 살펴보고, 보다 구체적으로 그 국제정치적 동학과 과정을 분석하고 전망하는 것이 이 장의 목적이다.

이와 같은 작업은 결코 새로운 것이 아니다. 이미 지난 수년간 이상과 같은 이론적 논의를 배경으로 하여 소위 '중국위협론'이

꾸준히 제기되어 왔다. 그러나 새로운 일이 아니라고 해서 쉬운 일도 아니다. 중국위협론에 대한 논의 자체가 중국으로 하여금 '화평굴기'(和平崛起) 또는 '화평발전'(和平發展)을 천명하도록 강요하는 등 현실 국제정치에 영향을 미치고 있기 때문이다. 다시 말해 중국 성장의 국제정치적 의의를 따지는 것은 마치 이동하는 표적을 노리는 것과 같은 것이다. 그럼에도 불구하고 이 장에서 하고자 하는 작업은 큰 의미가 있다.

첫째, 기왕의 중국위협론 등 이론적 논의는 극히 추상적 수준에 머무르고 있다. 물론 앞에서도 지적한 바와 같이 미래를 점치는 것이라는 본질적 제약이 있다. 그럼에도 불구하고 중국위협론이 인용하는 이론적 논의는 극히 추상적이고 정태적이어서 중국위협이든, 중국기회든 중국의 성장이 지니는 국제정치적 함의에 대한 구체적 경로를 밝혀주지 못하고 있다. 이를 보완하는 것이 이 장의 목적이다.

둘째, 이상의 불만에 대응하여 이 글은 중국의 성장이 초래할 수 있는 국제정치적 파장을 지금까지 비교적 소홀히 취급되어 온 한 국제정치이론, 즉 "팽창압력이론"(lateral pressure theory ; Choucri and North, 1975)을 원용하여 분석한다. 이 이론은 국제정치체계 혹은 체계의 구조에 초점을 두어 온 기왕의 이론과 달리 강대국들의 성장과 팽창이 맞물려 빚게 되는 국제정치동학의 구체적 경로를 밝혀주고 있다는 점에서 유용하다.

셋째, 팽창압력이론의 논리에 따라 중국의 성장이 초래할 대외적 팽창의 궤적을 지난 5년간 중국 고위급, 특히 정상급의 외교적 행적을 따라 추적한다. 외교란 대개 일상에서 일어나는 대외적 사안을 관리하는 것이 주업무이다. 그러나 정상급 외교의 경우는 미래지향적 · 전향적 사안을 추진하고 관리하기 위한 것이기 때문에 한 나라의 정부가 그 나라의 국제적 삶을 어떻게 평가하고 전망하고 있는지를 점쳐볼 수 있는 귀한 자료가 될 수 있다.

'중국위협론'의 구조

주로 미국의 조야에서 제기되는 중국위협론은 두 가지 현실적 상황을 배경으로 하고 있다. 첫째, 냉전종식 이후 세계질서는 미국을 극으로 하는 단극적 또는 세계적 패권질서로 특징지어진다. 미국은 전 세계적 차원에서 상대할 국가가 없을 정도의 힘과 이익을 누리고 있다. 둘째, 세계 제4위의 영토와 세계 제1위의 인구를 보유한 중국의 경제가 급속히 성장하고 있다. 그와 같은 급속한 성장은 곧 중국의 힘과 이익의 팽창을 낳아 미국의 지위와 이익을 '위협'한다. 그리고 그것은 강대국 간의 불균등 성장이 세계적 차원의 전쟁을 낳은 전례에 비추어 볼 때, 전 세계질서의 안정과 평화를 '위협'한다. '중국위협론'을 가장 체계적으로 제시한 한 저서는 다음과 같이 전망하고 있다.

> 아시아에서 주도적 지위를 차지하려는 중국의 목표는 아시아에서 단일한 지배국이 등장하는 것을 막는다는 미국의 확고한 정책목표와 정면으로 충돌한다. (…) 앞으로 10-20년 사이에 중국이 태평양 서쪽에서 지배적인 국가로 등장하는 것은 의심할 여지가 없다. 중국이 대만을 무력으로 취하려 하거나 남중국해에서 영토분쟁

> 을 무력으로 해결하려고 함으로써 미국과의 군사적 분쟁이 촉발될 가능성은 항상 존재한다. 특히 중국의 군사력이 지금처럼 계속 성장할 경우 더욱 그렇다. 설사 직접적인 전쟁이 아니더라도 10년 후 미국과 중국은 세계를 다투는 경쟁에서 적대관계에 설 것이다. 양국 간의 경쟁의 와중에서 다른 국가는 한편을 택하지 않을 수 없을 것이고, 군사력, 경제적 복지, 다른 나라와 현재 국제규범으로 인정되고 있는 여러 가치와 관행에 대한 영향력 등 국제경쟁의 표준적 요소가 모두 개입될 것이다. 나아가 미래의 중미 경쟁은 서방의, 특히 미국의 세계적 우위에 도전하는 새로운 세계적 질서의 형성과 맞물릴 수도 있다(Bernstein and Munro 1997 : 21).

이렇게 볼 때 중국위협론은 몇 가지 가설에 기반하고 있다. 첫째, 강대국 사이의 세력구조 변동은 세계정치질서의 안정에 큰 충격을 미친다. 둘째, 힘을 기준으로 한 국제정치적 위계질서의 정점에 위치한 국가들 사이에서 상대적 힘의 변화가 생길 경우, 이는 패권적 경쟁의 형식을 띠게 될 가능성이 높다. 셋째, 강대국 사이의 패권적 경쟁은 국제적 행위규범과 체계를 둘러싸고 펼쳐지며, 그에 따라 전 세계 국가들에게 어려운 선택을 요구할 것이다. 이 세 가지 가설을 보다 자세히 살펴보자.

우선 국제정치학자들의 눈으로 볼 때, 국가들이 하나의 (법)인격체가 되어 펼치는 국제정치는 하나의 체계(system)를 구성한다. 체계란 곧 서로 상호작용하는 단위들의 집합체이다. 하나의 체계 속에서는 한쪽에서 일어나는 일이 외견적으로 관계가 없어 보이는 다른 쪽에 바로 영향을 미치는 상호의존적 관계가 형성된다. 그리고 그 체계의 총체적 구조가 그 체계의 행태적 속성에 큰 영향을 미친다.

오늘날 국제정치체계의 가장 크고 근본적인 특징은 그것을 구성하는 단위, 즉 국가들이 최소한 명분에서는 그 상위의 권위체를 인정하지 않는다는 점에 있다. 즉 국제정치체계 구조의 근본적 특징은 단위들 사이의 관계가 위계적(hierarchical)이 아니라 무정부적(anarchical)이라는 데 있다. 그러다 보니 단위들 사이에서 힘을 기준으로 한 사실상의 지배복종 관계를 다투는 적나라한 권력정치가 나타난다는 역설적 현상이 초래된다. 그래서 정치단위들 사이의 위계적 관계를 제도화하고 그에 따라 예측가능한 정치현상을 펼치는 국내정치와 달리, 단위들 사이의 힘의 부침에 따라 그 현상도 달라지는 매우 커다란 역동성을 노정하는 것이다.

그럼에도 불구하고 국제정치학자들은 그 역동성에도 일종의 패턴, 즉 정형이 있다고 본다. 특히 국제정치체계를 주름잡는 강대국들의 숫자가 곧 체계의 구조를 규정하고 서로 다른 구조가 각 단위들에 상이한 제약을 가함으로써 단위들의 행위적 특징을 초래한다고 본 것이다. 주어진 국제체계 속에 강대국이 단 하나일 때의 단극구조, 둘일 때의 양극구조, 셋 이상일 때의 다극구조 등이 (구조적 현실주의) 국제정치이론가들이 주어진 국제정치체계 속의 국제정치현상을 분석하는 이론적 틀이다.

특히 이들이 볼 때, 국제정치체계가 하나의 체계를 구성하는 가장 큰 행태적 특징은 바로 세력균형(balance of power)이다(Waltz, 1979 ; Jervis, 1997). 국가들 사이의 분쟁을 권위적으로 해결할 수 있는 상위 권위체가 없는 무정부 상태에서 각국은 각자의 생존과 번영을 위해 스스로의 힘에 의존할 수밖에 없는 자력구제(self-help)의 정치를 펼친다. 그 힘이란 다른 국가의 힘에 비추어 정의되는 상대적인 것이기 때문에 모든 나라는 다른 나라의 힘에 주목하고 그에 비추에 스스로의 정책을 조정할 수밖에 없다. 그리하여 체계 내의 모든 나라가 모든 다른 나라의 움직임에 관심을 가지는, 그리고 그에 따라 체계 한 쪽의 움직임이 다른 쪽에 반향을 초래하는 국제정치의 체계성을 낳는 것이다.

그와 같은 세력균형 정치는 묘한 동태적 과정을 통해 세력균형의 "법칙"을 낳는다. 각 국가들은 각자의 생존가능성을 높이기 위해 노력하는 과정에서 어느 국가가 지나치게 큰 힘을 가지게 되는 것을 막게 된다. 그럼으로써 어느 나라가 국제체계 전체를 지배하는 일을 방지한다. 다시 말해 국제체계의 무정부적 성격이 재생산된다. 그와 같은 패턴은 거의 법칙에 가까운 역사적 흐름을 보여왔다.

이러한 자율조정 과정은 때로는 평화적으로, 때로는 폭력적으로 이루어졌다. 보다 정확히 말하자면 대개의 경우 폭력적으로 이루어졌지만 그 폭력의 정도에서 차이가 있었다. 국가들 사이의 작은 다툼도 일종의 세력균형의 과정이었다. 나폴레옹 전쟁, 양차에 걸친 세계대전은 보다 큰 다툼이었지만 그것도 세력균형의 과정이었다.

월츠와 같은 구조적 현실주의자들은 세력균형 정치가 큰 전쟁으로 펼쳐지는 경우는 강대국이 셋 또는 그 이상인 다극체계에 흔하고, 강대국이 둘인 양극체계의 경우 오히려 드물다고 본다. 세력균형을 위한 자율적 조정과정에서 인간의 불완전성에 따르는 불가피한 실수가 다극체계의 경우에 보다 쉽게 일어날 수 있기 때문이다(Waltz, 1979). 반면에 냉전이라는 고도의 강국정치가 파국적 대결을 초래하지 않은 것은 바로 양극체제의 안정성 때문이다

다극적 국제정치구조가 제2차 세계대전 이후 양극적 국제정치구조로 바뀐 것은 하나의 우발적 사건이었다. 미국과 소련이라는

두 초강대국이 펼치던 양극적 냉전정치가 종식되고 미국 중심의 단극질서로 이행한 것도 우발적 사건으로 볼 수 있다. 그러나 월츠는 무정부적 국제정치의 기본 구조 속에서 펼쳐지는 세력균형 정치는 장기적인 단극구조를 허용하지 않는다고 본다. 무정부적 국제정치의 기본 구조는 각국으로 하여금 단극의 유일한 힘에 대해 균형을 시도하도록 압력을 가할 것이고, 그에 따라 유일한 강대국은 곧 하나 혹은 그 이상의 대항 세력을 맞게 될 것이라고 본다.

단극구조가 지속적이지 못한 이유는 무정부적 구조 속에서는 견제되지 않는 힘, 그 자체가 위협이기 때문이다. 거기에 더해 견제되지 않은 힘을 가진 국가의 행태도 위협적이 된다. 의도에서 위협적이지 않더라도 최소한 그 행위에서 예측가능성을 잃게 된다. 자력구제를 원칙으로 하는 국제질서 속에서 엄청난 힘을 가진 국가가 예측가능하지 않게 행동하면 다른 나라는 대응행동을 취하지 않을 수가 없고, 이는 곧 그 힘을 균형잡기 위한 세력균형 법칙의 작동을 초래한다(Waltz, 2000 ; 김태현, 2004).

이렇게 볼 때 중국의 성장이라는 하나의 동태적 변수는 현재 미국 중심의 단극질서에 커다란 변형의 축으로 작용한다. 중국이 미국의 힘을 균형잡을 수 있는 제1의 후보로 등장하기 때문이다. 중국은 스스로 원하건 원하지 않건 성장으로 가용해진 자원을 동원하여 미국에 맞서는 정책태도를 취할 수밖에 없다. 그것이 무정부적 기본 구조가 중국이라는 단위에 가하는 구조적 압력이다. 중국의 성장이라는 기본 변수와 중국의 정책이라는 행동 변수는 다른 나라들의 정책적 옵션을 제한하여 이들도 그에 상응하는 정책적 조치를 취하고, 그에 따라 국제정치구조를 바꾸는 정치적 동학을 촉발한다.

이 이론에 따르면 단극적 국제질서라는 구조적 틀 속에서 이뤄지는 중국의 성장은 세력균형 정치라는 근대 국제정치의 독특한 동학을 발동시킬 수 있다. 그 환경적 요인은 중국으로 하여금 모종의 정책적 조치를 취하도록 압력을 가한다. 그와 같은 정책적 조치는 다수의 국제정치 행위자들 속에 일종의 연쇄효과를 불러일으켜 고도로 복합적이고 동태적인 국제정치를 촉발한다. 그와 같은 현상은 잠재적으로 폭력적이지만, 20-21세기의 특징인 핵무장상태를 감안하면 비폭력적으로 관리될 가능성이 없는 것도 아니다.

한편, 월츠는 단극 · 양극 · 다극구조 내부의 국제정치적 패턴을 분석하지만 다극→양극→단극과 같은 구조적 변혁과정에 대한 국제정치이론을 개발하지는 않았다. 그런 만큼 그의 이론은 다극 · 양극 · 단극의 국제정치를 대상으로 일종의 "스냅 사진"을 찍고 그것을 비교하는 정태적인 이론이다. 극구조 간의 이행과정을 "동영상"으로 찍는 동태적 이론은 아니다.

국가들 사이의 상대적 힘의 변화가 국제정치적 패턴의 변화를 초래하는 보다 동태적인 그림을 그려주는 이론이 세력전이이론(power transition theory)이다(김우상, 2004). 오갠스키(A.F.K Organsky)가 내세운 이 이론에 따르면 국제정치는 기본적으로 무정부적이라기보다 위계적이다. 그것이 무정부적이라는 것은 명분적인 측면일 뿐이고, 사실에 있어서는 위계적이다. 그 위계의 정점에 위치한 국가는 그에 따른 현실적 이득을 누린다. 국제정치를 지배하는 행동원칙이나 이념은 그 국가의 이익을 반영한다. 그리고 그 원칙과 이념을 통해 지배국가는 보다 많은 이익을 누린다.

외생적 요인에 따라 제2의 국가가 보다 빨리 성장하여 지배

국가를 따라 잡거나 앞서게 되는 일은 역사를 통해 흔히 일어났다. 그 결과는 단순히 적나라한 힘의 문제만은 아니다. 그 힘은 국제정치 체계의 행동원칙과 이념을 바꿈으로써 도전국가의 이익에 봉사한다. 그러나 행동원칙과 이념의 변화는 힘의 변화에 바로 반응하여 일어나지는 않는다. 제도적 관성과 인식의 타성 때문이다. 그에 따라 도전국가는 현존질서에 대한 불만을 가지게 되고, 필요시 그 질서를 힘을 통해 변경하고자 하는 의지를 가지게 된다.

도전국들은 현존 국제질서가 확립된 후에 세력을 키워온 불만족스러운 강대국들이다. 그 국가들의 엘리트층은 국제질서의 주된 이익이 이미 배분되어 있는 상황에 직면하며, 여기서 갈등의 조건들이 나타난다. 도전국들이 국제질서에서 새로운 지위, 즉 성장하고 있는 자신들의 세력에 합당하다고 여겨지는 위상을 확립하고자 할 때 평화가 위협받는다. 불만족스러운 강대국 세력이 지배국의 세력보다 더 빨리 성장하여 거의 대등한 상태가 될 때, 불안정은 증가하고 갈등의 소지 역시 증대한다. 지배국의 지도자들은 세력의 격차가 축소되면서 다음과 같은 두려움을 느낀다. 첫째, 도전국이 지배국의 힘을 능가할지 모른다. 둘째, 도전국이 점차적으로 국제질서 속에서 종속적인 지위를 감수하지 않으려고 할지 모른다. 셋째, 기존 국제질서의 규칙과 지도력에 도전할지 모른다. 이는 지배국의 가상적 두려움에 그치지 않고 도전국들이 실제로 그렇게 행동할 가능성도 높다. 따라서 세력전이이론의 주장에 따르면, 불만족스러운 국가가 현상유지의 지속보다 갈등의 성공적 해결을 통해 더 큰 이익과 특권을 얻을 것으로 기대하면 마침내 국제질서에서 지배에 대한 경쟁이 일어나게 된다. 동시에 지배국가는 변화하는 세력관계의 현실을 인식하면서 그러한 변화에 저항할 준비를 한다. 세계전쟁은 이와 같이 상대적으로 드문 조건으로 인해 발발하는 것이다(Kugler and Organski, 1988 : 174-75).

결국 세력전이이론에 따르면, 힘과 그 힘에 대한 인식 사이에 괴리가 생길 경우, 두 가지 과정에 의해 전쟁이 발발할 수 있다. 첫째는 자국의 힘이 반영되지 않은 지배적 정치구조에 불만을 가진 국가들에 의한 도전적 전쟁이다. 다른 하나는 도전국의 추격에 불안을 느낀 기존의 패권국에 의한 예방전쟁이다. 누구에 의해 도발되었든 그러한 전쟁은 곧 국제체계의 새로운 패자(霸者)를 결정하는 패권전쟁으로 전개된다.

강대국들 간의 차별적 성장에 따른 국제질서의 변동을 가장 체계적으로 연구한 학자는 길핀(Robert Gilpin)이다. 그는 월츠식 용어로 단극 · 양극 · 다극구조에 해당하는 제국적/패권적 구조, 양극구조, 세력균형 구조가 역사적으로 존재했다고 보고, 이들 구조 사이의 변화를 국제질서의 변동유형으로 인식하고 있다. 그리고 그 사이의 변화가 점진적 혹은 혁명적 과정을 통해 일어날 수 있다고 보나 그 중 특히 혁명적 변화, 즉 전쟁에 의한 변화에 관심을 두고 있다. 혁명적 과정을 통한 국제체계의 변혁이 곧 패권전쟁이다.

길핀은 모든 "국가는 변화의 한계비용이 그 한계이익 이상이 될 때까지 영토적 · 정치적 · 경제적 팽창을 통해 국제체계를 변화시키려고 노력한다"고 전제한다(Gilpin, 1981 : 106). 그러나 그 초기 조건에서 국가들은 경제 · 기술 · 군사력 등에서 동등하지 않다. 그리고 팽창의 이득이 그 비용보다 크다고 여기는 국가들은 주로 우월한 초기 조건을 누리는 국가들이다. 때로는 특정 국가가 다른 국가들에 비해 매우 우월한 위치에 있어 당시의 체계를 지배하는 위치에 처할 수도 있다. 그러한 국가가 바로 패권국이다.

패권안정이론(백창재, 2004)에 따르면, 패권국은 체제에 질서와 안정을 부여한다. 가장 뛰어난 기술과 경제력을 보유하고 있기 때문에 기존의 체제가 순조롭게 기능할 때 가장 큰 이득을 보는 것도 바로 패권국이다. 그 결과 패권국은 경제거래의 규칙을 제정하고 재산권을 보호함으로써 그 체제를 지배/통치한다. 그러나 지배는 새로운 비용은 낳고, 그 비용은 빠르게 증가한다. 체계에서 얻는 잉여이익이 체감하면서 결국은 본래의 능력까지 잠식하게 된다. 게다가 패권적 지위에 편승하여 해외로 팽창한 기업들은 경제 · 기술 · 군사적 우위를 전파시켜 패권국의 지위를 더욱 잠식한다(Gilpin, 1975).

이렇게 됨으로써 초기의 세력분포가 변하고 초기 조건에 따라 형성된 질서와 새로운 세력분포 사이에 불균형이 발생한다. 이러한 불균형이 해소되지 않으면 체제는 변동하고 새로운 세력분포를 반영하는 새로운 균형이 형성된다. 그 변동과정이 종종 패권전쟁으로 연결된다. 아테네와 스파르타 간의 펠로폰네소스 전쟁이 패권전쟁의 좋은 예이다. 이 전쟁에 대한 소중한 기록인 투키디데스의 『펠로폰네소스 전쟁사』(Thucydides, 1943)를 면밀히 검토한 길핀은 패권전쟁의 특징 세 가지를 도출했다(Gilpin, 1989). 첫째, 이는 정치적 · 전략적 · 경제적인 면에서의 폭넓은 변화로부터 기인한다. 둘째, 패권전쟁은 개별국가들의 의도와 관계없이 체계 내부 대부분의 국가들을 전쟁으로 끌어들이는 경향이 있다. 셋째, 패권전쟁은 국제정치체계의 구조를 변형시켜 기존 국가들의 관계와 위계 및 질서를 새로운 모습으로 바꾼다.

도전국과 패권국 사이의 전쟁은 힘의 속성 또는 이익의 불가피한 충돌 때문만은 아니다. 패권국과 도전국은 대개 서로 대조적이고 경쟁적인 (경제적) 생산양식, 정치구조, 그리고 국제관계의 행위규범과 체계를 보유한다. 펠로폰네소스 전쟁 당시 상업적 경제기반과 민주주의 정치체제, 해양력 중심의 군사적 기반을 가진 아테네와 노예농업, 권위주의 정치체제, 육군력 중심의 스파르타 간 대립이 좋은 예다. 이들은 또 그리스 국제체계를 자국에 유리한 방향으로 재조직하고자 했다. 냉전기 미국과 소련도 이와 유사한 패턴을 보였다. 즉 자본주의 시장경제와 다원적 민주주의 체제를 가진 미국과 사회주의 계획경제와 공산당 일당독재체제를 유지한 소련이 그들의 방식으로 국제관계를 조직하고 관리하려고 서로 경쟁했던 것이다. 이 점에서 냉전도 하나의 패권전쟁이었다고 할 수 있다.

이 논리에 따르면 중국의 성장과 더불어 특히 주목할 점은 중국이 세계경제에의 편입을 통해 고도성장을 누리고 있음에도 불구하고 공산주의적 정치체제와 (최소한 명분에서) 사회주의식 경제체제를 유지하고 있다는 점이다. 그리고 그것은 동아시아적 가치라는 문화적 특성과 무관하지 않다. 이에 반해 미국의 정치적 수사는 '자유'를 더욱 강조하고 있다. 동아시아 경제위기를 통해 크게 폄하되기는 했지만 국제정치에서 문화변수의 중요성에 대한 인식은 오히려 커지고 있다(Huntington, 1996). 이와 같은 문화적 차이는 세력균형의 정치와 세력전이의 논리에 더해 중국의 성장이 가지는 국제정치적 위험성을 가중시킨다.

지금까지 소위 '중국위협론'의 배경을 이루는 기존의 국제정치이론을 훑어보았다. 그러나 이상의 이론으로 미래를 점치기에는 명백한 한계가 있다. 첫째, 앞에서 지적한 바와 같이 월츠의 국제체계 이론과 세력균형 논리는 하나의 정태적 이론으로 성장의 국제정치 동학을 그리는 데 한계가 있다. 둘째, 보다 동태적이라고 할 수 있는 세력전이이론은 그 구체적 과정에 대한 묘사에서 불확정적이다. 도전국과 패전국 중 누가 전쟁을 촉발하는지에 대해서 특히 그렇다. 셋째, 정치 · 경제 · 이념적 대립을 강조하는 패권전쟁론의 경우, 경제성장이 정치적 민주화를 가져옴으로써 체제의 수렴이 있을 수 있다는 비교정치학 이론과 배치된다.

요컨대 이상의 여러 이론은 중국의 성장에 따라 패권경쟁이 초래될 수 있는 상황적 변수에 대한 거친 서술일 뿐, 그 과정에 대한 구체적 그림을 제공하지 못하고 있다. 적어도 이 점에 있어 지금껏 비교적 소홀히 취급돼 온 '팽창압력이론'이 보다 생생한 그림을 제공할 수 있다.

팽창압력이론

팽창압력이론의 기본 논리와 명제

1990년대 초 세계는 일본→싱가포르, 홍콩, 대만, 한국→말레이시아, 태국, 인도네시아 등으로 연결되는 아시아의 경제성장에 찬사를 보냈다. '신태평양 공동체'라는 정치적 슬로건도 그와 같은 지역 차원의 성장을 배경으로 했다. 그리고 그것이 지니는 경제적, 나아가 국제정치적 함의에 대한 논의도 무성했다(일례로 Friedberg, 1995). 그러다가 1997년 동아시아, 나아가 세계적 경제위기를 맞아 그와 같은 논의가 사라졌다. 대신 그때까지의 고도성장이 지니는 국제정치적 함의를 20세기 초반의 경험에서 찾으려는 시도가 있었다.

특히 경제적 세계화가 가지는 (불길한) 국제정치적 함의에 대한 논의가 새로 등장했다. 경제적 세계화의 정점인 1997년에 세계적 경제위기가 도래한 것은 마치 세계경제가 고도로 상호의존적이었던 20세기초에 제1차 세계대전이 발발했던 것과 닮은 점이 많다는 것이다. 그와 같은 전망이 굳이 왜 지금 등장하는가? 그것이 우리 연구에 대해 지니는 함의는 무엇인가?

호사다마(好事多魔)는 인간사에 흔히 있는 일이고, 필자도 그와 같은 취지의 글을 쓴 적이 있다(김태현, 2000). 그러나 "좋은 일에는 반드시 마가 낀다"는 법칙성을 하나의 우연으로만 치부하지 말고 "설명"할 필요가 있다. 그에 대한 설명의 하나가, 그리고 우리의 관심에 대한 이론적 틀을 제공하는 것이 소위 팽창압력이론(lateral pressure theory)다.

1902년 영국의 자유주의 경제학자 홉슨은 팽창주의적 외교정책이라는 의미의 "제국주의"의 뿌리가 경제에 있음을 갈파했다(Hobson, 1902). 즉 자본주의 경제성장의 결과로서 부(富)의 편중이 생기고 그것으로 인해 과소소비, 과다생산이 초래되며, 이에 따라 상품과 자본의 해외진출에 대한 압력이 생긴다는 것이다. 레닌이 그 가설을 수용하여 제국주의론으로 발전시킨 것은 다들 아는 이야기이다.

MIT의 슈크리와 스탠포드 대학교의 노스는 1975년 제1차 세계대전을 초래한 것은 특정 국가의 부의 편중과 같은 특정한 조건이 아니라, 다수 국가에서의 동시적 성장이라는 주장을 펼쳐 주목을 받았다(Choucri and North, 1975). 즉 각 국가는 독자적 요인과 과정에 따라 성장하고, 그 결과로 불가피하게 해외로 팽창하며, 그에 따라 각국의 이해영역이 충돌하고, 그것이 정치 · 외교 · 군사적 충돌로 전개된 결과 제1차 세계대전이 초래되었다는 것이다.

슈크리의 제자인 애쉴리는 그와 같은 모델을 1950년 이후 미-중-소에 적용하는 책을 출판했고(Ashley, 1980), 다른 MIT 출신인 골드스틴은 그것을 일반화하여 세계경제의 경기 사이클과 전쟁 사이클이 유관하다는 주장을 펼쳤다(Goldstein, 1988). 즉 세계경제의 호황은 세계적 차원에서 많은 전쟁과 인과적 관련이 있다는 매우 일반론적 주장을 펼친 것이다.

'팽창압력이론'의 일반적 주장은 다음과 같은 논리적 흐름을 탄다.

1. 국제정치현상은 기본적으로 인간현상이다. 다시 말해 국제정치와 같은 사회적 현상에서 스스로 생각하고 느끼고 의사를 결정하고 그에 따라 스스로의 에너지를 이용하여 행동하는 것은 행동주체로서의 인간이다. 그들 삶의 일부로서, 또 한 과정으로서 조직이 형성되고 무엇보다 국가라는 집단적 단위가 생성되며, 그것이 행동주체가 되기도 한다. 인류진화의 한 과정에서 등장한 근대 국민국가(nation-state)는 특히 강력한 조직력과 동원력을 가진 조직유형이다.
2. 국가의 성장(national growth) : 국가들은 인구성장, 기술발전 등 주로 외생적/독자적 변수에 따라 성장한다. 그와 같은 성장과정은 대체

로 일방적이어서 되돌리기 어렵고 정부가 쉽게 통제할 수 있는 것도 아니다. 따라서 이것이 이하에서 말하는 일련의 동학에서 근본적인 동력(driving force)이 된다.

3. **팽창**(expansion) : 국가의 성장은 불가피하게 외부적 효과를 낳는다. 최초의 성장이 내부적 변수에 의해 촉발되었을지라도 그 성장이 지속됨에 따라 시장과 자원을 찾아 외부로 팽창하는 것은 불가피하다.

   나아가 한 국가의 경제적 팽창은 때로 국가가 주도하기도 하고, 무엇보다 국가의 집중적 관리를 받기 때문에 단순히 경제적 현상만은 아니다. 동시에 정치적 현상이다. 국가가 새로운 시장을 찾아, 또는 자원공급처를 찾아 해외로 팽창하는 것은 경제적 효과만을 가져오는 것이 아니라 그에 따른 정치적 · 외교적 효과를 동반한다.

4. **중첩**(重疊, intersection)**과 경쟁**(rivalry) : 두 국가 또는 그 이상의 국가가 동시에 팽창할 때 이들의 활동과 이해영역이 겹치게 된다. (세계경제의 통합 정도가 높을수록, 그리고 세계경제가 경기주기에서 성장의 주기에 있을 때 동시적 팽창의 개연성은 높아진다.) 복수 국가들의 활동과 이해영역이 중첩되면 자연히 경쟁관계가 발생한다. 그리고 그와 같은 경쟁관계는 자연히 외부효과를 낳아 외교적 경쟁과 심지어 군비경쟁까지도 초래한다. 다시 말해 대외적 활동이 충돌하고 그에 따라 정치외교적 갈등이 생기면, 이것이 통상적인 국제정치활동의 현상을 이룬다. 이는 각국의 군비(軍備) 정도에 영향을 미치고, 양국 간의 외교적 현안의 중요부분을 이룬다.

5. **촉발**(provocation) : 이해영역이 겹친 지역에서 국지적 갈등이 생기면

이 갈등은 강대국 간의 충돌로 전개될 가능성이 높다. 국지적 갈등이 강대국들의 이익에 미칠 영향이 균등하지 않기 때문이다. 그리고 그보다 복합적인 정치적 동학이 있다. 첫째, 지역행위자들의 갈등행위가 강대국의 개입을 염두에 두고 전개될 수 있다. 제1차 세계대전에 이르게 된 1914년 6월 사라예보 사건 이후 오스트리아와 세르비아의 행위는 바로 독일과 러시아라는 강대국들의 개입을 염두에 두고 전개되었다. 둘째, 이 경우 강대국들의 이익은 단순히 해당 지역에서의 경제적 · 정치적 이익만이 아니다. 한 지역 차원에서 이들의 행동은 곧 세계적 차원에서 이들의 공약 신뢰도에 영향을 미치게 된다. 따라서 위기상황에서 강대국들의 입장은 대체로 경화되는 경향이 있다.

6. 그와 같은 국지적 상황에 더해 관련된 강대국의 숫자가 셋 이상인 다자적 상황이 되면 거기서 초래되는 정치적 동학은 매우 복합적이 된다. 고도의 세력균형 정치가 펼쳐지고, 그 세력균형 정치가 제대로 돌아가지 않는 경우 전면적 전쟁, 곧 세계전쟁의 가능성도 배제할 수 없다.

이 이론의 논리를 빌리면 중국의 성장은 보다 동태적인 모습을 띤다. 첫째, 중국의 성장은 중국 '인' 들의 여망(輿望)을 동력으로 하여 전개되는 독자적 과정이다. 중국 국가는 그와 같은 여망에 부응하는 한편 그를 이용하여 중국의 성장을 이끌어 나간다. 둘째, 중국의 성장이 외부효과를 초래하는 것은 불가피하다. 그 외부효과를 예상하고 그에 대한 정책적 조치를 취할 수도 있지만 그것은 결코 완전하지 못하다. 성장 자체와 그것에 따른 외부효과는 그 자체로서 독자적 과정이기 때문이다. 셋째, 성장의 국제정치적 동학을 통제하기 어려운 이유는 그것이 외부행위자들의 선택과 행동에 맞물려 전개되기 때문이다. 이 경우 외부행위자는 중국의 성장과 팽창에 따라 영향을 입을 다른 강대국들만이 아니다. 강대국들 간 경쟁의 장(場)이 되는 국지적 행위자들도 중요한 역할을 한다.

중국의 성장과 팽창압력이론

중국 경제성장의 동인을 찾는 것은 논외로 하고 중국의 경제성장에 따른 외부효과를 중심으로 살펴보자. 성장에 따른 산출을 소화하기 위해, 성장에 필요한 자원의 공급을 위해 중국 정부는 정치적 활동영역을 해외로 팽창하게 된다. 정부의 대외활동은 설사 그것이 경제적 목적을 위한 것이더라도 단순히 경제적인 영역에 국한될 수 없다. 이는 정부의 행동에 따른 현재 및 미래의 공약을 포함한다.

1. **팽창** : 팽창은 여러 가지 형태를 띨 수 있다. 제1차 세계대전 이전에는 식민지 활동이 그 주된 현상이었고, 따라서 슈크리와 노스는 그들의 계량분석에서 식민지를 팽창의 척도로 사용한다. 제2차 세계대전 이후에는 무역이 주된 현상이어서 애슐리는 무역의 지역적 분산 정도를 척도로 사용한다.[1] 그 외 군대의 해외주둔, 외교관계의 개설, 동맹의 체결 등도 팽창의 한 유형이다.

   중국의 팽창은 무엇보다 세계시장으로의 팽창이다. 거의 무한정한 저임금 노동력을 바탕으로 한 중국의 공산품은 전 세계시장을 석권하여 중국은 '세계의 공장'이라고 불릴 정도이다. 그와 같은 생산은 노동만으로 이루어지는 것이 아니기 때문에 이를 생산하기 위해 필요한 자원 중 내부에서 충족되지 않는 자원은 외부에서 충당할 수밖에 없고, 팽창도 뒤따르게 된다. 그에 더해 중국의 성장 자체가 중국'인'들의 삶의 양식과 기대를 바꾸어 대외적 수요를 창출하기도 하고, 이를 확보하기 위한 팽창이 발생한다. 판매 및 구매시장을 관리하기 위한 외교적 행위도 팽창의 일부이다.

2. 중첩 : 중첩은 한 지역을 중심으로 펼쳐지거나 지역 내 특정 국가를 중심으로 펼쳐지기도 한다. 즉 한 지역의 특정 국가에 대한 팽창이 겹치거나 서로 다른 나라에 대한 팽창이 이루어지더라도 그것이 지역 전체의 맥락에서 볼 때 하나의 중첩을 구성하게 되는 것이다. 동시에 중첩은 둘 또는 그 이상의 강대국이 동시에 팽창하거나 한 강대국이 팽창하면서 기왕의 강대국의 이익영역으로 팽창해 나갈 경우 발생한다.

중국의 해외시장 팽창은 곧 다른 나라의 시장을 잠식하고, 이것이 중첩의 전형적 예이다. 다만 생산체계의 수직적 분화에 따라, 즉 중국의 수출 주력상품이 노동집약적 상품이어서 미국이나 일본 등 기타 강대국들과의 중첩은 완화되고 있다. 그러나 수직적 분화의 상대적 속도에 따라, 즉 선진국의 기술개발 속도가 지체되는 한편 중국의 추격속도가 빠를 경우 또는 그 반대의 경우 중첩의 시점과

주

1) 구체적으로 애슐리(Ashley)는 한 나라의 총무역량을 지역별 무역량의 표준편차로 나눈 값을 사용한다. 그 나라의 무역량이 지역별로 고를수록 표준편차가 작아지고 분모가 작아짐에 따라 이 척도의 값은 커진다.

정도는 달라질 수 있다.

생산라인의 수직적 분업이 불가능한 자원영역의 경우, 특히 에너지 자원과 같은 기초 자원의 경우에 중첩의 속도와 정도는 더욱 치열할 수 있다. 3장에서 서술된 바와 같이 식량과 광석자원에서 중국의 성장은 수요시장의 중첩을 초래하고 있다. 특히 석탄, 천연가스, 원유 등 에너지 자원영역에서 그 중첩의 정도는 매우 높고 앞으로 더욱 상승될 것으로 전망된다. 자원영역에서 중첩의 정도가 치열할수록 그것은 집중적 외교행위를 낳을 수 있고, 그에 따라 정치적 중첩도 일어날 수 있다.

3. **촉발** : 중첩, 특히 정치적 중첩은 국지적 차원의 정치적 동학에 의해 강대국 간 경쟁과 갈등을 촉발할 수 있다. 국지적 차원의 정치적 동학도 물론 크게는 독자적(indigenous)이다. 지역의 국가공동체는 나름대로의 삶을 영위하면서 그에 따른 협력과 갈등의 모습을 자연스럽게 표출하는 것이다. 그러나 국지적 정치동학은 특히 세 가지 차원에서 강대국 간의 경쟁을 촉발할 수 있다.

첫째, 강대국들의 팽창의 대상이 되는 국지적 행위자들의 경우(반드시 그런 것은 아니지만) 대체로 정치적으로 불안정한 나라가 많다. 둘째, 그와 같은 국지적 차원의 정치적 불안은 중첩된 강대국들의 이익에 불균등한 영향을 미친다. 셋째, 국지적 차원의 정치적 동학 자체가 강대국들의 중첩에 의해 영향을 받는다. 이 점을 보다 세밀히 따져보자. 한 국가에 대해 둘 이상의 강대국 이익이 중첩되면 국지적 행위자에 일종의 정치적 자율성의 공간을 마련해 주고, 그것이 그 국가의 대외적 행위가 위태롭게 될 가능성을 높여준다. 둘째, 한 지역의 서로 다른 국가에 강대국들이 팽창하여 지역 차원에서 중첩이 이루어지면 강대국들을 등에 업은 지역국가들 간의 갈등이 보다 경화(硬化) 또는 강화될 수 있다.

4. **경쟁과 갈등, 세력균형의 강대국 정치** : 이익의 충돌과 지역적 사태로 경쟁이 심화되면 각 강대국은 군비를 증강하거나 군대를 재배치하고, 여러 가지 외교적 활동을 통해 경쟁과 갈등에 대비한다. 그와 같은 활동 자체가 경쟁을 구성하여 경쟁을 격화시킬 수 있다. 주변 지역에서의 경쟁의 격화는 강대국들 간의 정치적 이합집산, 즉 세력균형의 정치로 전개된다. 핵시대에 그것이 패권전쟁으로 연결될 가능성은 거의 없지만 강대국 간의 힘겨루기는 세계정세를 불안하게 한다.

중국, 미국, 일본의 무역팽창과 중국-미국, 중국-일본의 중첩

다음의 〈표 6-1〉은 애슐리의 지수를 사용하여 측정한 중국, 미국, 일본의 팽창지수와 중국-미국 및 중국-일본 간의 중첩지수이다. IMF의 Direction of Trade Statistics 데이터를 이용하여 1997-2003년의 7년간 수치를 계산했다.

애슐리의 팽창지수는 특정 국가의 총무역량을 해당 국가의 무역 중 각 지역이 차지하는 비율(%)의 표준편차로 나눈 값이다. 그 나라의 무역이 지역별로 고루 분포되어 있을 경우 분모에 해당하는 표준편차가 작아지기 때문에 팽창지수는 커진다. 물론 분자에 해당하는 총무역량의 크기가 클수록 팽창지수도 커진다. 〈표 6-1〉에서는

〈표 6-1〉 중국, 미국, 일본의 팽창지수와 중첩지수

	연도	팽창지수			중첩지수*		
		수출	수입	무역 (수출+수입)	수출	수입	무역 (수출+수입)
중국	1997	13391	11088	25496			
	1998	13999	10460	26064			
	1999	14964	12516	29238			
	2000	19927	16777	39243			
	2001	22004	15007	39380			
	2002	26736	21689	52148			
	2003	36713	29887	72640			
미국	1997	72582	116043	189262	11000	16148	53840
	1998	69485	119895	191122	10789	17083	54566
	1999	68876	134277	203673	11947	22078	66168
	2000	77336	167240	242888	17455	31728	96292
	2001	73582	157498	229631	17578	38173	109242
	2002	70512	160610	231206	19451	41031	117272
	2003	74413	181367	255461	28041	60379	171099
일본	1997	30009	34158	79743	10994	7294	37817
	1998	29671	27375	72515	10653	6183	34130
	1999	30704	30704	76349	12846	8145	42735
	2000	34143	38786	87052	18780	12302	63083
	2001	30178	36279	77260	16421	15497	65306
	2002	31770	29407	75066	20821	17520	76841
	2003	37769	40664	85169	30759	22419	110618

* 중첩지수는 중국과 미국, 중국과 일본의 중첩을 측정함.

수출액, 수입액, 총무역액(수출액+수입액)에 대하여 각각 팽창지수를 계산했다.

중국의 경우 무역의 급격한 증가로 (지역별 분포도 어느 정도 다양화되어 지역별 표준편차도 미량 감소함) 팽창지수는 급속히 증가했다. 1997-2003년 7년간 팽창지수가 약 2.7배 증가한 것이다. 미국의 경우 수출팽창지수는 크게 변하지 않았으나 수입지수, 그에 따른 총무역팽창지수는 약간의 증가추세를 보였다. 일본의 경우 약간의 등락을 거듭하면서 미세한 증가추세를 보였다.

미국이 수입팽창지수가 수출팽창지수에 비해 월등히 큰 것, 또 중국의 경우 수출팽창지수가 수입팽창지수보다 큰 것은 미국의 수입이 수출보다, 중국의 경우 수출이 수입보다 크기 때문이다. 무역흑자국인 일본의 경우 수입팽창지수가 때로 수출팽창지수보다 큰 것은 분모에 해당하는 지역별 분산 때문이다.

A국-B국 간 중첩지수는 각 지역에서 A국과 B국 무역액을 곱한 이후 전지역에 걸쳐 합한 값이다. 표에 나온 값은 그 값을 1백만으로 나눈 것이다. 중국 무역의 급속한 팽창에 따라 중첩지수는 크게 증가하고 있다. 중미 간의 경우 수입시장에서의 중첩이, 중일 간의 경우 수출시장에서의 중첩이 더 크나 그 증가율은 수입시장의 경우가 더 크다.

물론 이상의 지수는 양적 측면만 측정하고 있는데다 중국을 한편으로, 미국과 일본을 다른 편으로 볼 때, 수출품의 구조가 다르기 때문에 중첩 그 자체가 경쟁의 심각성을 의미한다고 보기는 어렵다. 다만 (원자재 등) 수입의 경우는 중첩이 클수록 경쟁도 크다고 할 수 있다. 그러나 중국의 산업이 고도화될 경우 수출 중첩도 결국 경쟁을

〈그림 6-1〉 중국의 팽창지수

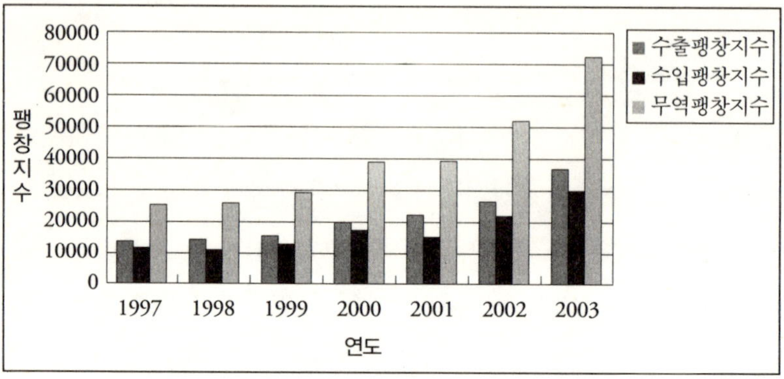

〈그림 6-2〉 미국의 팽창지수

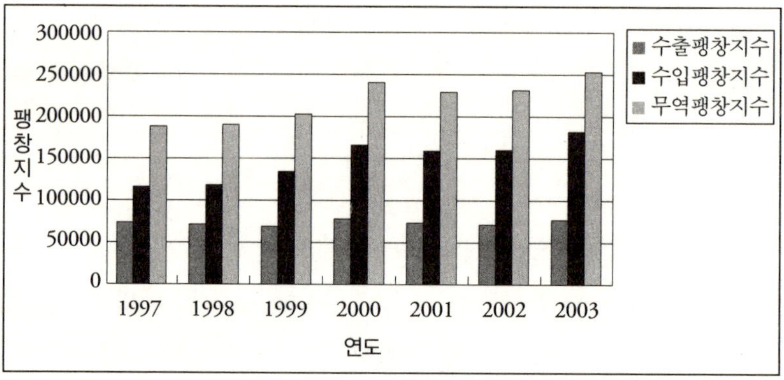

동반하게 될 것이고, 중국의 급격한 성장은 조만간 중첩의 심화를 가져올 것으로 전망된다.

〈그림 6-3〉 일본의 팽창지수

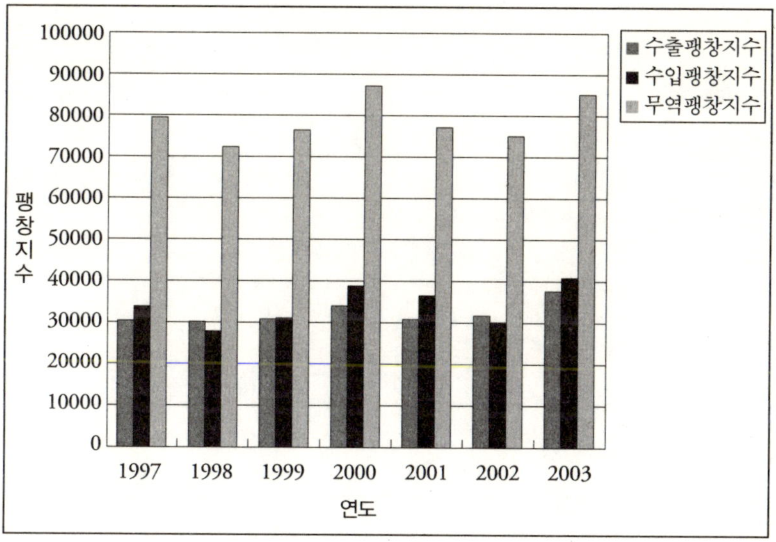

〈그림 6-4〉 미국-중국 중첩지수

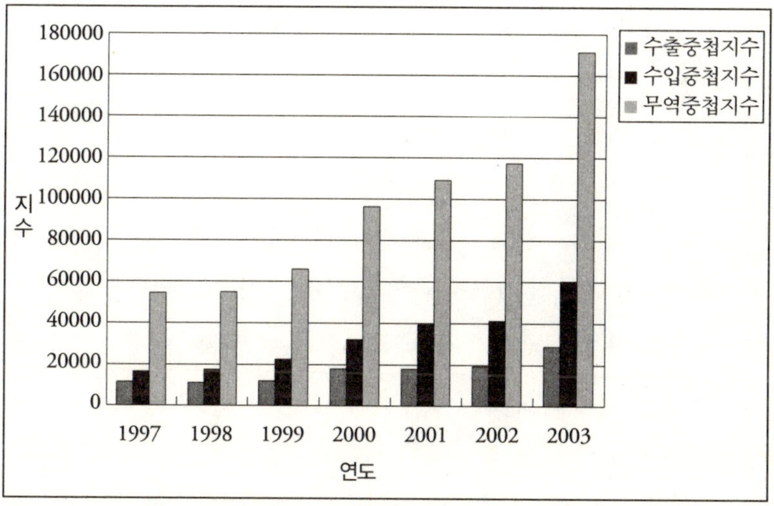

〈그림 6-5〉 일본-중국 중첩지수

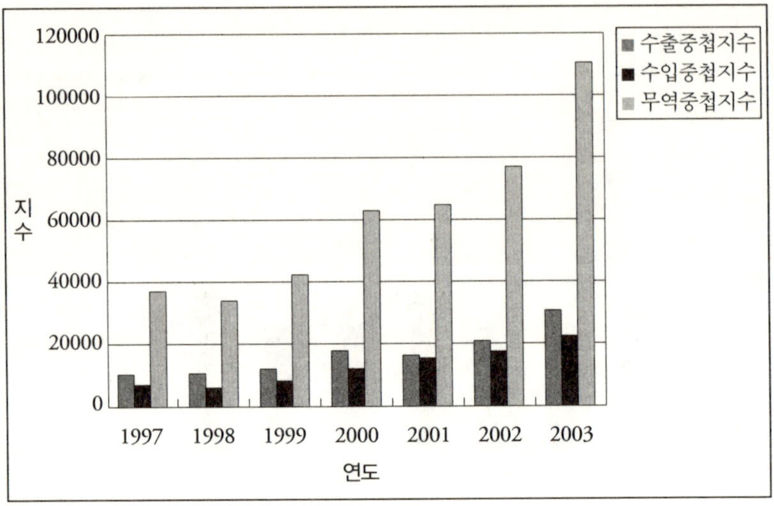

중국 성장의 국제정치와 외교

중국의 경제적 팽창은 경제개혁과 개방에 따른 필연적 결과이다. 중국산 저가 수출품들은 세계시장을 석권하고 있다. 그러나 팽창압력이론에 따르면 경제적 팽창은 조만간 정치적 팽창을 낳는다. 고도성장에 필요한 자원, 특히 에너지원과 원자재의 안정적인 공급시장 확보를 위한 외교적 노력 때문이다. 남미, 호주와의 정상회담이 그를 반영한다.

〈표 6-2〉와 〈표 6-3〉은 2000년 이후 중국 정상—국가주석 및 총리—의 해외방문 외교를 요약하고 있다. 정상급 외교는 중국 정

부가 중/장기적 차원에서 수립한 외교계획을 집행한 것이기 때문에 중국이 생각하는 외교적 현안을 엿볼 수 있다.

〈표 6-2〉와 〈표 6-3〉에 나타난 것을 보면 중국의 외교를 세 가지 차원으로 나눠볼 수 있다. 첫째는 정치적 외교이다. 아프리카, 중동, 그리고 아시아 지역에서 외교적 개입을 강화하여 국제무대에서 중국의 입장에 대한 지지를 구하고 나아가 중국의 영향력 확대를 꾀한다. 미국의 패권주의와 NMD에 대한 반대, 하나의 중국 정책과 대만에 대한 상대적 우위의 확보 등이 그 목적이다. 2000년대 초반까지 이와 같은 외교적 행태가 엿보인다.

둘째는 경제/실리적 외교이다. 무역협정, 자원협정 등을 통한 외교로 주로 ASEAN, APEC, ASEM 등 다자외교의 장을 활용하지만 반드시 그것만은 아니다. 그리고 총리의 행보는 주로 이런 측면에서 이해될 수 있고, 유럽에서의 외교행보도 그와 같은 측면이 강하다. 중남미 지역, 호주 등도 마찬가지이다.

셋째는 정치/전략적 외교이다. 여기서 특히 중요한 곳이 러시아와 중앙아시아 지역이다. 러시아와는 매년 정상급 외교를 가지고 있고, 특히 상하이협력기구(Shanghai Cooperation Organization)에 기울이는 노력이 돋보인다. 아시아 지역에서는 버마, 베트남 등 인근 국가를 비롯해 인도와 그 주변, 즉 남아시아 지역에 대한 외교적 노력이 돋보인다.

전체적으로 볼 때 2000년대 초반에는 미국의 패권 반대, NMD 반대, 대만에 대한 외교적 우위 확보 등 정치적 차원의 외교적 행보가 돋보이다가 점차 경제적 · 실리적 외교가 증가하고 있다. 특히 두드러지는 것이 전략적 외교이다. 전략적 외교와 관련하여 특히 주목할 부분은 러시아, 중앙아시아 지역에서의 행보, 특히 상하이협력기구(Shanghai Cooperation Organization), 즉 SCO이다.

상하이협력기구는 1996년 4월 상하이에서 중국, 러시아, 카자흐스탄, 키르키즈스탄, 타지크스탄 등 5개국 정상이 만나 소위 'Shanghai 5'를 출범시킨 것이 계기가 되었다. 최초의 목적은 국경을 접한 이들 국가 사이에 국경지역의 군사적 신뢰구축을 위한 것이었다. 따라서 이 기구는 느슨한 형태의 지역안보협력체, 일종의 다자간 안보협력체였다. 그러나 이 기구는 그 조직과 기능, 나아가 참가국의 범위를 급격히 확대시켜 나가고 있다.

우즈베키스탄의 경우 2000년에 옵서버로, 2001년부터는 정식가맹국으로 참가하고 있다. 그리고 정상회담, 수상회담, 외상회담 등을 정례화했다. 2005년의 움직임은 특히 주목할 만하다. 우선 인도, 이란, 파키스탄이 준가맹국으로 참여하기 시작했다. 이들이 참여한 6월 말–7월 초의 정상회담에서 SCO는 미국이 중앙아시아에서 군대와 무기를 철수할 시한을 정할 것을 요구했다. 그리고 이란에서의 정권변화에 대해 반대했다.

나아가 중국과 러시아는 SCO의 이름으로 2005년 8월 중국 산동반도에서 합동 군사훈련을 실시했다. 이 훈련의 명분은 테러리즘(terrorism), 극단주의(extremism), 분열주의(separatism)에 대항한다는 것이었지만, 그 훈련의 양상이나 강도는 테러리즘에 대한 대비 수준을 훨씬 초월하는 것으로 알려졌다. 즉 전략폭격기 및 미사일을 이용한 대함(항공모함)작전, 최신 대잠수함 구축함을 이용한 해상봉쇄, 러시아 군에 의한 상륙부대 지원 등이 펼쳐졌다. 특히 중국에 대한 전략무기 수출을 노린 러시아는 다양한 첨단무기를 과시하기도 했다.

〈표 6-2〉 2000년 이후 중국 정상의 외국방문

시기	방문자	방문국	안건/목적	비고
2000. 4.	장쩌민	이스라엘, 팔레스타인, 이집트, 터키, 그리스, 남아공	정치적 목적 ; WTO 가입 ; 타이완 문제 등	
2000. 7.	장쩌민	상하이 협력기구(SCO) 창립정상회담 ; 타지크스탄, 투르크메니스탄 방문		
2000. 9.	장쩌민	유엔 Millennium 총회		
2000. 11.	장쩌민	라오스, 콜롬비아, 부루나이 순방	부르나이서 열린 APE C 총회 참석	
2001. 4.	장쩌민	칠레, 아르헨티나, 우루과이, 쿠바, 브라질, 베네수엘라 등 순방	주로 경제적 · 정치적 ; 베네수엘라와 석유협정	첸수이벤 방문에 앞섬
2001. 7.	장쩌민	러시아, 벨로루시, 우크라이나, 몰도바, 말타 등 CIS국가 순방	미국의 패권주의 ; NMD 비난	
2001. 12.	장쩌민	미얀마 방문	인도양으로 진출로 확보 ; 인도의 영향력 견제	
2002. 2.	장쩌민	베트남		
2002. 4.	장쩌민	독일, 리비아, 튀니지, 나이지리아, 이란 방문	리비아와 오일협정, 나이지리아, 이란도 산유국	1996년 이후 네 번째 아프리카 방문
2002. 6.	장쩌민	카자흐스탄	Conference on Interaction and Confidence Building Measures in Asia (CICA)	안보대화

2002. 7.	장쩌민	SCO정상회의/러시아 세인트피터스버그	SCO회원국=China, Kazakhstan, Kyrgyzstan, Russia, Tajikistan, Uzbekistan	
2002. 10.	장쩌민	미국 국빈방문		
2002. 10.	장쩌민	멕시코/APEC 정상회의		
2003. 5.	후진타오	러시아, 카자흐스탄, 몽고 순방	SCO정상회의(Moscow)참가 겸	프랑스에서 열린 N-S대화 참석
2003. 10.	후진타오	태국, 호주, 뉴질랜드 순방	PMG 및 호주와 에너지 협정	APEC태국 참석차
2004. 1/2	후진타오	프랑스, 이집트, 가봉, 알제리		
2004. 6.	후진타오	폴란드, 헝가리, 루마니아, 우즈베키스탄 순방	SCO정상회의 참석(우즈벡)	
2004. 11.	후진타오	브라질, 아르헨티나, 칠레, 쿠바	아르헨티나에 2천만불 투자 약속	APEC칠레 참석차
2005. 4.	후진타오	부르나이, 인도네시아, 필리핀 순방	반둥회의 50주년 아시아-아프리카 회의 참석	정치적 합의
2005. 5.	후진타오	모스크바	종전 60주년 기념	
2005. 7.	후진타오	러시아, 카자흐스탄, SCO G8+5(영국)	러시아와 "21세기 국제질서에 대한 공동성명" 발표	중국, 인도, 브라질, 남아공, 멕시코

〈표 6-3〉 2000년 이후 중국 총리의 외국방문

시기	방문자	방문국	안건/목적	비고
2000. 6	주룽지	불가리아, 독일, 룩셈부르크, EU, 네덜란드		
2000. 10.	주룽지	일본, 한국, ASEM		
2000. 11.	주룽지	ASEAN+3/ASEAN-China 싱가포르	중국 WTO 가입 효과에 대한 우려 불식 ; ASEAN-China, EAST ASIA FTA논의	
2001. 5.	주룽지	파키스탄, 네팔, 스리랑카, 몰다이브, 태국	경제 ; 미국의 패권주의, NMD에 대한 비난	
2001. 9.	주룽지	중-러 정례수상회담 러시아 ; 아일랜드 ; 중-EU정례회담 ; 벨기에 SCO 수상회의(카자흐스탄), 카자흐스탄 공식방문		
2001. 11.	주룽지	ASEAN+3(Brunei), 부르나이, 인도네시아		
2002. 1.	주룽지	방글라데시/인디아	서부 아시아의 안정은 중국 대서부개발에 필수	
2002. 4.	주룽지	터키, 이집트, 케냐		
2002. 8.	주룽지	알제리, 모로코, 카메룬, 남아공		
2002. 9	주룽지	오스트리아, 덴마크, 프랑스	ASEM(코펜하겐), 중국-EU지도자 회의	
2002. 11.	주룽지	캄보디아	ASEAN+3	
2003. 4.	원자바오	방콕에서 열린 SARS 관련 특별정상회의		

2003. 10.	원자바오	발리, 인도네시아	ASEAN+3	
2003. 12.	원자바오	미국, 캐나다, 멕시코,		
2003. 12	원자바오	이디오피아	(중국-아프리카 협력 회의)	
2004. 5.	원자바오	독일, 벨기에, EU, 이태리, 영국, 아일랜드	주로 경제문제	대중국 무기금수 제도 논의
2004. 9.	원자바오	키르키즈스탄/러시아	SCO ; 중러 수상회의	러시아에서 석유수입 논의 ; 대러투자 논의
2004. 10.	원자바오	베트남	ASEM회의차, 베트남과의 경협 논의	
2004. 11.	원자바오	라오스	ASEAN+3	
2004. 12.	원자바오	네덜란드	중국-EU지도자 회의	독, 불의 지지로 대중국 무기금수 해제 요구 ; 실패
2005. 5.	원자바오	파키스탄, 방글라데시, 스리랑카, 인도	선린우호	
2005. 5.	원자바오	파키스탄 이슬라마바드	제4차 아시아협력 대화	

러시아와 중국의 군사훈련은 전략적 측면이 두드러지지만, 중국의 외교행보를 전체적으로 논의한 앞의 이론적 측면에 비추어 볼 때 두 가지 결론이 가능하다.

첫째, 중국의 팽창이 미국의 이익과 중첩될 가능성은 라틴아메리카와 중앙아시아에서 나타날 가능성이 높다. 라틴아메리카 지역에서 중국의 외교적 노력은 돋보인다. 브라질, 아르헨티나 등 중남미의 주요 국가들은 중국 정상이 두 차례 이상 방문한 많지 않은 지역이다. 이런 외교적 노력은 1) 이 지역에 대한 미국의 전통적 영향력, 2) 미국에 대한 지역국가들의 반발과 맞물려 중첩 내지 갈등으로 나타날 가능성이 없지 않다. 최근 베네수엘라가 미국의 정책에 반발하면서 중국과 같은 대안적 시장이 있다고 강변한 것이 좋은 예이다.

라틴아메리카가 미국의 전통적 영향권에 속해 중국이 진출함으로써 이해영역이 중첩되고 그에 따른 갈등이 있을 수 있는 지역이라면, 중앙아시아와 남아시아 지역은 미국과 중국의 팽창이 서로 맞물리면서 중첩될 가능성이 높은 지역이다. 중국의 대러시아 편중외교는 지속되고 또 강화될 가능성이 높다. 이 부분은 극히 전략적인 부분으로 한편으로 중국의 경제적 비중이 강화되고 다른 한편으로 러시아가 유럽의 중심무대에서 소외된다면 러시아와 중국의 밀월관계는 지속되고 강화될 것으로 전망된다. 중국의 에너지 필요와 러시아의 경제적 필요가 맞아 떨어질 경우 더욱 그렇다. 중국과 러시아의 밀월은 세계적 차원에서 매우 중요한 전략적 의미를 가지게 될 것이다.

둘째, 라틴아메리카와 중앙아시아 지역에서 중국과 미국의 팽창이 중첩된다면 이 두 지역의 정치적 안정 여부가 중미관계, 나아가 세계적 안정에 매우 중요한 의미를 가지게 될 것이다. 지금까지의 일반적 견해는 이익의 중첩에만 관심을 두었지 지역 차원의 정치적 동학이 촉발할 수 있는 가능성에는 크게 주목하지 않았다. 그러나 미국과 중국은 통상적인 외교활동에서는 서로의 행보에 주목하고 이를 전략적으로 관리하는 노력을 기울일 것이기 때문에 중첩 그 자체가 특별히 위험한 요소는 아니다. 그러나 최근 베네수엘라와 인도의 행보에서 보듯이 국지적 행위자가 중국과 미국의 전략적 이익을 이용하려는 유혹을 가지게 되는 것은 당연하다. 그리고 그것이 지역내부 정치적 동학 속에서 치명적으로 맞물리면 폭발의 가능성을 갖게 된다. 이런 이유로 중남미, 중앙아시아 지역의 내부 정치에 긴밀한 관심을 가질 필요가 있다.

특히 중앙아시아 여러 국가들은 다양한 에너지 자원을 풍부하게 보유하고 있지만, 소비에트 연방에서 분리된 이후 국가적 안정성을 아직 확보하지 못한 나라가 많다. 즉 경제적으로 낙후하고 정치적 제도도 공고히 자리 잡지 못했다. 상대적으로 중요한 나라인 카자흐스탄의 경우, 구소련시대에 이주한 러시아인이 총인구의 30%를 차지하고 종교적으로는 무슬림이 47%, 러시아 정교도가 44%를 차지한다. 정치적으로도 공화정체를 표방하나 사실상 독재국가이다.

또한 우즈베키스탄의 경우도 만만치 않다. 인구의 88%가 무슬림이고 젊은 인구 비율이 매우 높다. 경제성장이 지체되어 실업률이 20%에 달함으로써 이들이 이슬람 테러리스트 행동대원으로 충원될 가능성도 있다. 독립 이후 서방을 지향하여 탈러시아의 외교행보를 보이다가 2000년 이래 러시아와 가까이 지내고 있지만, 2001년 9·11테러 이후 미국의 군사 주둔이 이루어지고 있다. 미국은 우즈베키스탄과 키르키즈스탄, 타지크스탄, 카자흐스탄 등에 군대를 주둔시켜 이 지역에 대한 정치군사적 영향력 확대를 꾀하고 있다.

요컨대 전통적으로 러시아의 영향권에 속했다가 미국의 영향력이 커지고 있는 중앙아시아 지역에 중국이 접근함으로써 3대 강대국의 이해관계가 갈수록 중첩되고 있다. 이 지역의 정치적·경제적 근대화가 진척될수록 촉발의 가능성도 높아지고 있다.

| 결론

요컨대 미국이 유례가 없는 유일한 세계적 강대국으로 자리잡은 가운데 급성장하는 중국이 미국의 힘을 균형 잡을 유일한 나라로 주목을 받고 있는 것이다. 이와 같은 맥락에서 지금까지의 논의는 다음과 같이 요약될 수 있다.

첫째, 중국의 급속한 경제성장은 경제의 대외적 팽창을 가져와 우선 수입시장에서, 장기적으로는 수출시장에서도 미국, 일본, 유럽 등 거대 경제대국들과 경쟁하게 될 것이다.

둘째, 그와 같은 경쟁의 맥락에서 중국의 성장은 정치적 팽창도 초래한다. 곧 중국 정부가 경제적 팽창을 관리하고 지원하기 위한 외교적 행보를 취함에 따라 국제정치적 영향력의 확대를 가져오는 것이다.

셋째, 강대국들의 대외팽창이 특정 지역이나 국가에서 중첩될 경우 지역정치에 영향을 미치고 영향을 받게 된다. 우선 국지적 정치세력들이 강대국 세력을 자신들의 세력다툼에 이용하려고 들 것이기 때문이다. 그리고 강대국들 간의 경쟁이 첨예할 경우 강대국들도 국지적 세력들에 얽매이게 될 것이다.

특히 주목할 곳이 유라시아의 중심, 특히 중앙아시아 지역이다. 이 지역은 구소련에 속했던 만큼 러시아의 전통적 영향권에 속했지만, 최근 미국과 중국이 정치적 입지를 강화하고 있기 때문이다. 게다가 석유와 천연가스와 같은 자원이 풍부하여 이를 둘러싼 경쟁도 치열하고 정치적 안정도도 높지 않다.

넷째, 따라서 강대국들이 그들 사이의 국제적 경쟁을 어떻게 관리하는가, 그것을 관리할 수 있는 레짐을 어떻게 구축하고 유지하는가는 비단 중국이나 동아시아뿐만 아니라 세계질서의 향배에 결정적 영향을 미칠 것이다.

비록 중국이 1970년대 초 이래 유엔의 안전보장이사회 상임이사국으로서 책임 있는 지위를 누려왔지만 OECD나 G-7과 같은 선진국의 지위에 있지는 않다. 한편으로 중국이 국내적 및 대외적 경제관행을 세계적 표준에 맞추고 대외정책을 일국 중심적이 아니라 세계적 상호 의존성을 염두에 두고 전개한다면, 동시에 기존 열강이 중국에 대한 노골적 봉쇄에 나서는 대신 세계적 차원에서 포용한다면, 성장하는 중국은 기존 국제체계의 일부분으로 순조롭게 편입될 수 있을 것이다. 반면 이상의 두 가지 조건이 충족되지 않는다면 중국의 등장은 강대국들 사이의 경쟁과 갈등을 심화시키고 세계정세를 불안하게 만들 소지가 있다.

지금까지 중국의 성장이 지니는 의미에 대해 많은 논의가 있었지만 비교적 게을리 취급되어 온 것이 팽창, 중첩, 촉발의 동학이다. 이 점에 주목하여 실증적 연구를 하면 '세계적 수준'의 연구가 나올 수 있을 것이라고 확신한다.

7. 2012년 중국발 위기

| 위기의 중첩

중국 경제의 고도성장 지속가능성과 정치 · 사회의 장기적 전망을 분석하면서 일단 향후 5-10년간의 위기관리가 중국의 미래를 결정짓는 데 있어서 매우 중요한 바로미터가 될 것으로 파악했다. 왜냐하면 이 시기는 경제적으로는 고도성장과 디플레이션의 모순, 투자와 소비의 불균형, 산업구조와 수요구조의 불균형, 성장과 고용의 불균형, 산업구조와 고용구조의 불균형, 내수시장과 해외시장의 불균형, 도시와 농촌의 불균형, 지역 간 불균형, 물적 자본과 인적 자본의 불균형, 양적 성장과 질적 성장의 불균형 등 다양한 모순과 불균형이 중첩적으로 나타나는 병목에 해당하는 시기이기 때문이다. 이러한 경제성장의 모순은 2008년 북경 올림픽과 2010년 상하이 엑스포를 거치면서 위기국면으로 발현될 가능성이 매우 높다고 하겠다.

특히 사회적으로 중국 당정이 도시 노동자를 효율적으로 관리하기 위한 안전판으로 설정했던 단위체제(work unit system)가 대부분 해체되면서 이를 통해 당정의 이데올로기를 주입하고 주민에 대한 정치적 통제를 가능케 했던 시스템도 현저히 약화되고 있다. 또한 단위를 중심으로 제공되던 사회적 안전망이 급격하게 해체되는 상황에서 이를 정부와 공산당이 담당하기에는 재정적 능력이 뒷받침되지 않고, 그렇다고 기업 등의 사적 영역이 이 역할을 대신하기도 힘든 상황이다.

더구나 정치적 차원에서 2010-2015년경에 등장할 제5세대 지도부가 올림픽과 상하이 엑스포 이후 거품경제의 유산을 받아야 할 가능성이 있을 뿐만 아니라, 건국 이전에 출생한 세대가 퇴장하면서 이들의 권력우산이 취약한 가운데 '안정중시론'과 '민주주의 확대'를 둘러싼 잠복된 갈등이 대외정책 기조의 변화를 포함한 다양한 형태로 나타날 가능성도 있다. 그리고 사회주의의 존재방식과 사회주의성의 정도라는 본질적인 문제를 둘러싼 이념적 갈등도 나타날 수 있을 것이다. 이런 점에서 제4세대에서 문화혁명 이후 세대가 정치권력 지도부에 진입하는 5세대로 이전하는 시기에 과거와 같은 안정적인 정치권력의 이양이 이루어지면서 정상정치(normal politics)가 제도화된다고 예측하는 것은 과도한 일반화이다. 한국이 1988년 올림픽을 전후하여 경험한 민주주의로의 전환기 경험이 올림픽과 엑스포 이후의 중국에서 민주화 요구의 정도를 가늠할 수 있는 프리즘이 될 수도 있다.

여기에 예측되는 병목으로 석유공급과 가격의 문제, 그리고 중국의 고속성장이 세계시장에 가져올 파급효과로 인해 중국의 수출시장이 병목에 다다를 가능성이 매우 높은 시기가 바로 2010-2015년이다. 또한 경제성장 방식 전환과 산업구조 조정, 그리고 고용창출을 동반한 성장 등 전반적인 경제구조 조정 노력의 일차적 성공 여부가 드러날 것으로 기대되는 시기가 바로 이 시기이다. 설사 경제구조 조정이 성공하더라도 이러한 성공이 가져올 외부적 충격은 선진국에서 보호주의와 중국경계론을 확산시켜 중국의 지속성장을 제약하는 요소로 작용하게 될 것이다. 올림픽과 엑스포 이후에 경기안정화, 고용과 내수, 산업구조 고도화, 환율 수준과 자본시장 개방, 정치적 민주화 요구, 제5세대로의 정치권력 승계 등의 문제가 동시다발적으로 발생하면서 중국의 지속성장에 최대의 위기국면이 초래되는 시기가 향후 5–10년이 될 것이다.

| 중국의 지속성장에 영향을 미치는 요인

중국의 지속성장에 영향을 미치는 요인은 다층위적으로 파악된다. 인구라는 가장 근본적인 외생적 요인으로부터 공급의 규모를 결정짓는 투입요소(에너지 · 철광석 · 식량 등 자원, 노동, 인적 자본, 자본), 공급의 구조인 산업구조(1차산업 · 2차산업 · 3차산업, 노동집약 산업 · 자본집약 산업 · 기술집약 산업, 경공업 · 중공업, 소재산업 · 가공산업), 공급의 효율인 생산성을 결정하는 체제적 · 기술적 요인(기술, 금융제도, 기업제도), 수요의 규모와 구조(내수시장 · 수출시장, 소비 · 투자 · 정부지출), 대외적 환경으로서의 외환과 자본시장, 이로부터 파생되는 다양한 정치사회적 문제, 그리고 대외관계 등이다. 이를 도표화시켜 보면 다음과 같다.

분야	A	B	C	D	E
자원	에너지	지하자원	식량	인구	수자원
산업	성장패턴	산업구조	소비와 투자	노동, 자본, 기술	기업, 금융, 재정
시장	통화(환율)	수출과 내수	국제분업구조	외자유입	지역주의
정치사회	삼농문제	격차	정부능력	도시화	대외변수

핵심적인 병목으로 설정한 것은 위의 도표에서 음영으로 표시된 요인들이며, 이를 다시 분류하면 다음 다섯 가지 변수로 정리된다. 경제구조 측면에서는 고용과 내수소비 확대를 동반하는 산업구조 고도화와 재정의 문제가, 대외 부분과 관련해서는 환율과 자본(금융)시장 개방이 주요 변수이다. 정치사회적으로는 고용 확대, 내수 확대, 도농격차와 지역격차의 축소 등 경제 · 사회적 불균형 해소를 위한 도시화 전략 및 이의 추진을 위한 정부와 공산당의 능력이 주요 변수이며, 마지막으로 핵심적 자원인 석유가 구조적 병목으로 제기된다.

| 부차적 변수

우선 핵심이 아닌 부차적 병목으로 설정된 변수들의 목록과 부차적으로 설정한 이유를 설명하면 다음과 같다.

첫째, 중요한 변수인 인구를 부차적 변수로 설정한 이유는 중국의 인구와 관련하여 염두에 두어야 할 것은 노령화, 도시화의 문제라고 할 수 있기 때문이다. 절대 인구수가 문제가 되지 않는 이유는 양육부담 증가, 여성 지위향상과 정책의지 등을 고려할 때, '천하제일의 난관'이라고 불렸던 맬서스적 인구의 양적 폭발에 대한 우려는 통제가 가능한 것으로 판단되고(최근의 인구증가율도 같은 방향성을 보이고 있다), 그에 따라 인구의 질적 구성이 보다 문제가 될 것이기 때문이다. 잠재적 사회불안 요인으로 성비(性比)의 문제가 남초현상이라는 심각한 사회문제로 등장할 수도 있으나 여아의 미등록 등이 만연한 상황을 고려하면 극복가능한 문제로 판단된다. 출산율의 저하 및 기대수명의 상승으로 인구노령화가 급격히 진행되어 중국은 2005년에 이미 노령화 사회에 진입했고, 2025년을 전후하여 노령사회에 접어들 것으로 전망된다. 이후 2030년경이면 15세 미만 인구비중이 노령인구의 비중을 밑돌게 되어 노령사회에 따르는 문제가 본격적으로 부각될 것이나, 본 연구의 시간대에는 포함되지 않으며, 그 사이의 정책 선택에 따라 극복가능한 문제로 파악했다. 인구 노령화 및 교육열에 따른 노동시장 진입연령 증가로 노동인력 비중의 감소가 예상되나 핵심문제는 노동인구의 절대수가 아니라 이에 상응하는 생산성 상승이 관건이 될 것이다. 또한 중국의 성장이 내륙으로 확대되지 못할 경우 도시지역에서 과밀화, 슬럼화 등의 현상이 나타날 가능성이 있다. 이는 내수와 도시화 문제와 직결되어 있는 문제이고, 인구변수는 도시화 전략과 산업구조 조정과 관련된 측면에서 다루기로 한다.

둘째, 자원에서 철광석과 식량 그리고 에너지에서 석탄, 천연가스, 석유를 검토한 결과 중국 경제성장의 규모와 속도 때문에 모든 영역에서 병목이 발생할 가능성이 높은 것으로 판단되었다. 그러나 석탄, 철광석, 식량은 국내 산업화를 위한 필수적 자원이면서 가격 등 공급 측면의 병목이 나타나고 있는 것이 사실이지만 국제시장 혹은 국내의 공급 여력, 자원 확보를 둘러싼 국제적 대립구조 등의 측면에서 결정적인 공급부족(혹은 두절)이 발생하지는 않을 것으로 판단된다. 하지만 천연가스는 산업화, 도시화, 환경요인 때문에 급격한 수요 폭증이 예상되는 미래 중국의 핵심적 에너지 자원으로 국내공급의 한계, 안정적인 해외공급 대안의 결여와 같은 상황은 중국 경제에 커다란 병목이 될 수도 있을 것이다. 그러나 천연가스는 세계적 공급량의 제약과 국내 에너지 구조(energy mix)에서 점하는 비중이 상대적으로 미미하기 때문에 병목이기는 하지만 그 병목이 가져올 파급력은 그리 크지 않을 것으로 전망되었다.

셋째, 대외 부분과 관련된 중국 경제의 다섯 가지 측면인 국제분업구조, 외자유입의 지속성, FTA 등의 지역주의 추세, 통화 및 금융, 수출 및 내수시장을 분석한 결과 핵심적 병목은 통화 및 금융, 수출 및 내수시장의 문제로 파악되었다. 부차적 변수는 국제분업구조, 외자유입의 지속성, 지역주의 세 가지이다.

1) **중국을 중심으로 한 국제분업구조의 지속성** : 중국은 생산에 필요한 대부분의 투입물을 아시아에서 조달하는 반면, 수출시장은 아시아, 북미, EU 등 전 세계적으로 균등하게 분포되어 있다. 즉 중국을 매개로 해서 동아시아 전체와 선진국 경제가 연결되는 거대한 국제분업체계가 형성되어 있다. 국제분업구조의 지속성 문제는 내적으로 도시화를 통한 내수시장의 확대, 안정적 노동시장의 확보와

외적으로는 중국의 신형공업화 전략에 따른 전방위적 산업화가 세계시장에 긴장관계를 조성하지 않는 외적 환경이 필요하다. 따라서 국제분업구조의 지속성은 내수 확대와 도시화라는 변수로 환원된다고 할 수 있다.

2) **외자유입의 지속성** : 중국의 저임금, 중국 시장 자체의 성장매력 때문에 중국에 대한 외국인 투자의 유입은 계속 현 수준 이상으로 유지될 것으로 보인다. 다만 중국은 전략적으로 고용창출형 산업 및 첨단산업에 대한 외국인 투자를 요구하는 반면, 외국자본은 보호되고 있는 중국의 자본집약적 장치산업에 대한 내수시장 공략을 목표로 하게 될 가능성이 있다. 따라서 외자도입에 대한 중국 측의 필요와 다국적 자본의 투자동기 사이에서 충돌이 발생할 가능성이 있다. 또한 위안화 환율의 안정성, 자본시장 개방 등이 안정적 외자유입에 걸림돌이 될 수 있다. 따라서 외자유입의 지속성 문제는 기본적으로 외환, 자본시장 개방 그리고 내수 확대와 연관되어 있다고 판단된다.

3) **지역주의** : WTO 가입 직후 중국이 ASEAN 및 한중일 간의 FTA를 적극 추진함에 따라 중국이 EU, NAFTA에 대응하는 동아시아 경제 공동체의 주도권을 확보하려는 적극적 헤게모니 전략을 취하고 있다는 해석이 우세했다. 그러나 최근까지 나타난 중국의 FTA 전략은 오히려 중국의 장기성장에 필요한 자원과 식량을 확보하는 소극적 경제안보 차원으로 나타나고 있다. 이는 장기적인 관점에서 지역 헤게모니를 둘러싼 미일과의 갈등을 예고하고 있는 측면이 있지만, 중단기적으로는 식량과 자원 확보를 위한 소극적 경제안보 차원으로 나타나고 있기 때문에 중국의 경제성장 전략에서

지역주의 추구는 큰 무리 없이 진전될 것으로 파악된다.

| 핵심적 병목

핵심적 병목으로 설정된 변수들에 대한 분석결과는 다음과 같다. 우선 중국 정부와 공산당이 어떤 정책을 선택하는가에 따라 조정이 가능한 산업구조와 고용, 도시화, 환율의 안정적 관리와 자본시장의 개방 등의 문제가 제기된다. 그리고 올바른 정책을 선택하여 그 정책의 효과가 나타난다고 하더라도 대외적인 차원에서 구조적 병목으로 제기될 수밖에 없는 수출시장의 지속적 확대가능성, 자원 특히 석유의 문제 등이 제기된다.

첫째, 다양한 측면에서 나타나고 있는 경제구조의 불균형 문제이다. 이와 관련하여 핵심적인 관심사는 불균형의 실체가 무엇이고 어디에서 유래하는가, 경제구조 불균형과 지속성장의 관계는 무엇이고 한계는 어디까지인가, 불균형 해소를 위해 예상되는 중국 정부의 정책적 노력과 그 성공가능성 및 영향은 무엇인가 등이 될 것이다.

모택동 시대의 경제성장 전략은 극단적인 불균형전략으로 표현될 수 있는바, 이는 과도한 중공업 위주의 성장전략과 이를 위해 고안된 자본과 외환의 가격을 억누르는 요소가격 왜곡, 노동이동성 억제, 소비 억제 등의 정책으로 구성되었다. 그 결과로 산업구조의 불균형, 낮은 투자효율, 투자주도형 경제성장 패턴, 자본가격 저평가로 인한 과잉투자와 낮은 임금소득분배율로 인한 과소소비, 지역 간 · 도농 간 격차, 낮은 도시화율, 산업구조와 고용구조 사이의 불균형, 낮은 고용창출 효과, 물적 자본 투자와 인적 자본 사이의 불균형 등의 구조적 문제점들이 야기되었다. 이러한 체제적 문제점을 안고서는 지속성장이 불가능하다는 인식이 바로 개혁 · 개방정책의 추진배경이 되었던 것이다.

모택동 시대의 경제성장 패턴 및 경제시스템과 비교하면 개혁 · 개방 이후 경제개혁의 성과 및 문제점, 그리고 지속가능성이 쉽게 파악된다. 과거의 인구이동 억제정책으로 인하여 생겨난 도시와 농촌 간, 농업과 공업 간 생산성 격차는 개혁 · 개방과 더불어 도시-농촌 간, 지역 간, 농업-공업 간 활발한 노동이동을 야기했고, 이는 급속한 경제성장을 가져왔을 뿐만 아니라 모택동 시대에 생겨났던 많은 문제점을 해소했다. 그러나 경제개혁 초기의 이러한 경제성장 패턴이 작동을 멈추면서 1990년대 중반부터는 다시 모택동 시대의 문제점들이 발생하고, 심지어 더욱 강화되는 양상이 나타나면서 개혁 · 개방 이후 경제성장 패턴에서 진정한 변화가 발생한 것인가 하는 의구심마저 들게 하고 있다. 이러한 문제는 경제성장 전략과 제도 등 과거의 유산들이 근본적으로 해소되고 있지 않은 데에서 상당 부분 기인하는 것으로 보인다. 따라서 중국의 지속성장에 장애가 되고 있는 현재의 문제들은 경제 시스템에 기인하는 구조적이고 체제적인 문제들이므로 경제성장 패턴과 시스템의 근본적 변화만이 지속성장의 장애를 해소할 수 있다.

중국이 당면하고 있는 문제점은 과소소비와 과잉투자로 인한 과도한 투자주도형 경제성장과 금융부실, 고용 없는 성장과 임금상승의 공존, 과도한 지역 간 · 도농 간 · 계층 간 격차, 농촌에서 도시로의 인구이동성 약화 등인데, 중화학공업 주도의 경제성장 단계 진입은 이러한 문제점들을 더욱 악화시키지 않을까 하는 우려를 낳고 있다. 그렇다면 남은 과제는 산업구조 고도화라는 대전제 하에서 소비 증대, 고용창출, 도농 간 인구이동, 과잉투자 억제, 금융부실 억제, 적절한 임금상승을 통한 소비증대라는 목표와 국제경쟁력 유지라는 상충되는 목표를 동시에 만족시키는 해법을 찾는 것이다. 중국 정부 역시 산업구조 고도화 추세를 인위적으로 저지하는 것이 불가능하다는 판단 하에 자본집약 산업과 기술집약 산업을 발전시키면서도 동시에 노동집약 산업을 유지하는 전방위적 산업발전 전략의 개념을 포함하는 신형공업화 전략을 제시한 바 있다.

중국의 장기 경제성장에 대한 병목을 공급 측 요인과 수 요측 요인으로 구분하여 고찰하여 보자. 먼저 공급 측면에서는 노동력, 인적 자본, 자본, 기술 가운데 기술과 인적 자본이 제약요인이 될 것으로 보인다. 인구 증가세 둔화와 취학인구 증가로 인한 노동가능 인구 증가세 둔화는 외생적으로 주어진 여건이다. 따라서 이를 인적 자본 증대를 통해 극복하기 위해서 중국 정부는 교육에 대한 재정지출을 획기적으로 증대시키는 정책을 구사할 수밖에 없을 것으로 생각된다. 또한 농촌지역의 잉여노동력을 도시 공업부문으로 질서있게 이동시키는 정책이 필요한바, 이를 위해서는 호구제도의 과감한 완화와 도시화 전략이 고려될 수밖에 없다.

기술에 대해서 보자면, 외국인 투자 기업의 기술파급 효과에 대한 그동안의 기대가 깨지면서 중국 정부는 기술 자주개발 구호를 부르짖고 있으나 금융과 재정 측면의 획기적 지원 가능성은 매우 의

문시되는 상황이다. 결국 인수합병 등을 통해 해외에서 기술을 단번에 획득하는 정책에 크게 의존할 수밖에 없으나 이는 필연적으로 선진국과의 마찰을 크게 증가시킬 것이다.

다음으로 수요 측면을 보면 국내 소비수요 증대를 통해 투자주도형 경제성장 패턴을 불식하고 과잉투자로 인한 폐해를 극복할 것이 요구된다. 소비수요 부진은 낮은 임금소득 분배율, 과도한 소득격차로 인한 소비성향 감소, 사회적 안전망 미비로 인한 소비심리 위축 등의 요인에 기인한다. 따라서 소비수요 증대를 위해 중국 정부가 가장 손쉽게 사용할 수 있고 단기간에 효과가 나는 정책은 임금소득 분배율을 높이기 위한 임금인상 유도와 노동보호 강화 정책이 될 것이다. 그러나 이는 급격한 임금인상으로 인한 국제경쟁력 약화와 노동시장 유연성의 약화라는 부작용을 초래한다는 문제가 있다. 농촌 잉여노동력의 도시로의 이동성 제고가 성공적으로 이루어진다면 도농 간 소득격차 축소에 크게 기여하며 소비성향 제고에 도움이 될 것이다. 중국 농촌의 문제 가운데 핵심은 농촌인구의 수가 많은 것이므로 도시로의 인구이동, 즉 도시화를 통한 농촌인구 감소가 농촌의 노동생산성을 제고시킬 수 있기 때문이다.

투자에 대해 보면 지금까지 투자 증가추세를 이끌어 온 요인은 공업화와 도시화인바, 중공업화 단계 진입, 도시화의 지속적 진전 등의 여건을 통해 향후 중국의 투자증가의 장기적 지속성을 전망할 수 있다. 중요한 것은 과잉투자 억제인데, 이러한 정책이 성공하기 위해서는 기업의 지배구조 개선, 지방정부의 과잉투자에 대한 중앙정부의 통제력 제고, 저금리기조 청산 등의 정책이 필요하다. 그러나 이는 정부의 재정능력 제고, 공무원 평가방식 변경, 저금리정책의 수혜자인 국유기업에 대한 보호의 철폐 등 매우 근본적인 변화를 요구한다. 중국 정부가 비교적 손쉽게 선택할 수 있는 정책은 물적 자본에 대한 직간접적인 정부투자를 줄이고 교육과 사회보장 등 사회사업에 대한 정부지출을 늘이는 방향으로 재정지출 구조를 전환하는 것이다. 물론, 도시화를 지원하기 위한 사회간접자본 투자는 지속되어야 한다.

둘째, 중국 경제가 당면한 문제들에 대한 해법으로서 중국 정부가 추진하고 있는 도시화 전략의 핵심은 도시화 그 자체가 아니라, 산업의 지역배치 조정과 산업구조 조정을 통한 전방위적 경쟁력 유지와 고용창출, 소비수요 창출 등의 요소들이 모두 감안되어야 하므로 도시화 작업은 재정부담이라는 측면을 넘어서는 훨씬 복잡하고 어려운 문제가 될 것이다. 도시화 전략은 중국 사회의 핵심적인 병목인 삼농(농업 · 농촌 · 농민)문제, 실업, 사회적 불평등을 근본적으로 해소할 수 있는 수단으로 제기되었다. 그리고 이는 다시 내수시장, 산업구조 조정, 정치적 안정과 연계되어 있는 문제라고 할 수 있다. 그러나 관건은 산업발전과 양립하는 도시화 전략의 효율적 추진이며, 도시화의 지역적 범위와 규모 그리고 속도에 관한 전략적 판단이다. 상기한 요구조건들과 재정능력 등 다양한 제약조건을 만족시키는 도시화 전략의 선택은 매우 복잡하고 실패하기 쉬운 과제이다. 따라서 비록 도시화 전략이 장기적 과제이기는 하나 적절한 프로그램을 준비하지 않으면 사회적 위기로 증폭될 가능성이 크기 때문에 21세기 들어 가장 중요한 국가 정책목표의 하나가 되었다. 도시화 전략으로 중국의 정치, 경제, 사회의 내재적 모순을 얼마나 효과적으로 풀어갈 수 있는가 하는 점이 중국 정치사회의 안정적 발전에 핵심적 변수가 된다고 하겠다.

도시화가 어떤 지역을 중심으로 추진되어야 하는가를 보면, 임금인상 등 노동 측면의 국제경쟁력 약화를 보완하기 위해서는 연해지역의 산업구조 고도화 추세에 발맞추어 노동집약 산업을 내륙지역으로 이전시키는 작업이 필요한바, 이를 위해서는 내륙지역의 도시화가 중요한 과제라고 할 수 있다. 연해지역으로 유입되는 노동력의 절대다수가 중부지역으로부터 이동하는 상황을 고려하면 도시화의 중점 추진지역은 중부지역이 되어야 할 것으로 보인다. 그동안 추진되었던 지역개발 정책, 즉 서부대개발 정책과 동북진흥 계획은 낙후지역 개발과 노후 공업지역의 공업적 기반 부활의 관점에서 각각 추진되었다. 따라서 이는 고용과 수요 창출이라는 목적을 가진 도시화 전략과는 관련이 없는 지역개발정책 차원에서 추진된 것이었다. 결론적으로 중부지역 개발의 요체는 도시화가 되어야 할 것으로 생각된다.

향후 도시화 전략을 추진하는 데 있어서 가장 중요한 요소는 재원조달의 문제이다. 왜냐하면 농민을 도시노동자로 전환시키기 위해서는 거주와 공공 서비스의 제공을 동시에 해결해야 하고, 더욱 더 중요하게는 재화를 취득할 수 있는 능력(즉 고용과 교육의 문제)을 배양시켜 주어야 하기 때문이다. 정부가 재정이 부족한 상태에서 효율적으로 재정을 집행하지 못하는 어려움이 나타날 가능성이 매우 크다.

정부의 능력은 재정상의 문제에서만 발생하는 것이 아니다. 정치사회적 문제를 관리하는 정부와 공산당의 정치적 능력 또한 중요하다. 노동력의 이동과 정치적 통제는 현재의 호구제에 의존하는 바가 크다. 그러나 호구제의 실효성 저하와 경직된 노동시장의 조장이라는 측면에서 호구제 개혁은 피할 수 없는 과제가 될 것으로 보인다. 이는 고용과 실업의 문제와 맞물리면서 정치사회의 안정적 관리에 심각한 병목을 발생시킬 것이다.

정부의 능력과 의지는 사유화, 구조조정, 금융산업 개편 등의 정책에서도 중요하다. 금융억제와 저금리정책, 국유기업의 금융자원 독점, 정부의 높은 직간접투자 비중 등은 투자 주도의 성장패턴을 뒷받침해 온 제도(institutions)로서 국유기업의 부실 재생산, 저효율의 경제성장 등의 부작용을 낳고 있다. 이러한 성장 패턴을 가능하게 해준 재정능력이 담세율 제고 여지, 매각가능한 토지 및 기업의 존재 등 긍정적 효과를 일부 발휘한 면도 있다. 하지만 명시적 국가부채 외에 국유기업과 국가은행의 부채, 사회보장 등 막대한 우발채무의 존재로 인해 중국의 재정은 국제적 비교를 통해 보더라도 이미 매우 악화되어 있으며, 국유기업 경영성과의 구조적 개선은 이루어지지 않고 있다. 결과적으로 중국 정부는 이제까지의 성장 패턴을 지탱해 온 저금리정책, 정부 주도의 투자정책, 국유기업의 금융자원 독점 등의 정책기조에 대한 근본적 변화를 요구받게 될 것이다. 국유기업 보호에 대한 철폐 등이 일부 성취된 점은 인정되나 어디까지 달성가능한지는 사회주의성의 유지와도 직접 관련되어 있기 때문에 어려운 선택에 직면해 있다고 할 수 있다.

셋째, 위안화 환율문제는 중국의 경제성장, 교역, 외자유입 등에 전반적 영향을 주는 핵심변수이다. 중국은 환율제도의 변경이나 위안화 환율의 변경에 대해 매우 신중한 입장을 견지하고 있으며, 충격적 조치를 취하기보다는 중국 국내시장의 준비를 착실히 갖추는 방향으로 매우 장기적이고 점진적인 환율정책을 추구하고 있다. 낙관적 시나리오는 중국이 자본시장 개방 일정에 맞추어 점진적으로 변동환율제를 도입하고 환율을 안정적으로 관리하는 것이다. 이 경우 위안화 평가절상은 중국 경제의 성장에 큰 충격을 주지 않을 것이다. 반면 비관적 시나리오는 위안화 평가절상에 대한 국제적인 압력과 기대가 확산되면서 변동환율제의 도입이 투기자본의 이동과 중국 국내경제의 불안을 초래하는 것이다. 특히 변동환율제 도입과 평가절상의 시기와 폭이 부적절할 경우 이러한 위험성이 현실화될 수 있다. 중국의 자본시장 관리 능력의 신장 속도와 국제시장의 압력 및 책임의 증대 속도 사이에 불일치가 발생할 가능성이 상존하므로 환율 문제는 중국 경제의 미래를 좌우할 수 있는 핵심변수의 하나가 될 것이다.

이러한 위안화 환율문제는 궁극적으로 자본시장의 개방과 금융산업의 구조조정과 연계되어 있다. 금융산업 구조조정 과정에서 국영기업 사유화 추진으로 발생하는 부실채권에 대한 해결방법이 정부의 재정능력과 함께 자본시장과 외환시장의 자유화라는 대외적 취약성의 증대를 어떻게 관리할 것인가라는 문제의 해결에서 핵심적인 병목이 될 것이다. 또한 저축과 투자를 시장논리에 따라 매개하는 기능을 금융시장에서 어떻게 자생적으로 키울 것인가의 문제도 핵심적인 사항이다.

넷째, 내수시장 규모의 제약을 해외시장 추가 확보를 통해 극복할 수 있을 것인가의 문제이다. 여기에는 다양한 해석의 여지가 있다. 즉 경제성장의 대외무역 의존 정도를 나타내는 대외무역의존도의 계산결과는 환율환산 GDP를 사용하느냐, 구매력평가 GDP를 사용하느냐, 또는 가공무역의 부가가치 유발 부분만 반영하느냐 등의 계산방식의 차이에 따라 크게 다르다. 그러므로 중국이 대외무역에 결정적으로 의존하여 경제성장을 해왔느냐에 대한 판단, 더 나아가 중국이 향후 수출의존형 성장을 지속할 수 있는가에 대한 결론을 확정하기 어렵다. 그러나 분명한 것은 중국이 수출과 대외무역에 얼마나 의존하고 있느냐를 떠나 동아시아에서 미국, 유럽 등 선진국으로 이어지는 국제분업체계가 가공무역 허브가 되는 중국을 매개로 형성되어 있어 선진국과 동아시아 국가들 간의 무역마찰이 선진국과 중국 간의 무역마찰로 전이되어 나타나고 있다는 사실이다.

결국 관건은 중국이 각 산업별로 얼마나 경쟁우위를 유지하거나 확대할 수 있느냐 하는 것이다. 중국은 비교우위에 부합하는 노동집약 산업에 있어서는 이미 거의 세계의 공장이 되었다고 볼 수 있다. 특히 섬유의복 산업은 세계시장 점유율이 50%에 육박하고 있으며, 세계 여러 국가와 무역마찰이 고조되고 있다. 따라서 노동집약 산업에서 해외시장을 확대시킬 수 있는 여지가 얼마나 될지 의문시되며, 시간이 많이 걸리기는 하겠지만 인도와 베트남 등 후발 경쟁국의 추격 속도에 따라서는 경쟁우위를 점차 잃어버리는 상황도 예상할 수 있다. 중화학공업, 즉 자본집약 산업과 기술집약 산업에서는 중국이 가공공업 중 노동집약적 공정의 단순가공에 특화하여 있는바, 이 분야 수출의 대부분은 외자기업에 의해 주도되고 있으며 국내기업은 내수형인 소재산업과 저부가가치 가공산업에 특화하고 있다. 따라서 중국의 중화학공업은 실질적으로는 내수형 산업이라고 할 수 있으며, 향후 임금상승에 따른 노동집약 산업의 경쟁력 상실을 최소화하여 경쟁력을 유지하면서 동시에 중화학공업의 수출산업화를 이룰 수 있느냐가 관건이라고 할 수 있다.

그러나 이 경우에도 중국의 수출지향 정책이 산업구조 고도화와 결합하여 해외시장에서 선진국과의 경쟁 및 이해관계 충돌이 가중될 것이다. 이러한 충돌은 두 가지 방향으로 나타날 가능성이 있다. 하나의 가능성은 중국의 중화학공업이 빠르게 성장함에 따라 중국의 고도성장과 수출에 필요한 원자재와 부품을 중국이 점차 자체 생산함으로써 수입대체를 이루는 것이다. 그동안 중국의 거시적 성장과정에 필요한 원자재와 부품을 공급하던 국제적 분업구조가 변화하는 것이다. 이렇게 되면 각국의 대중 수출 증가세가 둔화되고 중국의 무역수지 흑자가 커지면서 여타 국가와의 통상마찰이 더욱 심화될 수 있다. 다른 하나의 가능성은 중국의 산업이 고도화되고 대기업이 성장함에 따라 중국의 수출품 구성도 고도화되어 결국 선진국들의 주력산업과 세계시장에서 정면으로 경쟁하게 되는 것이다. 이러한 점들이 중국의 경제구조가 세계시장 및 수출과 관련하여 가지고 있는 한계점이다.

마지막으로 자원의 영역에서 가장 파괴력이 큰 병목은 석유의 안정적 공급문제가 될 것이다. 이는 자체적 해결이 불가능한 문제로서 외교를 통하여 해결할 수밖에 없으며, 잠재적으로 미국과의 충돌이 예상되는 지점이기도 하다. 2004년 현재 중국은 세계 2위의 석유 소비대국으로 부상했다. 대외석유의존도가 46%에 달하며, 자동차 보급의 확대와 산업화에 따라 이는 급속한 속도로 증가될 것으로 보인다. 이에 따라 막대한 양의 해외석유 수입 또한 불가피해질 것이다. 이는 가채년수의 제약과 더불어 공급이 비탄력적인 국제 석유시장을 심각하게 압박할 것이며, 궁극적으로 석유의 고가격 구조, 나아가서는 상시적인 수급불균형을 야기함으로써 중국 경제의 지속성장 가능성을 위협하게 될 것이다. 그리고 석유공급의 안정성을 확보하기 위한 중국 정부 및 기업들의 '전방위 외교'는 미국, 일본, 유럽, 한국 등 세계 거대 에너지 소비국들과의 사활적인 경쟁을 촉발할 것이다. 장래 석유라는 자원 변수는 대내적으로는 중국의 지속성장에 대한 병목요인으로서, 대외적으로는 세계질서 변경에 따르는 첨예한 갈등요인으로서 등장할 수밖에 없다. 따라서 중국의 석유공급과 세계적 석유가격의 문제는 중국 경제의 장래를 읽어낼 수 있는 시금석일 뿐만 아니라, 중국의 '부상'으로 인해 발생할 수 있는 세계질서의 돌출적 '결절'을 추론할 수 있는 '핵심고리'가 될 수밖에 없다.

석유공급의 안정적 확보를 위한 중국의 노력은 일차적으로 지속성장을 담보하기 위한 '생존권역(Lebensraum)의 확보'라는 형태로 나타날 수밖에 없다. 시베리아, 중앙아시아, 중동, 아프리카로의 해외 자주개발과 수입선의 확보가 진행될 것이고, 이는 기존의 석유수입국들, 특히 서구의 석유 메이저들과 갈등을 유발하는 고리가 될 것이다. 특히 동중국해에서의 석유와 가스전 개발은 일본, 더 나아가서는 미국과의 갈등에서 핵심이 될 것이다. 그리고 확보된 석유를 어떻게 안전하게 수송할 것인가의 문제는 대규모 파이프라인의 건설과 해양수송로의 안정적 확보라는 정치군사적 갈등의 씨앗이 될 가능성이 매우 높다.

위에서 제시한 다섯 가지 핵심병목에 더하여 중국 공산당 지도부의 세대교체, 2008년 올림픽과 2010년 엑스포를 전후해 제기될 민주화에 대한 요구, 과열경기의 진정을 위한 긴축재정 등이 중첩되면서 중국은 심각한 성장의 위기를 맞이하게 될 것이다. 석유위기도 2010-2015년의 시기에 집중될 것으로 보이며, 수출과 투자가 이끌어가는 성장 또한 내적·외적으로 위기를 맞이하게 될 것이다. 2010-2015년 시기는 향후 20-30년간의 중국의 모습을 결정짓는 핵심적인 시기가 될 것이며, 이 시기를 어떻게 헤쳐 나가는가에 따라 지속성장의 가능성이 결정될 것이다.

이러한 내적인 위기에 대한 정책적 대응 못지않게 대외환경의 안정적 관리 또한 중요하다. 본 연구에서는 본격적으로 다루고 있지 않기 때문에 간략히 언급하고 지나가기로 한다. '화평굴기'라는 외교노선에서 보여지듯이 중국은 현재까지는 현상타파를 추구하는 국가라기보다는 기존 질서에 순응하면서 최대의 실리를 챙기는 외교정책을 펼치고 있다. 국제무대에서 점차 독자적인 목소리를 내는 부분이 많아지고는 있지만, 조만간 중국에 닥칠 위기를 극복하기 위해서도 우호적인 국제환경이 필수적이라는 인식을 가지고 있는 것으로 보인다. 미국의 일각에서 제기되는 중국위협론은 어떤 경로와 어떤 영역에서 그러한 상태에 도달하게 되는지를 밝혀주고 있지 못하다는 점에서 매우 추상적이다. 다만, 중국은 식량과 자원 확보를 위한 영역에서는 매우 적극적인 입장을 보이고 있다. 만약 미국과의 갈등이 노정될 수 있는 부분이 있다면 대만을 둘러싼 갈등, 그리고 중동과 중앙아시아에서의 석유 경쟁, 중일 간의 갈등이 파급되는 경우 등을 상정할 수 있을 것이다.

참고문헌

일차자료

무역연구소, 2004, "세계경제에 대한 중국의 영향력 분석-세계 성장, 교역 및 원 자재 소비 기여도 분석", 『조사연구자료』, 무역협회.

한국은행해외조사실, 2004, "중국의 곡물부족이 세계 곡물시장에 미치는 영향", 『해외경제정보』, 67호.

國務院發展研究中心新型工業化道路研究課題組, 2003, "推進 '以人爲' 的僞新型工業化", www.drenet.com.cn (검색일 : 2004. 12. 11).

石康, 2004, "十五時期經濟社會發展特點分析", www.amr.gov.cn/macromeconomic/index.jsp (검색일 : 2004. 11. 26).

魏禮群, 2002, "走好新型工業化道路", 『經濟日報』(2002. 12. 30).

劉鶴, 2000, "關注 '十五 計劃'", www.xz.gov.cn/jjxx/jjyc/ycfx9921.htm (검색일 : 2003. 9. 20).

BP, 2005, *BP statistical Review of World Energy*, June, BP. http://www.bp.com/statisticalreview.

Economic and Development Review Committee, 2005, *2005 Economic Review-China*, 12, ECO/EDR 2005.

EIA, 2004, *International Energy Outlook*, Washington, D.C. : Energy Information

Center, U.S. DoE.

EIA, 2005a, *International Energy Outlook, Washington*, D.C. : Energy Information Center, U.S. DoE.

EIA, 2005b, *China*, http://www.eia.doe.gov/emeu/cabs/china.html.

EIU, 2004, *China Hand*, EIU.

Gertz, Bill, 2005, "China Builds up Strategic Sea Lanes", *The Washington Times*, January 18.

Goodenough, 2005, "Chian Gains Strategic Foothold near Persian Gulf", CNS NEWS.COM, February 23.

Hegburg, Al, 2005, "U.S. Energy and Mineral Needs, Security, and Policy : Impacts of Sustained Increases in Global Energy and Mineral Consumption by Emerging Economies such as China and India", Testimony before the Subcommittee on Energy and Mineral Resources Committee on Resources, United States House of Representatives, Washington, D.C. : CSIS, March 16.

IEA, 2002, *World Energy Outlook*, Geneva : International Energy Agency.

IEA, 2004, *World Energy Outlook*, Geneva : International Energy Agency.

IISI, 2004, *Steel Statistical Yearbook 2004*, Brussels : Committee on Economic Studies, International Iron and Steel Institute.

Kato, Hiroyuki, 2003, "World Energy Model 2002", http://www.iea.org/dbtw-wpd/Textbase/work/2003/beijing/1Kato.pdf.

KIEP, 2005, *Country Profile : China*, 12월 29일.

OECD, 2005, *2005 Economic Review-China*, OECD.

The Economist, 2005, "What's to stop India and China", *The Economist*, 2005. Oct. 29th.

논문

김시중, 2005, "중국경제 얼마나 독특한가?", 『經濟學研究』, 제53집 제2호, 韓國經濟學會, pp. 185-214.

김태현, 1997, "강대국의 부침과 국제질서의 변동 : 중국과 동아시아", 『현대중국』, 창간호, pp. 9-38.

유태환, 2005, 『인도의 대외경제정책과 한인도 경제협력 강화방안』, 대외경제정책연구원.

이춘근 역, 2003, 『중국의 10 · 5 과학기술계획 연구』, 과학기술정책연구원.

이희옥, 2005, "중국의 국가전략 : 신형공업화와 도시화 전략", 『한국과 국제정치』 봄호.

주시균, 2005, "2005년 중국경제 전망 : 장기성장을 위한 단기조정", 『China 21』 32호.

지만수 · 이영, 2003, 『중국 부실채권문제의 원인과 해결전망』, 대외경제정책연구원.

지만수 외, 2005, 『중국의 산업고도화 및 기업성장의 현황과 시사점』, 대외경제 정책연구원.

한국해양수산개발원, 2005, 『중국의 FTA 추진 현황과 수산부문 시사점』, 한국해양수산개발원.

한동훈, 1998, "중국 기업집단 모회사의 지주회사화 경향과 국유기업 개혁", 『경제논집』, 37권.

한동훈, 2005, 『연구개발을 통한 산업구조 재편전략』, 과학기술자문회의.

WTO 사무국 엮음, 2000, 『우루과이라운드 협정의 이해』, 대외경제정책연구원.

白津夫, 2005, "十一五期間我國經濟增長中的主要矛盾", 『經濟參考報』, 10月 18日.

潘岳, 2001, "對革命黨向執政黨轉必的思考",『開放』, 7月.

徐堅, 2004, "和平崛起是中國的戰略決擇",『國際問題研究』, 第2期.

吳光炳, 2004, "城鄉收入差距是如何擴大的?兼與幾種流行觀點商權",『經濟學研究』, 1期.

王夢奎, 2003, "全面建設小康社會的中國",『中國經濟時報』, 2003. 3. 24.

王小魯 夏小林, 1999, "優化城市規模, 推動經濟增長",『經濟研究』, 9期.

李樹基・朱智文, 2003, "三農問題觀點綜述",『甘肅社會科學』, 4기.

任才方・王曉輝, 2004, "新型工業化指標體系探索",『中國統計』.

林兆木, 2002, "走好新型工業化道路問題",『宏觀經濟研究』, 12期.

張東偉, 蔡昉, 2002, "就業彈性變化趨勢研究",『中國工業經濟』, 5期.

曹建海, 李海艦, 2003, "論新新型工業化道路",『中國工業經濟』, 1期.

鄒彦林, 2004, "中國經濟重心的多極化趨勢",『經濟參考』, 2002. 6. 14.

兼淸健介, 2005, "中國のエネルギー動向と國際戰略", IEEJ, 11月.

古川純也, 2003, "ロシア/中國/韓國：Kovykta國際ガスパイプライン・プロジェクトFSが完了, 十月に承認へ",『石油/天然ガスレビュー』, 9月.

郭四志, 2004a, "東アジアにおける石油供給セキュリティ政策及び石油市場自由化動 向とその影響に關する調査", *IEEJ*, 7月.

郭四志, 2004b, "中國の石油・ガス開發動向：主要油田別探鉱・開發の動向", *IEEJ*, 8月.

郭四志, 2005, "中國" (중국에너지정보), *IEEJ*, 7月.

鮫島敬治, 2000, "2020年の中國", 日本經濟研究所, 東京.

大沼敏秀外, 2005, "アジア地域を中心とする世界の原油及び石油製品需要分析", *IEEJ*, 10月.

李志東外, 2005, "中國2030年エネルギー需給展望と北東アジアエネルギー共同體の 檢討：存在感增す中國の自動車戰略と原子力戰略", *IEEJ*, 4月.

山口馨 外, 2003, "中國の天然ガス事情", *IEEJ*, 8月.

山田雪乃, 2004, "世界の鐵鉱石市場に襲いかかる中國の巨大需要", 大和總研, 12月 11日.

山中裕之外, 2005, “最近の原油価格高騰の背景と今後の展望に關する調査：第4章. 今 後の國際石油情勢及び原油価格の展望”, *IEEJ*, 10月.

山中裕之外, 2005, “最近の原油価格高騰の背景と今後の展望に關する調査：第二章. 1999年以降の國際石油情勢と原油価格高騰”, *IEEJ*, 10月.

日本經濟新聞社 編, 2002, “中國：世界の工場から市場へ”, 日本經濟新聞社, 東京.

日機連, 2004, “平成15年度循環型社會におけるリサイクルに關する調査研究報告書”, 日機連15環境安全-7-1, 日本機械工業連合會/日本鐵リサイクル工業會.

三室戶義光, 2005, “中國の石炭需給の現狀と今後の展望”, *IEEJ*, 2月.

杉野綾子外, 2005, “米國のエネルギ一政策動向と國際エネルギ一市場への影響に關す る調査：第6章. 對外エネルギ一關係”, *IEEJ*, 9月.

佐川篤男외, 2003, “中國における石炭需給の見通しと石炭輸送問題”, *IEEJ*, 7月.

石田聖, “‘爆發する’中國のガス・ビジネス：‘西氣東輸’パイプラインの東部區間開通を 目前にして”, 『石油/天然ガスレビュ一』, 9月.

柴田明夫, 2004a, “世界の鐵鋼需給動向について”, 丸紅経濟硏究所, 5月 11日.

柴田明夫, 2004b, “世界の米・小麥の需給動向”, 丸紅経濟硏究所, 3月 3日.

北村 豊, 2005, “成長を威脅かす中國の環境政策”, 『世界』, 5月.

小宮山涼一, 2005, “最近の原油価格高騰の背景と今後の展望に關する調査：第一章. 1970年代以降の國際石油市場の需給及び市場構造の変化”, *IEEJ*, 10月.

小山堅, 2005, “中國のエネルギ一情勢とその影響：石油情勢を中心に”, *IEEJ*, 7月.

小林幹夫, 2002, “21世紀. 中國人口問題新展開への考察”, http://www.gak

usen.ac.jp/faculty/mikio/jinkou.doc.

十市勉, 2004, "カスピ海と歐米を繋ぐ 'BTCルート' の地政學", *IEEJ*, 11月.

張悦, 2005, "中國のエネルギー行政組織の强化：新しい '國家エネルギー指導グループ' について", *IEEJ*, 8月.

中津孝司, 2002, "生産量世界2位ロシア産原油を米中が争い合う", 『毎日エコノミスト』, 10月8日.

APERC, 2004, "Energy in China : Transportation, Electric Power and Fuel Market," Asia Pacific Energy Research Center, Tokyo.

Bernstein, Richard, and Ross H. Munro, 1997b, "The Coming Conflict with America," *Foreign Affairs*, Vol. 76, No. 2 (March/April).

Brower, A., 1993, "Planning for A Sustainable Environment London," *A Report by the Town and Country Planning Association*, Earth-scan.

Brown, Lester R., 2001, "Worsening Water Shortage Threaten China's Food Security," *Earth Policy Institute*, October 4.

Citigroup, 2002, *Greater China Insights*, 14 June.

Charles Wolf et al, 2003, "Fault Lines in China's Economic Terrain," Rand.

DoE, 2004, "Strategic Significance of America's Oil Shale Resource," DoE, Washington, D.C.

Downs, Erica Strecker, 2000, "China's Quest for Energy Security," Rand.

DRC (Development Research Center, The State Council), 2003, "China's National Energy Strategy and Policy 2000-2020," November, Development Research Center, The State Council, Beijing.

Fan, Gang and Xiaojing Zhang, 2003, "Challenges in Macroeconomic Management for China's New Leaders," in the Conference on China's Role in Asia and the World Economy-Fostering Stability and Growth, December, FONDAD.

Fan, Shenggen et. al, 1997, "Why Do Projections on China's Future Food Supply and Demand Differ?" EPTD Discussion Paper No. 22. Environment and Production Technology Division, International Food Policy Research Institute. March.

Francis, David R, 2005, "China's Risky Scramble for Oil," *The Christian Science Monitor*, January 20.

Fridley, David. G., 2005, "China's Energy Development and Oil Outlook", Presentation to the Independent Petroleum Association of America, San Francisco, CA., 17 June.

Gilly. Bruce., 2001, "Breaking barriers," *Far Eastern Economic Review*, July. 12.

Goldstone, Jack A., 1995, "The Coming Chinese Collapse," *Foreign Policy*, Summer.

Gong, Gang and Justin Yifu Lin, 2005, "Deflationary Expansion : an Overshooting Perspective to the Recent Business Cycle in China," Working Paper, China Center for Economic Research, Peking University.

Guan K., Li X.D. etc., 2000, "Forecast of Chinese Urbanization-reaching 50% about in 2020," *Journal of Harbin Univercity of C.E. and Architecture*, 33(2).

Hirsch, Robert L., Robert Bezdek, Robert Wending, 2005, "Peaking of Oil Production : Impacts, Mitigation, & Risk Mangement," February. http://www.hilltoplancers.org/stories/hirsch0502.pdf

Klare, Michael, 2005, "The Intensifying Global Struggle for Energy," May 9. http://www.commondreams.org/views05/0509-21.html.

Kraay, A., 2000, "Household Saving in China," *The World Bank Economic Review*, Vol. 14, No. 3.

Kuijs, Louis and Tao Wang, 2005a, "China's Pattern of Growth : Moving to Sustainability and Reducing Inequality," Working Paper, the World Bank.

Kuijs, Louis, 2005b, "Investment and Saving in China," Working Paper, the

World Bank.

Li, Hongbin and Scott Rozelle, 2003, "Privatizing Rural China : Insider Privatization, Innovative Contracts and the Performance of Township Enterprises," *The China Quarterly*.

Liu Shenghe, Li Xiubin, Zhang Ming, 2003, "Scenario Analysis on Urbanization and Rural-Urban Migration in China," International Institute for Applied Systems Analysis.

Liu X.H., 2000, "Some consideration on China's urbanization in the middle period," *Urban Problems*, No. 6.

Mandil, Claude, 2004a, "Global Outlook for LNG," Presentation to the 14th International Conference & Exhibition on Liquefied Natural Gas, Doha, Qatar. IEA, 21-24, March.

Mandil. Claude, 2004b, "World Energy Outlook 2004," Presentation to the International Energy Symposium, IEEJ, Tokyo, 16 November.

Menzie, David외, 2004, "China's Growing Appetite for Minerals," Open-File Report 1374, U.S., Geological Survey.

Modigliani, F. and Shi Larry Cao, 2004, "The Chinese Saving Puzzle and the Life-Cycle Hypothesi," *Journal of Economic Literature*, Vol. XLII, March, pp. 145-170.

Ogutcu, Mehment, 2003, "China's Energy Security : Geopolitical Implictions for Asia and Beyond," *Oil, Gas & Energy Law Intelligence*, March.

Peng, Yuan, 2004, "U.S-China Relations : Two Possibilities, One Option," Brookings Northeast Asia Survey 2003-2004, Brookings Institute.

Porter, Adam, 2005, "US Report Acknowledges Peak-Oil Threat," *Energy Bulletin*, March 11.

Ramsay, William C, 2004, "Energy Policy Challenges," Presentation to the 5th OECD-Korea Conference, Seoul, IEA, 11th November.

Rand. 2002, "China's Continued Economic Progress ; possible Adversities and Obstacles," 5th Annual CRF-RAND Conference, Beijing, Oct. 31-Nov.

Rawski, Thomas, 2002, "Will Investment Behavior Constrain China's Growth?," *China Economic Review*, Vol. 13, Issue 4.

Ray, Brooks and Ran Tao, 2003, "China's Labor Market Performance and Challenges," IMF Working Paper, November.

Ross, Robert S., 1997, "Beijing as a Conservative Power," *Foreign Affairs*, 72(2).

Segal Gerald, 1999, "Does China Matter?," *Foreign Affairs*, Vol. 78. Issue 5. Sept/Oct.

Shen, J.F and Spence, N.A., 1996, "Modelling urban-rural population growth in China," *Enviornment and Planning*, 28.

Shen, J. F. 1995, "Rural Development and Rural to Urban Migration in China 1978-1990," *Geoforum*, 26(4).

SINOPEC, 2005, "The Structure of Oil Market and Future Development," Presentaion to the 6th U.S.-China OGIF, China Petrochemical Corporation, June.

Suettinger, Robert L., 2004, The Rise and Descent of "Peaceful Rise," China Leadership Monitor 12, September.

Swain, Michael D., Ashley J. Tellis, 2003, "Interpreting China's Strategy : Past, Present, and Future," Rand Corporation.

Toth, Peter, 2005a, "Production and Market Strategies in a Changing Iron Ore World," Presentation to AJM Global Iron Ore and Steel Forecasting Conference, Perth, Western Australia, 28th February.

Toth, Peter, 2005b, "Iron Ore Market Update," Presentation to Analysts, bhpbilliton, June.

Troush, Sergei, 1999, "China's Changing Oil Strategy and Its Foreign Policy Implications," CNAPS Working Paper, Fall.

Wendy Dobson, 2005, "The Impact of China and India on the Global Economy," Institute for Global Economy/KITA, Oct. 2005.

Wolf, Charles, JR. K.C Yeh et al., 2003, "Fault Line in China's Economic Terrain," Rand Corporation.

Woo, Wing Thye, 2003, "Challenges in Macroeconomic Management for China's New Leaders," in the Conference on China's Role in Asia and the World Economy–Fostering Stability and Growth, December, FONDAD.

Wood, John H.외, 2004, "Long–Term World Oil Supply Scenarios," August 18. http://www.eia.doe.gov/pub/oil_gas/petroleum/feature_articles/2004/worldoilsupply/oilsupply04.html

World Bank, 1997, "China 2020 : Development Challenges in the New Century".

Wright, Robin, 2004, "Iran's New Alliance with China Could Cost U.S. Leverage," *Washington Post*, November 17.

Zacher, March W., 2001, "The Territorial Integrity Norm : International Boundaries and the Use of Force," *International Organization*, Vol. 55, No.2 Spring.

Zhang, Zhuoyuan, 2002, "Perfect Fundamental Eonomic Institutions and Reform of State Property Management System," *Economic Research Journal*, 12 (in Chinese).

Zhou, Fangsheng and Xiaolu Wang, 2002, "The Way of State Owned Enterprise Reform in China," National Economic Research Institute, Beijing.

저서

강택민, 2002, "초요사회를 전면적으로 건설하여 중국특색이 있는 사회주의 사업 의 새로운 국면을 열어나가자", 『16차당대회 보고 : 보도독본』, 북경 : 민족출판사.

김우상, 2004, "세력전이이론", 우철구 · 박건영 편, 『현대국제관계이론과 한국』, 서울 : 사회평론사.

김태현, 2000, "제국주의, 민족주의, 제1차 세계대전", 국제정치경제연구회 편, 『20세기로부터의 유산』, 서울 : 사회평론사.

김태현, 2004, "세력균형이론", 우철구 · 박건영 편, 『현대국제관계이론과 한국』, 서울 : 사회평론사.

린이푸 외, 한동훈, 이준엽 옮김, 2001, 『중국의 개혁과 발전전략』, 백산서당.

백창재, 2004, "패권안정론", 우철구, 박건영 편, 『현대국제관계이론과 한국』, 서 울 : 사회평론사.

송주명, 2004, "동아시아에너지협력과 한국가스산업의 전략 : 에너지안보, 동아시아 평화, 가스산업의 공공성", 『21세기 한국의 천연가스산업』, 서울 : 도서출판 노 기연.

신세돈, 2001, 『국제수지론-IMF 최신매뉴얼(5판) 해설』, 세창출판사.

유세희 편, 2005, 『현대중국정치론』, 서울 : 박영사.

이희옥, 2004, 『중국의 새로운 사회주의 탐색』, 서울 : 창비사.

21세기중국총연 편, 2005, 『중국정보 핸드북 2005-2006』, FKI미디어.

江西元, 夏立平, 2004, 『中國和平崛起』, 北京 : 中國社會科學出版社.

江澤民, 2002, 『全面建設小康社會, 開創中國特色社會主義事業新局面』, 北京 : 人民出 版社.

上海福卡經濟豫測研究所, 2004, 『中國究竟在哪里?』, 上海 : 學林出版社.

康平, 2005,『中國國家發展戰略』, 北京 : 紅旗出版社.

郭培章, 2004,『中國城市可持續發展研究』, 北京 : 經濟科學出版社.

郭万超, 2004,『中國崛起 : 一個東方大國的成長之道』, 南昌 : 江西人民出版社.

仇保興, 2004,『中國城鎭化 : 機遇與挑戰』, 北京 : 中國建築工業出版社.

中國現代化戰略研究課題組, 中國科學院中國現代化研究中心, 2005,『中國現代化報 告』(2005), 北京大學出版社.

余永定, 何帆 主編, 2005,『中國經濟的夏天』, 中國青年出版社.

王夢奎 主編, 2005,『中國中長期發展的重要問題 : 2006-2020』, 中國發展出版社.

劉社建, 2005,『中國就業變動與消費需要研究』, 中國社會科學出版社.

蔡昉, 都陽, 王美艶, 2005,『中國勞動力市場轉型與發育』, 商務印書館.

胡放之, 2005,『中國經濟起飛階段的工資水平研究』, 中國經濟出版社.

國家經濟貿易委員會行業規劃司編, 2003,『我國走新型工業化道路研究』, 北京 : 機械工 業出版社.

國家統計局 編, 2001,『2001 中國統計摘要』, 北京 : 中國統計出版社.

國家統計局 編, 2004,『2004 中國統計摘要』, 北京 : 中國統計出版社.

國家統計局城市社會經濟調查總隊, 2005,『2004 中國城市統計摘要』, 北京 : 中國統 計出版社.

寧吉喆, 2005, "促進城鎭化健康發展", 中共中央關於制定國民經濟和社會發展第十 一五年計劃的建議 編輯組 編,『中共央關於制定國民經濟和社會發展第十一五年 計劃的建議 輔導讀本』, 北京 : 人民出版社.

苗建軍, 2004,『城市發展路徑 : 區域性中心城市發展研究』, 南京 : 東南大學出版社.

薄貴利, 1994,『國家戰略論』, 北京 : 經濟出版社.

北京國際城市發展研究院, 2005a,『中國城市十一五核心問題研究報告(上)』, 北京 : 中 國時代經濟出版社.

北京國際城市發展研究院, 2005b,『中國城市十一五核心問題研究報告(下)』,

北京：中 國時代經濟出版社.

馬洪, 王夢奎, 2005,『中國發展報告(2005)』, 北京：中國發展出版社.

苗建軍, 2004,『城市發展路徑：區域性中心城市發展研究』, 南京：東南大學出版社.

房寧, 2003,『新帝國主義時代的中國戰略』, 北京：時事出版社.

安尼瓦爾・阿木提, 張勝旺, 2003,『石油與全國家安全』, 烏魯木齊：新疆人民出版社.

楊春貴, 2003,『競爭與安全：世界大變動中的中國發展戰略』, 北京：中共中央黨校出 版社.

汝信, 陸學藝, 李培林 主編, 2003,『2004年：中國社會形勢分析與豫測』, 北京：社會 科學文獻出版社.

汝信, 陸學藝, 李培林 主編, 2004,『2005年：中國社會形勢分析與豫測』, 北京：社會 科學文獻出版社.

連玉明, 2004a,『中國城市報告』, 北京：中國時代經濟出版社.

連玉明, 2004b,『中國資政報告』, 北京：中國時代經濟出版社.

連玉明, 2005,『中國城市年度報告 2005』, 北京：中國時代經濟出版社.

葉自成, 2003,『中國大戰略』, 北京：社會科學文獻出版社.

吳磊, 2003,『中國石油安全』, 北京：中國社會科學出版社.

吳明偉, 吳曉, 2005,『我國城市化背景下中的國流動人口聚居形態研究』, 南京：東南大學學出版社.

王夢奎編, 2005,『中國中長期發展的重要問題 2006-2020』. 北京：中國發展出版社.

王夢奎, 2005a,『中國中長期發展的重要問題 2006-2020』, 北京：中國發展出版社.

王夢奎, 2005b,『中國的全面協調可建持續發展』, 北京：人民出版社.

魏禮群 主編, 1996,『1996-2010中國社會全面發展戰略研究報告』, 瀋陽：遼寧人民 出版社.

劉傳江, 鄭凌云, 2004,『城鎮化與城鄉可持續發展』, 北京 : 科學出版社.

劉振英, 2001,『中國可持續發展問題研究』, 北京 : 中國農業出版社.

劉學民, 2005,『城市化與可持續可能發展研究』, 北京 : 中央中央黨校出版社.

陸益龍, 2004,『超越戶口 : 解讀中國戶籍制度』, 北京 : 中國社會科學出版社.

陸學藝 主編, 2004,『中國農村現代化基本問題』, 北京 : 中共中央黨校出版社.

李君如, 2003,『小康中國』, 杭州 : 浙江人民出版社.

李而炳, 2004,『21世紀前期中國對外戰略的選擇』, 北京 : 時事出版社.

李小云 外, 2005.『中國農村情況報告 2003-2004』, 北京 : 社會科學文獻出版社.

張建華 主編, 2003,『十六大之后關注中國面臨的緊要問題』, 北京 : 經濟日報出版社.

張燕生, 姚淑梅, 劉, 2005,『增强國內發展與對外開放的協調性』, 北京 : 中國計劃出版 社.

張幼文, 黃仁偉, 2004,『2004 中國國際地位報告』, 北京 : 人民出版社.

張東偉, 2004, "擴大與促進就業的思路與對策", 陳佳貴, 王延中 主編,『中國社會保 障報告(2001-2004)』, 北京 : 社會科學文獻出版社.

周牧之 主編, 2005,『大轉換折 : 解讀城市化與中國經濟發展模式』, 北京 : 世界知識出 版社.

周天勇, 2005,『城市發展戰略 : 研究與制定』, 北京 : 高等教育出版社.

中國工業經濟聯合會學術委員會 編, 2004,『中國新型工業化道路』, 北京 : 中國經濟出 版社.

中國科學院國情分析研究小組, 1995,『機遇與挑戰 : 中國走向21世紀經濟發展目標和基 本發展戰戰略研究』, 北京 : 科學出版社.

中國現代化戰略研究課題組, 2003,『中國現代化報告 2003』, 北京 : 北京大學出版社.

中國現代化戰略研究課題組, 2004,『中國現代化報告 2004』, 北京 : 北京大學出版社.

中央文獻硏究室 編, 2000,『十五大以來重要文獻選編(上)』, 北京 : 人民出版社.

中共中央宣傳部理論局, 2005,『2005 理論熱點面對面』, 北京 : 學習出版社.

中共中央關於制定國民經濟和社會發展第十一五年計劃的建議 編輯組 編, 2005,『中共 央關於制定國民經濟和社會發展第十一五年計劃的建議 輔導讀本』, 北京 : 人民出 版社.

楚樹龍, 耿秦, 2003,『世界,美國和中國 : 新世紀國際關係和國際戰略理論探索』, 淸華大 出版社.

現代國際關係硏究院, 2004,『國際戰略與與安全形勢評估』, 北京 : 時事出版社.

胡鞍鋼, 1999a,『中國發展前景』, 杭州 : 浙江人民出版社.

胡鞍鋼, 1999b,『中國走向』, 杭州 : 浙江人民出版社.

胡鞍鋼, 2002,『國家戰略構想』, 杭州 : 浙江人民出版社.

胡鞍鋼, 2003b,『中國大戰略』, 杭州 : 浙江人民出版社.

胡鞍鋼, 2003c,『影響決策的國情報告』, 北京 : 淸華大學出版社.

胡鞍鋼, 2003d, "小康社會 : 構建强國富民的中國大戰略", 汝信, 陸學藝, 李培林主 編, 2003,『2004年 : 中國社會形勢分析與豫測』, 北京 : 社會科學文獻出版社.

胡鞍鋼, 2004,『中國 : 新發展觀』, 杭州 : 浙江人民出版社.

胡鞍鋼, 門洪華, 2005,『中國 : 東亞一體化新戰略』, 杭州 : 浙江人民出版社.

胡鞍鋼, 王亞華, 2005,『國情與發展』, 北京 : 淸華大學出版社.

黃平, 崔之元, 2005,『中國與全球化 : 華盛頓共識還是北京共識』, 北京 : 社會科學出版 社.

侯樹棟, 許志功, 黃宏, 2004,『黨和國家關注的十四個重大課題』, 北京 : 人民出版社.

胡鞍鋼, 石平 譯, 2003a,『かくて中國アメリカを追い抜く』, 東京 : PHP出版社.

Ashley, Richard K., 1980, *The Political Economy of War and Peace : The Sino–*

Soviet–American Triangle and the Modern Security Problematique, New York : Nicholas Pinter.

Bernstein, Richard., and Ross H. Munro, 1997a, *The Coming Conflict with China*, New York : Knopf, 1997.

Buzan, Barry & Gerald Segal, 1998, *Anticipating the Future ; Twenty Millennia of Human Progress*, London : Simon & Schuster.

Buzan, Barry, 1991, *People, States and Fear : An Agenda for International Security Studies in the Post–Cold War Era*, Boulder, Col. : Lynne Rienner.

Chang, Maria Hsia, 2001, *Return of the Dragon : China's Wounded Nationalism*, Colorado : Westview Press.

Choucri, Nazli, and Robert C. North, 1989, 「Lateral Pressure in International Relations : Concept and Theory」, In Manus I. Midlarsky, ed. *The Handbook of War Studies*, Ann Arbor : University of Michigan Press.

Choucri, Nazli, and Robert C. North, 1975, *Nations in Conflict : National Growth and International Violence*, San Francisco : W. H. Freeman.

Ding Lu et al., 2003, *China's Economic Globalization Through the WTO*, Ashgate.

Feilig, Gerhard. F., 1999, *Can China Feed Itself? A System for Evaluation of Policy Options*, Laxenburg Australia : International Institution for Applied Systems Analysis.

Funabashi, Yoichi, Oksenberg Michael, Weiss Heinrich, 1994, *An Emerging China in a World of Interdependence*, New York : The Trilateral Commission.

Gertz, Bill, 2000, *The China Threat : How the People's Republic Targets America, Washington*, DC : Regnery.

Gilpin, Robert, 1975, *U.S. Power and the Multinational Corporation : the Political Economy of Foreign Direct Investment*, New York : Basic Book

Gilpin, Robert, 1989, 「The Theory of Hegemonic War」, In Robert I. Gilpin, Robert, 1981, *War and Change in World Politics*, Cambridge : Cambridge

University Press.

Goldstein, Avery, 2003, 「An Emerging China's Emerging Grand Strategy : A New-Bismarckian Turn?」, Ikenberry G. John and Mastanduno eds., *International Relations Theory and the Asia-Pacific*, New York, Columbia University.

Goldstein, Joshua, 1988, *Long Cycles : Prosperity and War in the Modern Age*, New Heaven : Yale University Press.

Hobson, J. A., 1902, *Imperialism : A Study*, London : Allen & Unwin.

Hu, Shaohua, 2000, *Explaining Chinese Democratization*, Prager

Huntington, Samuel P., 1996, *The Clash of Civilizations and the Remaking of World Order*, New York : Simon and Schuster.

Jervis, Robert, 1997, *System Effects*, Princeton : Princeton University Press.

Kugler, Jacek, and A.F.K. Organski, 1988, 「The Power Transition : A Retrospective and Presepctive Evaluation」, In Manus Midlarsky, ed., *The Handbook of War Studies*, Ann Arbor : University of Michigan Press.

Menges, Constantine C., 2005, *China : The Gathering Threat*, Thomas Nelson.

Perkins, Dwight(ed.), 1975, *China's Modern Economy in Historical Perspective*, Stanford : Stanford University Press.

Rotberg and Theodore K. Rabb, eds., *The Origin and Prevention of Major Wars*, New York : Cambridge University Press.

Schwartz, Peter, 1996, *The Art of the Long View ; Paths to strategic insight for yourself and your company*, New York : Currency Paperback.

Shambaugh, David, 2000, *Is China Unstable? Assessing the Factors*, M.E Sharpe

Shenkar, Obed., 2005, *The Chinese Century : The Rising Chinese Economy and its on the Global Economy*, London : Pearson Education Inc.

Thucydides, *The History of the Peloponnesian War*, Edited in translation by Sir Richard Livingston, London : Oxford University Press.

Vogel, Ezra F. ed., 1997, *Living with China : U.S.–China Relations in the Twenty–first Century*, New York : Norton.

Waltz, Kenneth N., 1979, *Theory of International Politics*, Reading, Mass. : Addison–Wesley.

World Bank, 1987, *China : long term development issues and options*, Johns Hopkins University Press.

Zhang, Youngjin and Gerald Chan, eds., 2001, *Power and Responsibility in Chinese Foreign Policy*, Canbara, Australia : Asia Pacific Press.

저자약력

■ 백창재

현 서울대학교 정치학과 교수
미국 캘리포니아(버클리) 대학교 정치학 박사
Politics of Super 301 : The Domestic Political Basis of U.S. Foreign Economic Policy 외 저서 · 논문 다수

■ 유석진

현 서강대학교 정치외교학과 교수
미국 예일대학교 정치학 박사
『한국의 통상협상』(공저) 외 저서 · 논문 다수

■ 한동훈

현 가톨릭대학교 국제학부 교수
중국 베이징대학교 경제학 박사
『중국의 기업과 경제』(공저) 외 저서 · 논문 다수

■ 송주명

현 한신대학교 일본학과 교수
서울대학교 정치학 박사
『탈냉전과 일본의 민족주의적 국가전략』 외 저서 · 논문 다수

■ 이희옥

현 성균관대학교 정치외교학과 교수
한국외국어대학교 정치학 박사
『중국의 국가 대전략 연구』 외 저서 · 논문 다수

■ 지만수

현 대외경제정책연구원 베이징 사무소장
서울대학교 경제학 박사
『한국기업의 대중투자』 외 저서 · 논문 다수

■ 김태현

현 중앙대학교 국제대학원 교수
미국 오하이오 주립대학교 정치학 박사
"Engaging the Estranged" 외 저서 · 논문 다수

■ 이혜정

현 중앙대학교 정치학 박사
미국 노스웨스턴 대학교 정치학 박사
The Making of American Hegemony from the Great Depression to the Korean War 외 저서 · 논문 다수

2012 차이나 리포트

초판1쇄 / 2008년 7월 30일

지은이 백창재 · 유석진 · 한동훈 · 송주명
이희옥 · 지만수 · 김태현 · 이혜정
펴낸이 여국동
펴낸곳 도서출판 인간사랑
인 쇄 백왕인쇄
제 본 은정제책사

출판등록 1983. 1. 26. / 제일 3호

정가 15,000원

ISBN 978-89-7418-250 2 93320

(411-815) 경기도 고양시 일산구 백석동 1178-1
TEL (031)901-8144, 907-2003
FAX (031)905-5815
e-mail/igsr@yahoo.co.kr / igsr@naver.com